Bildung und Lebenskompetenz

Bildung und Lebenskompetenz

Kinder- und Jugendhilfe
vor neuen Aufgaben

Herausgegeben im Auftrag
des Bundesjugendkuratoriums von

Richard Münchmeier, Hans-Uwe Otto,
Ursula Rabe-Kleberg

Leske + Budrich, Opladen 2002

Redaktionelle Bearbeitung:
Sven Borsche, Fabian Kessl, Klaus Roggenthin

Gedruckt auf säurefreiem und alterungsbeständigem Papier.

Die Deutsche Bibliothek – CIP-Einheitsaufnahme

Ein Titeldatensatz für diese Publikation ist bei Der Deutschen Bibliothek erhältlich

ISBN 978-3-322-99976-4   ISBN 978-3-322-99975-7 (eBook)
DOI 10.1007/978-3-322-99975-7

Inhalt

Anhang

Zum Geleit

Christine Bergmann

Über die Qualität unserer Bildungsangebote für Kinder und Jugendliche in Deutschland wird momentan intensiv diskutiert. Als Bundesjugendministerin begrüße ich diese Debatte sehr. Sie gibt die Chance, Bestehendes zu überdenken und, wo sich dies als notwendig erweist, neue Wege einzuschlagen.

Das Bundesjugendkuratorium beschäftigt sich nicht erst seit der aktuellen, durch die Ergebnisse der PISA-Studie der OECD ausgelösten gesellschaftlichen Debatte mit der Frage, welche Leistungen die Kinder- und Jugendhilfe in der Bildung von jungen Menschen zu bieten hat. Bereits mit dem im Juni 2001 durchgeführten Werkstattgespräch „Was kann die Kinder- und Jugendhilfe beitragen? – Für ein neues Verständnis ihrer Bildungsaufgaben!" hat das Bundesjugendkuratorium zum Verhältnis von Jugendhilfe und Bildung wichtige Akzente gesetzt. Das vorliegende Buch dokumentiert die dort geführte Debatte.

Dem Bundesjugendkuratorium als Beratungsgremium der Bundesregierung in allen grundsätzlichen Fragen der Kinder- und Jugendpolitik danke ich herzlichst für diesen Diskussionsanstoß, ebenso den Expertinnen und Experten, die im Rahmen des Werkstattgesprächs und nun auch in diesem Buch ihre Beiträge zur Verfügung stellen und damit die Notwendigkeit der Einbeziehung der Kinder- und Jugendhilfe in die Überlegungen zur Modernisierung der Bildungslandschaft unterstreichen. Mit der Streitschrift „Zukunftsfähigkeit sichern! Für ein neues Verhältnis von Bildung und Jugendhilfe" hat das Bundesjugendkuratorium diese Diskussionen weiter voran getrieben und eine sehr positive Resonanz in der Fachöffentlichkeit erreicht.

Die hier wiedergegebenen Beiträge machen vor allem deutlich: Bei der notwendigen Modernisierung der Bildungslandschaft müssen alle Beteiligten ein umfassendes Bildungsverständnis zugrunde legen, das neben der formalen Bildung auch die im nicht-formellen und informellen Bereich erworbene Bildung umfasst. Denn angesichts der gesellschaftlichen Umbrüche und der stetig steigenden Anforderungen an Bildung und Ausbildung junger Menschen, an ihre fachlichen und sozialen Kompetenzen, ihre Mobilität und Flexibilität, kann ein umfassender Bildungsprozess nicht mehr nur das Resultat von Wissensvermittlung im engeren Sinne sein.

Die Kinder- und Jugendhilfe steht mit einer breiten Vielfalt nicht-formaler Bildungsangebote als leistungsstarker, selbständiger Akteur in der Bildung von Kindern und Jugendlichen bereit und vermag mit ihren ca. 75.000 Einrichtungen in Deutschland in diesem Spektrum zentrale Zukunftsaufgaben zu lösen. Der Bund fördert vor diesem Hintergrund insbesondere Maßnahmen im Rahmen der Programmplattform „Entwicklung und Chancen junger Menschen in sozialen Brennpunkten" (E&C) und Modellprojekte der Arbeitsweltbezogenen Jugendsozialarbeit. In den Angeboten der kulturellen, sportlichen und politischen Bildung werden Kindern und Jugendlichen Schlüsselkompetenzen vermittelt und ihre sozialen Fähigkeiten gefördert. Die Träger der Kinder- und Jugendhilfe legen dabei besonderen Wert auf die Aneignung von Bildungskompetenzen durch Kinder und Jugendliche in selbst organisierten Prozessen, die die Interessen und den Bedarf, aber auch die spezifischen Fähigkeiten und Voraussetzungen der einzelnen Kinder und Jugendlichen in den Mittelpunkt stellen. Damit nehmen sie eine wichtige Rolle in der Herstellung von Chancengerechtigkeit für alle jungen Menschen wahr.

Besonders wichtig ist mir in diesem Zusammenhang, welche Konsequenzen wir aus der aktuellen Debatte für die Bildung von Kindern in den Kindertageseinrichtungen ziehen: Kindertageseinrichtungen sind eben nicht nur Orte der Betreuung und Erziehung, sondern sie nehmen auch wichtige Aufgaben in der Bildung und Integration von Kindern wahr. In der aktuellen Debatte werden für die Kindergärten zum Teil Vorschläge unterbreitet, die allen Erfahrungen und wissenschaftlichen Erkenntnissen zuwider laufen. In der unreflektierten Übernahme schulischer Lehrmethodik oder durch die Einführung einer „Kindergartenpflicht" lassen sich die Probleme nicht lösen. Gleichwohl ist es richtig, dass auch für die Kindertageseinrichtungen Bildungsziele stärker definiert und systematisiert werden müssen. Dabei ist es von entscheidender Bedeutung, dass Erfahrungen der Kinder und Jugendlichen aus ihrem familiären und sozialen Umfeld aufgenommen werden und so die Integration aller Jugendlichen in den Bildungsprozess – zumal im Bereich der Sprachförderung – ihre Grundlage schon in der vorschulischen Bildung erhält.

Die Notwendigkeit, eine stärkere und institutionalisierte Kooperation auf allen Ebenen herzustellen, zeigt sich daneben aber auch besonders deutlich bei dem allseits für erforderlich gehaltenen Ausbau von Angeboten der Ganztagsbetreuung für Schulkinder. Hier muss es schon deshalb zu einer intensiven Zusammenarbeit von Schulen sowie Trägern und Einrichtungen der Kinder- und Jugendhilfe kommen, um auf den Bedarf zugeschnittene Angebote unter Nutzung der besonderen Erfahrungen beider Bildungsbereiche unterbreiten zu können. Im Kinder- und Jugendhilferecht steht mit dem Hilfeplanverfahren nach § 36 SGB VIII ein auch auf andere Bereiche übertragbares, gut geeignetes Instrumentarium für die institutionelle Kooperation zur Förderung junger Menschen zur Verfügung. Initiativen vor Ort, dieses Verfahren zu einem individuellen „Förderplan" weiter zu entwickeln und ihn für die Integration von Bildungs- und Ausbildungsangeboten der verschiedenen Leistungsträger nutzbar zu machen, begrüße ich sehr. Daher fördert der Bund entsprechende Modelle.

Die durch den Bund ergriffenen Maßnahmen haben dabei gemeinsam zum Ziel, Kindern und Jugendlichen optimale Startchancen zu verschaffen und breite Bildungszugänge zu eröffnen. So fördern wir beispielsweise die Beteiligung von Kindern und Jugendlichen an den sie betreffenden gesellschaftlichen Diskussions- und Entscheidungsprozessen auch deshalb, weil die Erfahrung, auf das eigene Lebensumfeld durch Engagement wirksam und gestaltend Einfluss nehmen zu können, die beste Motivation ist, sich Kenntnisse und Fähigkeiten, auch in selbst organisierten Prozessen, anzueignen. Mit den Partnern der von uns initiierten Bundesinitiative Beteiligungsbewegung – Bundesländer und Kommunen, Jugendverbände, Betriebe und Ausbildungseinrichtungen sowie Schulen und Hochschulen – werden wir deshalb die Initiativen für mehr Beteiligung weiter entwickeln und gemeinsame Handlungsstrategien festlegen.

Die aktuelle Debatte muss – und dies halte ich für eine Voraussetzung gelingender Kooperation mit anderen Bildungsträgern – schließlich auch für eine Standortbestimmung in der Kinder- und Jugendhilfe selbst genutzt werden.

In allen Feldern der Kinder- und Jugendhilfe gilt es, das Bildungsverständnis neu zu definieren und offensiv zu beschreiben, welche spezifischen Leistungen für die Bildungschancen junger Menschen zur Verfügung gestellt werden können.

Es geht darum, dass sich die Kinder- und Jugendhilfe ihrer eigenständigen Bildungsverantwortung neu bewusst wird, dieser Verantwortung nachkommt, Konzepte – auch mit Blick auf die in der Forschung erkannten Defizite – modernisiert und die erforderlichen Ressourcen für sich reklamiert.

Ich bin mir sicher, dass durch diese Veröffentlichung wichtige Beiträge für die fachliche Weiterentwicklung der Bildungsangebote für Kinder und Jugendliche auf allen Ebenen zur Verfügung gestellt werden und wünsche dem Buch vor diesem Hintergrund zahlreiche interessierte Leserinnen und Leser.

Dr. Christine Bergmann
Bundesministerin für Familie, Senioren, Frauen und Jugend

Vorwort

Ingrid Mielenz

Das Thema Bildung steht wieder im Mittelpunkt des öffentlichen Interesses. Bildungspolitiker, Pädagogen und Vertreter der Wirtschaft werden zu Recht nicht müde, die Bedeutung eines modernen und leistungsfähigen Bildungssystems als Garant für die Zukunftsfähigkeit unserer Gesellschaft zu betonen. Die Ressourcen und Entwicklungsmöglichkeiten der Jugendhilfe spielen in dieser Debatte zu Unrecht nur selten eine Rolle.

Die Bildungsdiskussion beschränkt sich in aller Regel auf die Defizite von Schule, Hochschule und Berufsausbildung. So wichtig die Auseinandersetzung über eine bessere (Hoch-)Schule und Ausbildung ist, so kontraproduktiv sind die ungeplanten Folgen. Andere bedeutsame Orte von Bildung, wie etwa die Familie oder die Kinder- und Jugendhilfe, werden dadurch als eigenständige Akteure im Bildungsprozess erst gar nicht wahrgenommen, und das, obwohl sie erheblichen Anteil am Gelingen von Bildungsprozessen haben bzw. haben könnten.

Das Bundesjugendkuratorium hatte in seinen Thesen zum Generationenverhältnis *„Gegen den irrationalen Umgang der Gesellschaft mit der nachwachsenden Generation"* (s. Bundesjugendkuratorium 2000) bereits auf einige zentrale Defizite in der deutschen Bildungslandschaft – wie die Institutionenfixierung, die starre lebensphasenbezogene Praxis der Bildungsabschlüsse oder die weit reichende Benachteiligung von Migranten –hingewiesen. Gleichzeitig hat es skizziert, wie der Aufbruch der Gesellschaft im Spiegelbild ihrer nachwachsenden Generation, konsequent und umfassend unter Einbezug der Kinder- und Jugendhilfe in bildungspolitische Überlegungen aussehen könnte.

Im Rahmen der Vertiefung dieser Ansätze hat das Bundesjugendkuratorium zunächst ein Werkstattgespräch „Was hat die Kinder- und Jugendhilfe beizutragen? Für ein neues Verständnis ihrer Bildungsaufgaben" mit einigen hochrangigen Vertreterinnen und Vertretern aus der Sozialwissenschaft sowie aus der Praxis der Kinder- und Jugendhilfe durchgeführt. Die wesentlichen Beiträge sind in der vorliegenden Veröffentlichung dokumentiert. Die Erkenntnisse der Veranstaltung stellten dann die Grundlage der jugendpolitischen Streitschrift *„Zukunftsfähigkeit sichern! Für ein neues Verhältnis von*

Bildung und Jugendhilfe" (s. Bundesministerium für Familie, Senioren, Frauen und Jugend 2001) dar[1].

Dem Bundesjugendkuratorium geht es in o. g. Positionierung vor allem um eine Neubestimmung des Bildungsauftrages der Kinder- und Jugendhilfe und um das Aufzeigen neuer Wege der Kooperation aller am Bildungsgeschehen beteiligter Akteure.

Ein angemessenes Bildungsverständnis zielt auf die Stärkung der gesamten Persönlichkeit. Lebenskompetenz gewinnt gegenüber Wissen und Qualifikation an Bedeutung. Legt man dieses Verständnis zu Grunde, lassen sich die Orte von Bildung nicht mehr auf Kindergarten, Schule, Hochschule und berufliches Ausbildungssystem begrenzen. Vielmehr folgt daraus, dass das gesamte Spektrum denkbarer Bildungsträger in den gesellschaftlichen Bildungsauftrag mit einbezogen werden muss. Bildungsprozesse sollen junge Menschen in nachhaltiger Weise befähigen, sich auch unter rasch wandelnden, unübersichtlichen Lebensverhältnissen zurecht zu finden und in Solidarität mit anderen ihren Alltag zu meistern. Weil Bildung zum großen Teil Selbstbildung ist, müssen jungen Menschen geeignete und vielfältige Gelegenheiten geboten werden, Vertrauen in die eigenen Kräfte zu entwickeln, damit sie Lebens- und Teilhabechancen zu nutzen verstehen. Deshalb sind solche Bildungsprozesse wichtig, die das Selbstvertrauen stärken und dazu beitragen, dass sich Kompetenzen zur relativ flexiblen und trotzdem selbstbestimmten Lebensführung ausbilden können. Selbstbewussten jungen Menschen fällt es leichter, sich diejenigen Kenntnisse, Fertigkeiten und sozialen Fähigkeiten anzueignen und zu erweitern, die dabei helfen, wechselnde berufliche und private Anforderungen zu bewältigen. Auf dieser Basis können junge Menschen – einschließlich derjenigen, die es auf Grund ihrer sozialen und ethnischen Herkunft oder anderer Benachteiligungen schwerer haben als andere – am ehesten in der Lage versetzt werden, im Leben zu bestehen.

Bildungsprozesse zu ermöglichen und Bildungsbarrieren abzubauen ist eine gesellschaftspolitische Aufgabe, die sich nur im effektiven Zusammenwirken aller Bildungsorte realisieren lässt, d.h. mit denjenigen überwiegend formellen Charakters, wie der Schule oder der Ausbildung, denjenigen weitgehend nicht-formellen Charakters, wie der Jugendhilfe und denjenigen informellen Charakters, wie der Familie, Nachbarschaft oder der Gleichaltrigengruppe.

Die Bildungsidee als Begriff gehörte bislang nicht zu den vorrangigen Kriterien im Selbstverständnis der gesamten Kinder- und Jugendhilfe. Sowohl die wissenschaftlichen Beiträge dieses Bandes als auch die Stellungnahme des Bundesjugendkuratoriums gegenüber der Bundesregierung ermutigen jedoch

---

1   Der Vertiefungsprozess der These „Bildung" wurde von der Arbeitsgruppe „Generationenverhältnis" des Bundesjugendkuratoriums maßgeblich begleitet und gesteuert. Ihr gehörten an: Frieder Böttger, Hartmut Brocke, Richard Münchmeier (Vorsitz), Hans-Uwe Otto, Ursula Rabe-Kleberg, Michael Vollert; Sven Borsche, Klaus Roggenthin.

dazu, sich auf einen handlungsfeldübergreifenden Bildungsbegriff in der Jugendhilfe (vom Kindergarten über die Jugendarbeit bis zur Jugendsozialarbeit) zu verständigen. Sie zeigen darüber hinaus, dass die Kinder- und Jugendhilfe mit ihren spezifischen Möglichkeiten in erheblichen Maße nicht-formelle und informelle Bildungsprozesse initiiert bzw. fördert.

Die Kinder- und Jugendhilfe kann und soll eine wichtige Rolle bei der Erneuerung der Bildungslandschaft spielen. Voraussetzung ist, dass eine neue umfassende Bildungspolitik die bildungsrelevanten Potenziale der Kinder- und Jugendhilfe erkennt und ihr die erforderlichen Zuständigkeiten und Ressourcen zubilligt. Voraussetzung ist aber auch, dass die Jugendhilfe bereit ist, sich zu verändern und sich noch stärker in die Bildungsdebatte einzubringen. Das bedeutet, dass die Jugendhilfe stärker ihre eigenen Methoden und Handlungsmöglichkeiten hinterfragen, beschreiben und in Institutionen übergreifende Bezüge vermitteln muss. Die quartiersbezogene Beratungsarbeit als gesellschaftliche Bildung, die auf bestehende Netzwerke in Familie, Gemeinwesen, Schule und soziale Infrastruktur zurückgreift, könnte ein Erfolg versprechender Weg sein.

Indem die Kinder- und Jugendhilfe weiter lernt, ihre Dienste und Leistungen in allen ihren Handlungsfeldern nicht allein unter kompensatorischen Aspekten sondern auch als Teil unverzichtbarer gesellschaftlicher Bildung wahrzunehmen und nach außen zu vermitteln, sollte es ihr möglich sein, noch deutlicher als bisher, ihre Wirkung als Bildungsbereich eigener Prägung zur Geltung zu bringen.

Ingrid Mielenz
Vorsitzende des Bundesjugendkuratoriums

Literaturangaben

Bundesjugendkuratorium (Hrsg.) (2000): Gegen den irrationalen Umgang der Gesellschaft mit der nachwachsenden Generation, in: Neue Praxis, Heft 3/2000, 303-307 (s. Abdruck in diesem Band, 175ff.)

Bundesministerium für Familie, Senioren, Frauen und Jugend (Hrsg.) (2001): Zukunftsfähigkeit sichern! Für ein neues Verhältnis von Bildung und Jugendhilfe. Eine Streitschrift des Bundesjugendkuratoriums, Bonn/Berlin (s. Abdruck in diesem Band, 159ff)

Einleitung

„Dass das Leben der Jugend bildend sei!"

Richard Münchmeier

Bildung ist gegenwärtig ohne Zweifel ein bedeutsames Thema öffentlicher Debatten. Seit geraumer Zeit gibt es unter Fachleuten wie in der Politik einen kritischen Diskurs über den Zustand und die Reformbedürfnisse des Bildungswesens. Eine besondere Bühne hierfür war ohne Zweifel das von den Kultusministern initiierte „Forum Bildung" (s. Arbeitsstab Forum Bildung 2001). Und ganz besonders haben die veröffentlichten Ergebnisse der sogenannten PISA-Studie (s. Deutsches PISA-Konsortium 2001) die Gemüter bewegt. Wenn nun auch Bundesjugendkuratorium und die Jugendhilfe sich mit dem Thema beschäftigen, könnte das in der Öffentlichkeit wie das Aufspringen auf den fahrenden Zug, das Sich-Anhängen an einen Trend wahrgenommen und gedeutet werden. Warum also – jetzt – eine Veröffentlichung zum Thema Bildung und Lebenskompetenz aus der Sicht der Kinder- und Jugendhilfe?

Die Jugendhilfe steht oft in dem Ruf, gerade auch in der selbstkritischen Wahrnehmung innerhalb ihrer eigenen Fachkreise, dass sie immer wieder auf wechselhafte gesellschaftliche Trends eingehe und ihr eigenes Selbstverständnis im Spiegel von immer wieder modisch wechselnden Begriffskonjunkturen zu entfalten suche. Ihre Geschichte lese sich mitunter wie die Geschichte modischer Leitbegriffe. In der Tat, wer auf die letzten Jahrzehnte zurückblickt, kann erstaunt sein über die Brüchigkeit und offensichtliche modische Anfälligkeit ihrer Selbstexplikationen. Soll man also in dem neu aufbrechenden Bildungsdiskurs in der Sozialen Arbeit einfach einen solchen Modernismus sehen? Ist nach Lebensweltorientierung, Dienstleistungsorientierung sowie Qualitätssicherung und Neuer Steuerung zur Zeit eben Bildung das Stichwort?

Wie bereits gesagt ist derzeit das Thema Bildung „in" und beherrscht Debatten über Bildung die Schlagzeilen. Wer jedoch einen Schritt zurücktritt und die Diskurse kritisch beobachtet, bleibt gelegentlich etwas verwirrt zurück. Denn in den verschiedenen Zusammenhängen taucht der Begriff in sehr unterschiedlichen Verwendungen und mit höchst unterschiedlichen inhaltlichen Füllungen auf. Nicht nur von Wirtschaftsseite aus wird der Bildungsbegriff umstandslos reklamiert zur Bezeichnung von und Forderung nach erwerbsarbeits- und berufsbezogener Qualifikation. Oder: die manchmal sich klug gebenden, oft aber doch in der Sache seichten Debatten über die sogenannte Informations- und Wissensgesellschaft rücken Bildung in so engen Zusammenhang mit Wissenserwerb, dass sich der Bildungsbegriff fast darin auflöst und – vereinfacht gesprochen – zu einer Metapher für den Umgang mit dem Internet wird.

Gleichzeitig wird in vielen differenzierten und seriösen Arbeiten, die schon seit geraumer Zeit im Gange sind und ein beachtliches Niveau erreicht haben, Bildung neu entdeckt und durchbuchstabiert. So wird zum Beispiel Bildung als Voraussetzung, Prozess und Entfaltungsmedium von Lebenskunst mit einer sehr ambitionierten inhaltlichen Präzisierung vorgestellt (s. Bundesvereinigung Kulturelle Jugendbildung 1999 und 2000). Oder Bildung wird als Ressource von Lebensbewältigung (s. Böhnisch 2001) bezeichnet und im Zusammenhang mit den ambivalenten Behauptungserfordernissen des Subjekts in der Postmoderne (s. Scherr 1997) neu beleuchtet. Und schließlich, die jüngsten Expertenberichte, z. B. der 10. Kinder- und Jugendbericht und der Reichtums- und Armutsbericht der Bundesregierung, die Shell- und andere Jugendstudien haben das Thema Bildung und soziale Benachteiligung erneut aktuell werden lassen. Die Bilanz der Bildungsreform der 70er und 80er-Jahre, deren wichtige Ziele die Verwirklichung von Chancengleichheit ausdrücklich einbezogen hatten, stellt sich rückblickend in mancher Hinsicht als relativ bescheiden heraus. Die Zahlen über soziale Benachteiligungen, die nach wie vor eine Gruppe von etwa fünfzehn Prozent der Kinder und Jugendlichen als Gruppe mit schlechteren Bildungs- und damit Lebenschancen ausweisen, zeigen keine Fortschritte in die erwünschte Richtung auf. Nicht zuletzt die Ergebnisse der PISA-Studie werfen hierauf ein deutliches Licht. So gibt es also derzeit notwendigerweise eine breite Bildungsdebatte.

Schon dieser kurze, schlaglichtartige Überblick aber macht deutlich, dass das Bildungsthema zwar aktuell, aber nicht unbedingt ein modischer Trend ist, auf den hereinzufallen Jugendhilfe Gefahr liefe. Offensichtlich – so jedenfalls die dem hier vorgelegten Band zugrundeliegende These – entsteht die gegenwärtige Bildungsdebatte in ihrer Vielfalt, in ihrer extremen Widersprüchlichkeit (und im übrigen ohne Beteiligung und profilierte Positionen und formulierte Reformziele von Seiten der Erziehungswissenschaft) offensichtlich aus politischen oder gesellschaftlichen Zusammenhängen heraus. Sie transportiert, so scheint es, den Modernisierungs- und Anpassungsdruck, der aus der Umgestaltung von Wirtschaft und Gesellschaft resultiert, also aus dem ökonomischen und sozialen Wandel. Das macht sie brisant und drängend. Und das macht es den gesellschaftlichen Handlungsfeldern, also auch der Jugendhilfe, unmöglich, sich ihr zu entziehen. Es geht nicht um eine Mode. Es geht um die Bewältigung eines immens wachsenden Veränderungsdrucks. Darauf die Aufmerksamkeit zu lenken, wird mit den nachfolgenden Beiträgen versucht.

Es geht in der gegenwärtigen Bildungsdebatte ebenfalls nicht um ein Thema, das nur das „Bildungssystem" in einem verkürzten Verständnis, also Schule und Hochschule, anginge. Auch die Praxis und Theorie der Jugendhilfe sind herausgefordert zu einer Neuorientierung und Verortung angesichts sich zuspitzender Modernisierungszwänge. Die mit erhöhtem politischem und sogar finanzpolitischem Druck eingeforderten Modernisierungszwänge geben die Perspektive gewissermaßen vor. Bildung wird zur entscheidenden Voraussetzung für ein gelingendes Leben, zum Rohstoff jeder individuellen Biografie, zur Ressource der Lebensführung, zur Lebenskompetenz. Das bedeutet allerdings nicht nur Freisetzung und neue Chancen, erweiterte Möglichkeiten für kreative Aneignung und Selbstbestimmung für die Menschen. Sondern hierin liegen auch für alle wachsende Orientierungsprobleme, Herausforderungen und Anstrengungen, eben schwieriger werdende Aufgaben der Lebensbewältigung. Für diejenigen, denen es aus welchen Gründen auch immer schwer fällt, mitzuhalten, bedeutet dies enormen Druck sowie die Gefahr wachsender Benachteiligung und Marginalisierung.

Es geht also nicht darum, ein neues Modewort zu entdecken oder sich anzueignen. Es geht um das kritische Durchdenken der sich stellenden Aufgaben und die Sichtung der gegenwärtigen Trends und ihrer verführerischen Inhalte, um die Prüfung der eigenen Voraussetzungen und um die Zurückweisung unangemessener oder gar gefährlich verkürzender Zumutungen. Es geht zudem um den Erhalt der Selbstständigkeit von Jugendhilfe und die Schärfung ihres ureigenen Profils; die Arbeit an ihrer Selbstvergewisserung angesichts von Herausforderungen, denen sie sich nicht entziehen kann.

Fragen sind also zu stellen: Gibt es ein genuines Bildungsverständnis der Jugendhilfe selbst und wie sieht es aus? Kann sie, von ihren eigenen Traditionen ausgehend, ihre Erfahrungen und ihr Verständnis zu einer kritischen Stimme in der aktuellen Debatte werden lassen? Wie kann sie sich dagegen wehren, dass man ihr von außen irgendwelche Bildungsaufgaben aufnötigt, ohne sich aber andererseits den drängenden Aufgaben zu entziehen? Und wie wären diese Aufgaben zu formulieren und anzupacken, damit die Rechte und Interessen von Kindern, Jugendlichen und Familien gestärkt und nicht irgendwelchen Zwängen zur Flexibilität und Anpassung an vorgebliche Sachzwänge geopfert werden? Und schließlich, wie kann und muss die Jugendhilfe dieses eigene Bildungsverständnis, ihre eigene Bildungspraxis und ihre Leistungen im gesellschaftlichen Umfeld in der Politik zur Geltung bringen? Es scheint deutlich, dass dies einer kritische Debatte nach innen und außen bedarf und die Bereitschaft zum klärenden Konflikt einschließen muss.

Am Anfang der Geschichte der Sozialpädagogik als Disziplin und Profession findet sich ein Zitat von Gertrud Bäumer, und zwar am Ende ihres berühmten Artikels im „Handbuch für Pädagogik" aus dem Jahr 1929. Dort fordert sie: Es ist die Aufgabe der Sozialpädagogik, die Mittel weitsichtig vorauswirkender Organisation dafür einzusetzen, „dass das Leben der Jugend bildend sei. Das ist die wahrhaftig nicht hoffnungslose Aufgabe, der neue positive Sinn der Sozialpädagogik" (s. Bäumer 1929, 15). Dafür zu arbeiten, dass das Leben der Jugend bildend sei, ist wahrhaftig eine umfassende Aufgabe für die Kinder- und Jugendhilfe, die Angebote für die einzelnen jungen Menschen ebenso erfordert wie das Sich-Einmischen und Gestalten der räumlichen, sozialen und – letztlich – gesellschaftlichen Verhältnisse, in denen sie leben. Das ist die umfassende Aufgabe, die nicht einfach durch neue Lehr- und Lernprozesse, gewissermaßen durch eine neue „Didaktik", einzulösen ist, sondern einen Beitrag zur Gestaltung von „positiven Lebensbedingungen für junge Menschen sowie zur Schaffung einer kinder- und familienfreundlichen Umwelt" (§ 1 Abs. 3 Ziff.4 SGB VIII/Kinder- und Jugendhilfegesetz) einschließt. „Dass das Leben der Jugend bildend sei", könnte auch ein Leitbegriff für die hier zu führende Debatte sein, vorausgesetzt, dass es der Kinder- und Jugendhilfe gelingt, inhaltlich zu konkretisieren, was dieser Satz meint.

Literaturangaben

Arbeitsstab Forum Bildung (Hrsg.) (2001): Empfehlungen des Forums Bildung (Ergebnisband I)

Bäumer, G. (1929): Die historischen und sozialen Voraussetzungen der Sozialpädagogik und die Entwicklung ihrer Theorie, in: Nohl, H./Pallat, K. (Hrsg.): Handbuch der Pädagogik, Bd. 5, Berlin und Leipzig, 3-17

Böhnisch, L. (2001): Sozialpädagogik der Lebensalter. Eine Einführung, Weinheim und München, 3. Aufl.

Bundesvereinigung Kulturelle Jugendbildung (Hrsg.) (1999): Lernziel Lebenskunst. Konzepte und Perspektiven (Schriftenreihe der BKJ, Bd. 49), Remscheid

Bundesvereinigung Kulturelle Jugendbildung (Hrsg.) (2000): Partizipation und Lebenskunst. Beteiligungsmodelle in der kulturellen Jugendbildung (Schriftenreihe der BKJ, Bd. 54), Remscheid

Deutsches PISA-Konsortium (Hrsg.) (2001): PISA 2000. Basiskompetenzen von Schülerinnen und Schülern im internationalen Vergleich, Leverkusen

Scherr, A. (1997): Subjektorientierte Jugendpädagogik. Eine Einführung in die Grundlagen emanzipatorischer Jugendpädagogik, Weinheim und München

Jugendhilfe, Bildung, Teilhabe

Bildung als Teilhabefähigkeit[1]

Eckart Liebau

Um in das Thema Bildung und Teilhabe einzuführen, soll ein kleiner Parforce-Ritt unternommen werden, der im 15. Jahrhundert beginnt.

Vermittlung und Aneignung

Cincius Romanus beglückwünscht im Jahre 1438 Poggio Bracciolini zur Geburt seines Sohnes. Romanus schreibt an den frisch gebackenen Vater über das Söhnchen:

„Ich meinesteils... habe nicht den mindesten Zweifel, dass er von Natur aus zu Gelehrsamkeit und Ehrenhaftigkeit, zu überdurchschnittlichen Taten und zu künftigem Ruhm veranlagt ist... (Ich bin) überzeugt, dass er sich die schönsten Tugenden und wissenschaftliche Lorbeeren in überreichem Maße erringen wird. Er wird seine angeborenen guten Eigenschaften behalten, wird die Lehren seiner Eltern aus eigenem Antrieb annehmen und die reinen Sitten und die Gelehrsamkeit seines Vaters sich freudig zu Eigen machen. Denn weder die Gestirne noch die Einflüsse der Himmelskreise noch das angeblich über dem Menschenleben waltende Schicksal vermögen eine edelveranlagte und durch das Studium der schönen Künste sowie treffliche sittliche Lehren gestärkte menschliche Natur zu erschüttern oder zu verderben... Wenn er aber herangewachsen ist, so sei bestrebt, dass jede Altersstufe bei ihm zu ihrem Recht kommt und seine Worte und Taten jeweils dem Alter entsprechen. Hingegen soll er sich in dem Maße, wie die Jugend die Kindheit an Reife übertrifft, das Mannesalter die Jugend und das Alter die Mannesjahre, an Klugheit und sonstigen Tugenden hervortun, auf dass sein ganzes Leben hindurch zwischen Körper und Geist die rechte Harmonie herrsche und seine Tugenden immer strahlender hervortreten." (Romanus 1438, 162)

Der Renaissance-Humanismus vertraute nicht nur auf die Kraft der menschlichen Natur; er wusste auch den Weg, wie die Harmonie zwischen Körper und Geist, vor allem aber, wie die Moralität zu stärken sei: durch das Studium der schönen Künste und der Wissenschaften und durch treffliche sittliche Lehren.

---

1 Der Text beruht in wesentlichen Passagen auf zwei früheren Publikationen zum Thema (s. Liebau 1999, 2001)

Entscheidend ist das Vorbild der Eltern, besonders natürlich des Vaters. Das Leben war bis ins Alter als Fortschritt zu Klugheit und Tugend gedacht; im Durchgang durch die Altersstufen sollten die Tugenden immer strahlender hervortreten. Hier wird der Mensch nicht mehr als Objekt und Opfer kontingenter, schicksalhafter Bedingungen vorgestellt, sondern als handlungs- und gestaltungsfähiges Subjekt, das aus eigenen Motivationen handelt und handeln kann. Deswegen wird Erziehung zum tugendhaften und gelehrsamen Leben zugleich möglich und nötig. Denn das Kind und der künftige Erwachsene sind hier schon als Subjekt der Aneignung und als Subjekt der eigenen Entwicklung gedacht: „aus eigenem Antrieb" wird das Kind die Lehren seiner Eltern annehmen.

Die Bezugspunkte aber sind noch ambivalent: Entscheidend ist noch nicht das Innenverhältnis der Person zu sich selbst, entscheidend ist vielmehr noch das Außenverhältnis der Person. Es geht um Ruhm und Ehre, die ja immer auf äußerer Anerkennung durch legitime Andere gründen. Die Tugenden und auch die Harmonie zwischen Körper und Geist sind erstrebenswert um der Lorbeeren willen, die Andere zu verteilen haben. Die Felder freilich, auf dem diese Lorbeeren zu erringen sind, sind hier nicht mehr die Schlachtfelder des Krieges, sondern es sind Wissenschaft, Kunst und Politik. Es geht um die äußere Anerkennung durch andere, nicht um die innere Anerkennung durch sich selbst. Es geht um die Performance, um Wissen und Können, um die praktische und symbolische Beherrschung der für ein ruhmreiches und tugendhaftes Leben nötigen Praktiken.

Das wird sich im weiteren Verlauf der Entwicklung ändern; das Selbstverhältnis, das Gewissen, die Überzeugung, die Identität rücken allmählich stärker in den Mittelpunkt – eine Entwicklung, die durch die Reformation nachhaltig intensiviert und vorangetrieben werden wird. Hier, im Florenz des frühen und mittleren fünfzehnten Jahrhunderts, ist es aber noch nicht so weit.

Aber freilich herrschte kein einfacher Glaube an den Sieg der Tugenden – auch die Gefahren, die Laster, waren dem Renaissance-Bewusstsein präsent. Cincius Romanus fährt nämlich fort:

„Weil aber der Tugend und der Vernunft nichts so widerstreitet und so im Kampfe mit ihr liegt wie die Wollust des Fleisches, so muss man diese unterdrücken und peinlich darauf achten, dass sie nicht den Körper verseucht und Herz und Hirn entkräftet. Soviel freilich soll man sich gestatten, wie zur Erhaltung des leiblichen Wohlbefindens nötig ist. Ihre Fallstricke aber muss man wie die eines listigen Feindes meiden; verfügt sie doch über einen erotischen Kitzel, der gewisse Wonnen verspricht, die, wenn sie nicht durch züchtigen Lebenswandel, Arbeit, Nachtwachen, körperliche Übungen, mäßiges Essen und was man die persische Kresse nennt, unterdrückt werden, derart Gewalt über uns bekommen, dass die Vernunft selbst, die den Menschen lenken und wie eine Herrscherin in unserem Herzen thronen sollte, von der Wollust besiegt am Boden liegt..." (Romanus 1438, 164f.)

Dem Autor dieses Briefes war also bewusst, dass die gestrenge Vernunft und die asketische Moral bei allem Ernst, den sie fordern und der ihnen auch gebührt, doch selbst nur den Charakter einer großen Erzählung haben, dass man also auch ironisch mit Vernunft und Moral umgehen muss und dass das Leben keineswegs nur auf dem Pfad der asketischen Tugend zu bewältigen ist. Ihm war der nicht nur mögliche, sondern für modernes menschliches Leben konstitutive Widerspruch von Lust und Vernunft, Lustprinzip und Realitätsprinzip nicht nur abstrakt bewusst, sondern eine sehr konkrete praktische Herausforderung. Und so suchte er denn einen pragmatischen Ausweg. Die Ansprüche von Tugend und Vernunft finden ihre Grenzen an den Ansprüchen des Leibes. Letztlich kommt dem Leib als der Grundlage des menschlichen Lebens der Primat zu. Aber es ist selbst hier schon eine gebändigte Sinnlichkeit, der da das Wort geredet wird – obwohl man dem Text nur allzu deutlich entnehmen kann, wie verführerisch für den Autor der Gedanke an die entfesselte Lust ist. Das wird in den Schlussworten noch einmal besonders deutlich:

„Zum Schluss bleibt noch die Bitte, Du mögest recht bald zu uns kommen, die wir die größte Sehnsucht nach Dir haben. Dann werden wir in feierlicher Runde die Geburt Deines Sohnes gebührend feiern, wenn Du, der König an unserer Tafel, mit der ganzen Schar der griechischen und lateinischen Philosophen da sein wirst, und wir werden, wie es in solcher Runde üblich ist, über vieles diskutieren, besonders über das Wesen der Wollust. Und in der Tat wird sie die feurigsten Fürsprecher haben, wenn sie während der Verteidigung ihrer Sache durch die Freuden des Mahles und die fröhlich kreisenden Becher den Sinnen ein solches Wohlbehagen vermittelt, dass die Freunde, wie durch schmeichlerischen Köder verlockt, nur desto leidenschaftlicher für ihren Wert eintreten werden. Selbst ich, der ich die Wollust eben noch mit den schärfsten Worten verfolgt habe und sie am liebsten aus der menschlichen Gesellschaft vertreiben wollte, werde dann vielleicht zugeben, dass sie in Gnaden wiederaufgenommen sei." (Romanus 1438, 165)

Noch ist die Differenz von Vernunft und Sinnlichkeit nicht endgültig etabliert; noch scheint die Versöhnung möglich. In der Rezeption der Renaissance wird üblicherweise die (Wieder-)Geburt der Vernunft gefeiert; sie gilt als Sternstunde in der europäischen oder gar der Weltgeschichte, weil nun das vernünftige, autonome, planende und damit zukunftsfähige Subjekt auf den Plan trete, also als Geburtsstunde der Moderne. Vielleicht würde es sich lohnen, die Botschaft dieser Epoche einmal unter anderen Aspekten zu prüfen – z. B. im Blick auf den Umgang mit der Gegenwart und im Blick auf die Betonung der Performance. Vielleicht ließe sich die Renaissance auch als Geburtsstunde der Postmoderne lesen. Cincius Romanus zumindest rechnet mit der Möglichkeit, dass er in wechselnden Situationen auch wechselnde Positionen beziehen könnte; er rechnet da mit einer für uns erstaunlichen Flexibilität seiner Person. Und das verträgt sich, wenn es denn gekonnt ist, in seiner Sicht durchaus mit einem tugendhaften Leben. Den klassisch-modernen – und darin ganz und gar abendländischen – Identitätsanspruch jedenfalls, ein Leben lang in allen Situationen charakterfest derselbe sein und bleiben zu sollen, hätten diese frühen Humanisten wohl eher seltsam gefunden. Es geht hier nicht um solche Formen der Identität, sondern um habituelle Kompetenz im Blick auf eine nun offene Zukunft, um die Fähigkeiten also, die gesellschaftlich anerkannte und moralisch anerkennenswerte Tätigkeiten möglich machen. Der uomo universale kann sich an den relevanten gesellschaftlichen Aufgaben und Tätigkeiten, an Kunst, Wissenschaft, Geselligkeit, Liebe, Politik kompetent und ehrenhaft je nach den Anforderungen wechselnder Situationen beteiligen und dabei zugleich seine wesentlichen Bedürfnisse befriedigen. Bildung und Bewältigung bilden da keinen Widerspruch, sondern ein Bedingungsverhältnis: Nur der Gebildete kann kompetent die wechselnden Situationen des Lebens bewältigen. Das muss in Kindheit und Jugend nach den Möglichkeiten der Altersstufe schon gelebt und zugleich damit für die Zukunft vermittelt und angeeignet werden, nicht mehr, aber auch nicht weniger.

Die Begründer der modernen deutschen Pädagogik dürften diesen Brief nicht gekannt haben. Manche Grundfiguren des Renaissance-Humanismus tauchen freilich wieder auf, wenn auch in je spezifischen Zuspitzungen und Einseitigkeiten. Die pädagogischen Traditionen der Aufklärung, des Idealismus und der Romantik haben die Grundlagen der modernen deutschen Pädagogik gelegt. Wie sehen hier die Vorstellungen von der Zukunft aus? Sie werden sichtbar, wenn man sich die Menschenbilder zu vergegenwärtigen versucht, die in den Konzepten sichtbar werden. Erziehung, Bildung und Entfaltung bilden die grundbegriffliche Erbschaft. Und in jedem steckt ein anderes Zeit-Konzept im Blick auf das menschliche Leben, die Gesellschaft und die Pädagogik.

Erziehung

Die Aufklärung hat sich ausführlich dem Erziehungsbegriff gewidmet; die Verbindung von politischer Mündigkeit und gesellschaftlicher Brauchbarkeit bzw. Nützlichkeit ist dabei als zentrale Zielvorstellung einer an Vernunft orientierten Erziehung erarbeitet worden. Standen in der englischen Aufklärung (Locke) pragmatisch-utilitaristische Perspektiven einer eher ökonomisch ausgerichteten, also an Arbeit, Eigentum und Leistung orientierten, auf vernünftige Gewohnheiten zielenden Bürgererziehung im Mittelpunkt, so rückten die französische und die deutsche Aufklärung darüber hinaus die politischen Fragen des Zusammenlebens in der bürgerlichen (Welt-) Gesellschaft und damit die Probleme einer Erziehung zu Freiheit und Toleranz in das Zentrum ihres pädagogischen Denkens: Die Ergebnisse der Aufklärung zusammenfassend, sah schließlich Kant Erziehung als Weg, der von Disziplinierung über Zivilisierung/Kultivierung zur Moralisierung des Zöglings führen und damit das vernünftig handelnde Subjekt zu allererst konstituieren sollte: „Der Mensch kann nur Mensch werden durch Erziehung. Er ist nichts, als was die Erziehung aus ihm macht" (Kant 1803, 699).

Erziehung ist der Weg für den Erwerb der Mündigkeit. Erziehung galt Kant damit gleichzeitig als Königsweg zur Verbesserung der Gesellschaft. Persönliche Freiheit, rechtliche und politische Gleichheit und ökonomische Selbständigkeit werden hier als Grundprinzipien der anzustrebenden (welt -) - bürgerlichen Gesellschafts- und Staatsverfassung postuliert. Ziel ist der mündige, sittlich autonom handelnde Bürger, der sich den Vernunftprinzipien verpflichtet weiß und daher dem kategorischen Imperativ aus eigener Einsicht zu folgen bereit und in der Lage ist. Sozial und politisch sind mit diesem Ziel zugleich die Konstitution der Sphäre der bürgerlichen Öffentlichkeit und ein Anerkennungs-Universalismus verbunden; denn die angestrebte Autonomie ist von vornherein nur unter Bedingungen der Gegenseitigkeit denkbar. Der pädagogischen Paradoxie der „Kultivierung der Freiheit bei dem Zwange" (Kant 1803, 702), die daraus folgt, dass der Mensch zwar ein von Natur aus vernunftbegabtes, als Kind aber eben noch nicht vernünftiges Wesen ist, versucht Kant ebenfalls durch die Verpflichtung auf Reziprozität beizukommen. Freiheit und Gegenseitigkeit sind bei ihm auch für den Erziehungsprozess konstitutiv (Kant 1803, 711): Nur eine vernünftige Erziehung, die zugleich die Freiheit des Zöglings und die Freiheit anderer respektiert, führt zu vernünftigen Menschen und zu einer vernünftigen Gesellschaft. Die Spannung von Lust und Vernunft wird einseitig aufgelöst: Hier herrschen nur noch Verstand und Vernunft.

Erziehung wird als Einwirkung der älteren auf die jüngere Generation konzipiert, die den Zweck hat, die jüngere Generation nicht nur zur ökonomischen, sozialen und politischen Teilhabe an der gegenwärtigen Gesellschaft, sondern auch zur beharrlich-geduldigen Mitarbeit an einer künftigen, besseren Gesellschaft zu qualifizieren. Dementsprechend zielt Erziehung auf Mündigkeit als ökonomische, moralische und politische Selbständigkeit und sie hört spätestens mit dem Erreichen dieses Ziels auf – eine durchaus handfest-pragmatische Perspektive auf den Menschen als arbeitendes und als politisches Wesen also, eine Perspektive, in der die bürgerlichen gesellschaftlichen Qualifikationszwecke letztlich dominieren. Die Vernunft hat ihren Sitz im Kopf. Der Leib stört da nur, außer in seiner Funktion als Werkzeugleib. Der Sinnenleib und der Erscheinungsleib (Bittner) werden abgeschnitten und abgedrängt.

Das Konzept der Aufklärung bleibt janusköpfig: Hier dient Bildung als bürgerliche Qualifikation der Lebensbewältigung, als menschliche Erziehung aber der Emanzipation: praktischer bourgeois im Arbeits-Alltag und räsonierender homme in der politischen Öffentlichkeits-Freizeit. Der pädagogische Horizont erstreckt sich auf Kindheit und Jugend als den Altersstufen der Vorbereitung auf das Erwachsenenleben.

Bildung

Genau an dieser Stelle liegt eine der entscheidenden Differenzen zum Bildungskonzept der deutschen Klassik bzw. des deutschen Idealismus. Bildung in deren Verständnis nämlich beugt sich weder einer engen Verzweckung noch hat sie ein definiertes Ende. Nicht die Befähigung zur (fremddefinierten) Leistung oder zum vernünftigen Räsonnement in der politischen Öffentlichkeit, sondern die lebenslange Arbeit an der Vervollkommnung der eigenen Person liegt im Kern des Bildungskonzepts, wie es sich allmählich im Lauf des 18. Jahrhunderts herausgebildet hat, bevor es dann um die Jahrhundertwende im deutschen Idealismus kodifiziert wurde: „Der ware Zweck des Menschen ist die höchste und proportionirlichste Bildung seiner Kräfte zu einem Ganzen", schreibt Wilhelm von Humboldt 1792 in seine „Ideen zu einem Versuch, die Gränzen der Wirksamkeit des Staates zu bestimmen" (Humboldt 1792, 64). Die Reflexion der objektiven Kultur hat ihr höchstes Ziel in der subjektiven Kultur, in der Persönlichkeitsentwicklung. Und so ist es nicht das abstrakte „Subjekt" der Aufklärung, sondern die individuelle Person, der größte Aufmerksamkeit gilt. Und es ist nicht der Horizont der politischen Verfassung der Gesellschaft als bürgerliche Republik, sondern der Horizont der Menschheit im Ganzen, in dem das Bildungsdenken sich verortet. Die von Wilhelm von Humboldt und anderen im ausgehenden 18. bzw. dem frühen 19. Jahrhundert entworfene Bildungsidee war durch die Verbindung wissenschaftlicher und ästhetischer Weltzugänge im Rahmen eines zugleich personal-individuellen und politischen Bildungsverständnisses gekennzeichnet. Die Überzeugung, dass der Mensch sich selbst Auftrag und Auftraggeber sei und dass Bildung als Selbstvervollkommnung zugleich der beste Dienst an der Gesellschaft bzw. dem Staat sei, bildet den Kern dieses Bildungsverständnisses.

Es ist evident, dass die Idee der Selbstvervollkommnung ästhetischen Ursprung ist und zugleich zentral auf die ästhetische Sphäre verweist. Bildung verweist auf innere wie äußere Schönheit. Gebildet ist, wer sich selbst am Maßstab ästhetischer und moralischer Perfektion ausrichtet und sich selbst danach zu gestalten versucht. Bildung ist also ein lebenslanger, ein prinzipiell nicht abschließbarer Prozess. Der Bezug auf die Antike – eine Antike freilich, die mit der historischen Realität nicht allzu viel, mit den Idealen der Neuhumanisten dafür umso mehr zu tun hatte – und ihr Ideal der „Kalokagathia", also der Verbindung des Schönen und des Guten, rückt nicht deren politischen, sondern nahezu ausschließlich deren ästhetischen und moralischen Gehalt ins Zentrum. (Die Antike der Renaissance-Humanisten hatte mit der historischen Realität auch nicht allzu viel zu tun; aber der Zugang war noch deutlich offener und – bei allem philologischen Forschergeist – politischer.) Für die idealistischen Neuhumanisten bildet die Sehnsucht nach der Schönheit den Kern des grundsätzlich jedem Individuum zugesprochenen Bildungstriebs; Schiller hat das in seinen Briefen „über die ästhetische Erziehung des Menschen" (Schiller 1795) in aller Breite und Differenzierung dargestellt.

Diese Bildungstheorie führt zum Primat der „allgemeinen Menschenbildung" gegenüber allen Verzweckungen. So will Humboldt die Schule ganz unter den Primat der Bildung stellen; er wendet sich ausdrücklich gegen alle Qualifikationskonzepte, in denen die Schule auf die ökonomischen oder politischen Zwecke der bürgerlichen Gesellschaft verpflichtet werden soll.

Das Bildungskonzept der deutschen Klassik rückt das Zusammenleben der Menschen unter dem Ziel der Höherentwicklung der Menschheit in jedem Einzelnen und im Ganzen in den Mittelpunkt. Dieser Bezug auf die Humanität ist letztlich ästhetisch begründet, aber er hat politische Implikationen. Denn Bildung wird hier nicht als nützliche Magd der Gesellschaft und des Staates verstanden, sondern als das oberste und vornehmste Ziel, dem sich Gesellschaft und Staat unterzuordnen haben. Die Einzelheiten der ökonomischen, sozialen und politischen Verfassung gelten lediglich als zwar notwendige, aber prinzipiell eher nebensächliche Rand- und Rahmenbedingungen; es sind nicht die – mit Marx geredet – zum Reich der Notwendigkeit gehörenden bürgerlichen Aktivitäten, an denen das Glück hängt; und es ist ebenso wenig das Räsonnement in der politischen Öffentlichkeit. Bildung realisiert sich vielmehr in der freien Sphäre des alltäglichen Umgangs, in Freundschaft, Liebe und geselligem Verkehr, in der lebendigen Beziehung zwischen Individuum und Welt – eine Art gehobener Freizeitaktivität. Es lässt sich kaum übersehen, dass die spätere Entwicklung des Bildungsbürgertums hier eine ihrer geistesgeschichtlichen Quellen hat. Das war gewiss nicht so gemeint, aber es hat – auch – so gewirkt. Aber diese Differenz von Intention und Wirkung soll es ja in der Geschichte öfter gegeben haben: Was geschieht, hat mehr und anderen Sinn, als die Akteure sich dabei denken. Im Bildungskonzept steckte freilich nicht nur die bildungsbürgerliche Möglichkeit; es hatte auch ganz andere und bis heute virulente Implikationen.

Denn trotz seiner Staats- und Gesellschaftsferne war und ist in diesem Konzept ein Gleichheitsanspruch enthalten, der nicht nur als Recht, sondern auch als Pflicht prinzipiell für alle Menschen gilt. Denn wenn die Entwicklung der Menschheit nur durch die Entwicklung aller Individuen möglich ist, dann müssen sich auch alle Menschen beteiligen. Menschen haben somit nicht nur ein Recht auf, sondern auch eine moralische Pflicht zur Bildung. Standes- und Klassengrenzen dürfen dementsprechend Bildung nicht behindern; Gesellschaft und Staat müssen allen Menschen die allgemeine Menschenbildung ermöglichen, auch wenn es selbstverständlich immer – auf der Ebene der Menschheit ebenso wie auf der Ebene des Individuums – bei einer Differenz zwischen dem Ideal und der Realität bleibt. Aber es ist auf beiden Ebenen nicht nur möglich, sondern auch notwendig, sich dem Ideal zu nähern.

Das Bildungskonzept des Neuhumanismus enthält also – bei allen prinzipiellen Differenzen – ebenso wie das Erziehungskonzept der Aufklärung nicht nur einen Zukunftsbezug, sondern auch ein geschichtsphilosophisch fundiertes Fortschrittskonzept: Geschichte wird hier als Weg zur Vervollkommnung der Gattung durch die Selbstvervollkommnung der Individuen verstanden. Hier freilich gibt es keinen pädagogischen Schlusspunkt; Bildung bleibt immer ein unabgeschlossener und prinzipiell nicht abschließbarer Prozess. Der Harmonie kann man sich nur beharrlich und in Muße nähern. Das ist zwar nicht besonders handfest, aber eine Lebensaufgabe.

Die Kosten auch dieses Modells lassen sich indessen kaum übersehen: Zwar wird die Spannung von Vernunft und Sinnlichkeit zum Humanitätsideal sublimiert; aber das ist und bleibt eben ein Ideal. Kultur ist nun vor allem geistige Kultur, Bildung geistige Bildung – es sind dann eben doch keineswegs alle Kräfte, die da „proportionierlich" gebildet werden. Lust und Sinnlichkeit werden abgespalten: Humboldts späte Gedichte z.B. bieten ziemlich grauenvolle Zeugnisse sadistischer Phantasie. Und was uns sonst so aus dem Leben unserer idealistischen Helden berichtet wird, ist häufig auch nicht gerade überzeugend. Die lebenslängliche praxis-, alltags- und öffentlichkeitsferne Kultivierung des Geistes hatte und hat auch ihre Nacht- und Schattenseiten.

Entfaltung

Den Konzepten der Vervollkommnung, sei es wie in der Aufklärung durch Arbeit und Politik, sei es wie im Neuhumanismus durch Sprache, Kultur und spielerische Geselligkeit, bringt die frühe Romantik entschiedene Skepsis entgegen. „Menschheit ist eine humoristische Rolle", schreibt A.W. Schlegel in der von ihm zwischen 1798 und 1800 gemeinsam mit seinem Bruder Friedrich gestalteten Zeitschrift „Athenaeum" (1969, 63). Die Romantiker sehen den durch Erziehung und Bildung bewirkten Verlust der Vollkommenheit des Kindes; sie sehen die Zerstörung des kindlichen Paradieses und begeben sich deshalb auf die Suche nach der zweiten Kindheit, dem Glück und dem Paradies – und zwar in der Gegenwart und der Gegenwärtigkeit. Im Kind suchen sie den vollständigen, den nicht-entfremdeten, gesellschaftlich nicht deformierten Menschen: „Wo Kinder sind, da ist ein goldnes Zeitalter", so A.W. Schlegel an anderer Stelle (Athenaeum 1969, 72). Denn im Kind sind die Trennungen des Bewusstseins zwischen Vergangenheit, Gegenwart und Zukunft, zwischen hier und dort, zwischen Wahrnehmung und Imagination, Unbewusstem und Bewusstem, Ich und Anderem, Welt und Gott noch nicht vollzogen, die den Kern des Unglücks der Erwachsenen bilden. Schnell rückt das Spiel des Kindes als ästhetisches Phänomen in den Mittelpunkt des romantischen Nachdenkens über die menschliche Entwicklung und ihre Idealität. Es thematisiert dabei die unverwechselbare Eigenheit, die einzigartige, an den Leib gebundene Individualität jedes einzelnen Menschen als eine zentrale pädagogische Herausforderung. Pädagogisch geht es daher nicht darum, einem äußeren Ideal nachzustreben, sondern darum, der Entfaltung der Innenwelt, der Seele, Raum zu geben:

„Jeder von uns hat seinen idealen Preismenschen in sich, den er heimlich von Jugend auf frei und ruhig zu machen strebt", schreibt Jean Paul in der „Levana" (1807, 44). Erziehung kann und soll nichts anderes, als diesen in jedem Menschen angelegten idealen Entwurf seiner selbst zu befreien und zum Ausdruck zu bringen. Die Förderung der Subjektivität wird damit zu ihrer vornehmsten Aufgabe. Aber es sind keineswegs die Erzieher allein, die an dieser Aufgabe beteiligt sind:

„Das Schulgebäude der jungen Seele besteht nicht aus bloßen Hör- und Lehrzimmern, sondern auch aus dem Schulhof, der Schlafkammer, der Gemeindestube, dem Spielplatze und aus jedem Platz." (Paul 1807, 26)

Es ist das „lehrende Volk" (Paul 1807, 23), die alltägliche Erfahrung also, von dem bzw. der das Kind seine entscheidenden Entwicklungsimpulse gewinnt: hier wird Sozialisation zum impliziten Bildungskonzept. Hier wird eine Dialektik von Subjektivierung und Vergesellschaftung aufgemacht, die expliziten Bildungskonzepten tendenziell den Boden entzieht.

Dass solche Konzepte allen expliziten Erziehungsbemühungen (einschließlich der Schule) skeptisch und kritisch gegenüberstehen, ist selbstverständlich. Hier können in mancher Hinsicht eher die Erwachsenen von den Kindern lernen als umgekehrt. Das Spiel als Ort des spontanen Ausdrucks der jeweilig individuellen Subjektivität, Ort auch des spontanen Austauschs mit der Welt, macht auf den existenziellen, unhintergehbaren Grund des menschlichen In-der-Welt-Seins aufmerksam: auf die Suche nach dem je individuellen Glück. Dieses Glück freilich ist nicht dauerhaft zu haben – das sehen die Romantiker mit ihrer Aufmerksamkeit auf die Seele, auf Lust und Schmerz und ihrem allmählich immer deutlicher hervortretenden Wissen um die Nacht und den Schatten, um Traum und Wahn sehr viel realistischer als die Aufklärer und die Idealisten. Das Glück stellt sich ein und kann nicht willentlich erzeugt werden. Hier werden die Grundlagen gelegt für jene tiefenphilosophischen und tiefenpsychologischen Perspektiven, die dann im späten 19. und im frühen 20. Jahrhundert nach dem Darwin-Schock ihre ganze Aufmerksamkeit der Erforschung der, wie es nun scheint, naturgegebenen menschlichen Ambivalenz widmen: Nietzsche, Freud, Jung.

Für die frühen Romantiker liegt die zentrale Aufgabe der Erziehung in der Förderung der Subjektivität; sie soll dem Menschen helfen, das auszubilden, was von Natur aus schon auf je einmalige Weise in ihm steckt. Die romantische Utopie der Poetisierung der Welt ist nicht zufällig mit der – von

Friedrich Fröbel dann ja programmatisch ausgearbeiteten – pädagogischen Gärtner-Metapher verbunden; Pädagogik ist in dieser Sicht vor allem dazu da, die Ausdrucksfähigkeit des Menschen zu fördern. Er soll nicht nur sein Inneres möglichst harmonisch entwickeln, sondern dieses auch sich selbst und anderen zeigen können. Die Aufmerksamkeit auf Spiel, Tanz, Musik, Phantasie, auf die imaginativen und expressiven (Selbst-)Darstellungsmöglichkeiten des Menschen folgt aus der Beobachtung des im Spiel glücklichen und mit sich identischen Kindes: Diese Möglichkeit auch für den Erwachsenen zu erhalten bzw. wiederzugewinnen, bildet das entscheidende Motiv. Es ist natürlich kein Zufall, wenn man sich hier an die Jahrhundertwende-Diskurse der Kunsterziehungsbewegung oder auch an die Diskurse der neuen Subjektivität der 1970er und 1980er Jahre erinnert fühlt – die romantischen Motive waren mindestens so geschichtsmächtig wie die Motive der Aufklärung und des Neuhumanismus.

Eine der entscheidenden, bereits von Schleiermacher gezogenen Konsequenzen aus dem romantischen Konzept liegt dabei in dem veränderten pädagogischen Zeit-Horizont. Das erzieherische Handeln darf sich nicht nur an der – im Einzelnen ohnehin unabsehbaren – Zukunft des Kindes als künftigem Erwachsenen orientieren; es muss vielmehr auch und gerade der Gegenwart des Kindes gerecht werden:

„Die Lebenstätigkeit, die ihre Beziehung auf die Zukunft hat, muss zugleich auch ihre Befriedigung in der Gegenwart haben; so muss auch jeder pädagogische Moment, der als solcher seine Beziehung auf die Zukunft hat, zugleich auch Befriedigung sein für den Menschen, wie er gerade ist." (Schleiermacher 1826, 48)

An diesem doppelten Zeitbezug entscheidet sich in dieser Sicht die pädagogische Qualität: Die systematische Aufnahme des Gegenwartsbezugs bildet die vielleicht wichtigste Differenz des romantischen Konzepts gegenüber der Pädagogik der Aufklärung und des Neuhumanismus. Bildung wird hier radikal als Selbst-Bildung verstanden, als Entfaltung eines immer schon gegebenen inneren Wesenskerns vor dem Hintergrund förderlicher Umstände – wem das ermöglicht wird, der wird dann auch zu einer moralisch guten, ästhetisch harmonischen Persönlichkeit heranwachsen, die auch in der Lage ist, allfällige Herausforderungen und Krisen adäquat zu bewältigen. Das Vertrauen in die Natur des guten Kindes wird gerade für die Pädagogik der frühen und mittleren Kindheit zu einem zentralen Motiv werden, das sich bis heute verfolgen lässt, beginnend mit der „Entdeckung der Kindheit" bei Rousseau und Herder, fortgesetzt mit den Idealisierungen der Frühromantiker über Fröbel, Montessori, Neill bis zur Reggio-Pädagogik.

Auf die mit dem romantischen, zumal dem spätromantischen Denken auch verbundenen Gefahren im Einzelnen hinzuweisen, erübrigt sich wohl: die Verbindung von Mythos, Natur und Harmonie bildet den geistesgeschichtlichen Kern der katastrophalsten Ideologie des 20. Jahrhunderts.

Die Aktualität des Humanismus oder: Vermittlung, die zweite

Politische Mündigkeit und ökonomische Selbständigkeit, Bildung als Aufgabe lebenslanger Selbstvervollkommnung im Dienste der Humanität, Entfaltung der Subjektivität und der individuellen Ausdrucksformen in leiblicher Gegenwärtigkeit, doppelter Zeitbezug der Erziehung: das ist die normative Erbschaft, die auf die moderne Pädagogik aus ihren zentralen neuzeitlich-humanistischen Traditionen überkommen ist. Vielleicht lohnt es sich, noch einmal vor diese Erbschaft auf den uomo universale der Renaissance zurückzufragen. Denn angesichts des Zusammenbruchs der alltäglichen Konventionen und Gewohnheiten der ersten Moderne sind Menschen nun stärker denn je gefordert als Gestalter, aber auch als Bewältiger ihres eigenen Lebens – einschließlich aller damit verbundenen Kontingenz. Darin liegt die zentrale pädagogische Herausforderung unserer Gegenwart – und nicht in der albernen Frage danach, ob sie sich in der Schule ein bisschen mehr oder ein bisschen weniger Mathematikkenntnisse aneignen.

Aber bedeutet das, wie man manchmal hören kann und wie es zurzeit auch in prominenten philosophischen Konzepten vertreten wird, dass es nun um „Lebenskunst" (s. Schmid 1998) gehen muss, dass die Menschen nun also als „Künstler ihrer selbst" gefordert sind? Je länger man sich mit diesen Bildern beschäftige, desto stärker wachsen Zweifel an ihrer Tragfähigkeit. Gewiss sind sie verführerisch. Aber sie führen wohl doch in die Irre. Für die Kunst in modern-postmodernen Zeiten ist die radikale Trennung vom Leben konstitutiv, während im Alltag dann doch wirkliches Leben gelebt werden muss. Lebenskunst, die wirklich Kunst sein wollte, führt notwendig in Exzentrizität – siehe Dada oder auch Pop in manchen Varianten. Man könnte sogar auch auf Joseph Beuys verweisen, dessen „soziale Plastik" Kunst und Demokratie verbinden wollte, faktisch aber zu einem eher hermetischen Werk geführt hat: Nicht zufällig wird häufig zwar die exzentrische Person mit dem Hut erinnert, die Honigwabe oder die Fettecke aber nur als kurios zitiert. Es geht also auch hier nicht um Lebenskunst, sondern, nach wie vor, um die Kultivierung des Alltags. Das legt die Rückfrage auf die Renaissance zumindest nahe.

Aber was wäre der uomo universale heute? Der von Richard Sennett beschriebene „flexible Mensch" mit – so Heiner Keupp – „patch-work-Identität"? Vielleicht kommt man weiter, wenn man wiederum nicht zuerst nach dem Innenverhältnis, nach Gewissen und Moralität, fragt, sondern wiederum zuerst nach den Kompetenzen, den Fähigkeiten und Fertigkeiten zu einer selbständigen, tugendhaften, öffentlich engagierten Lebensführung. Der uomo universale wäre also der Mensch, der sich – über die notwendige Erwerbsarbeit hinaus – in den verschiedenen Lebensbereichen des Alltags, der Kultur und Kunst, der Öffentlichkeit und Politik in wissenschaftlich und religiös aufgeklärter, ethisch angemessener Weise aktiv beteiligen kann. „Bildung" könnte man dann übersetzen als Teilhabeinteresse und Teilhabefähigkeit in den verschiedenen Lebensbereichen. Das ist an konkrete Qualifikationen gebunden, die freilich über die Erwerbsarbeit hinausweisen bzw. von vornherein jenseits der Erwerbsarbeit angesiedelt sind. Je undeutlicher gerade die beruflichen Zukunftsperspektiven für die Jugendlichen werden, desto wichtiger könnte eine solche breite Definition von Bildung werden. Sie gewinnt zumal unter den Bedingungen einer höchst unsicheren Zukunft der klassischen Arbeitsgesellschaft, die ja nur allzu offensichtlich ihrem Ende entgegengeht, immer stärkere Bedeutung. Es ist nicht nur für die Zukunft unseres Bildungssystems, sondern für die Gesellschaft im Ganzen entscheidend, Bildung nicht nur auf vorberufliche Qualifikation, sondern auf Lebensführung und Lebensbewältigung im Ganzen zu beziehen.

Die praktische Pädagogik tut dementsprechend gut daran, sich die umfassende humanistische Bildungsidee nicht nur nicht nehmen zu lassen, sondern ganz im Gegenteil ihre Aktualität erneut zu prüfen. Sie kann und darf sich dabei allerdings nicht an den allzu engen Grenzen des neuhumanistischen Konzepts orientieren; sie muss schon auf den originalen Humanismus der Renaissance zurückgreifen. Dort nämlich waren Wissenschaft, Ästhetik und Politik, Alltag und Religion noch zusammen gedacht. Die Arbeit kam freilich in diesem herrschaftlichen Konzept noch nicht vor. In der Renaissance wäre vermutlich auch niemand auf die Idee gekommen, dass es ausgerechnet die für den Lebensunterhalt nötige Arbeit sein sollte, aus der der Lebenssinn zu beziehen wäre. Dieses moderne Konzept hat erst die Reformation erfunden. Vielleicht verliert das Konzept der Sinnfindung durch Erwerbsarbeit tendenziell wieder an Bedeutung; einstweilen aber, in Zeiten, in denen die Möglichkeit zur Erwerbsarbeit zu einem knappen und gefährdeten Gut geworden ist, muss man wohl immer noch eher von einer wachsenden als einer sinkenden Bedeutung dieses Konzepts ausgehen. Aber wie dem auch sei – selbst wenn einmal für die Mehrheit der Bevölkerung der alte europäische Menschheitstraum von einem nicht allein durch den Zwang zur Arbeit bestimmten Leben in Erfüllung gegangen ist, winkt nicht das Schlaraffenland. Die notwendige Erwerbsarbeit und die notwendige Haus- und Familienarbeit bleiben anstrengend und zeitraubend. Dennoch wächst der durchschnittlich für Muße, Geselligkeit und Spiel, aber auch für bürgerschaftlich-öffentliche Tätigkeiten verfügbare Zeitanteil an der Lebenszeit und damit zugleich seine Bedeutung für die Sinnfindung. Auch dazu braucht man höchst vielfältige Kompetenzen und Interessen. Es sind also die Anforderungen der Gegenwart und der erwartbaren Zukunft, die den erneuten Blick auf den historischen Aufbruch in die Moderne (und, was hier freilich nicht weiter ausgeführt werden soll, auf seine antiken Wurzeln) motivieren.

Es könnte sich also lohnen, nicht nur die Ergebnisse der drei Diskurse des bürgerlichen Aufbruchs zur Kenntnis zu nehmen, obwohl es schon ein großer

Fortschritt wäre, wenn denn endlich alle drei systematisch berücksichtigt würden. Vielleicht wäre es vor dem Hintergrund der Gegenwarts- und erwartbaren Zukunftsprobleme besonders fruchtbar, den von der frühen Neuzeit abgesteckten weiten Rahmen als zentralen Horizont zu wählen und sich erneut auf die Suche nach dem „uomo universale" zu machen. Vielleicht lässt sich so auch die passende pädagogische Antwort auf die Globalisierung finden?

Literaturangaben

Athenäeum: Eine Zeitschrift 1798-1800 (1969), Reinbek, 63

Humboldt, W. von (1792): Ideen zu einem Versuch, die Gränzen der Wirksamkeit des Staates zu bestimmen, in: Humboldt, W. von: Werke in fünf Bänden (hrsg. v. A. Flitner & K. Giel, 1980), Darmstadt, 64

Kant, I. (1803): Über Pädagogik (hrsg. von D.F.T. Rink), in: I. Kant: Werke (hrsg. v. W. Weischedel, 1997), Bd. XII, Frankfurt/M, 699

Liebau, E. (1999): Erfahrung und Verantwortung. Werteerziehung als Pädagogik der Teilhabe. Erfahrung und Verantwortung. Werteerziehung als Pädagogik der Teilhabe, Weinheim und München.

Liebau, E. (Hrsg.) (2001): Die Bildung des Subjekts. Beiträge zur Pädagogik der Teilhabe, Weinheim und München

Paul, J. (1807/1963): Levana oder Erziehlehre, Paderborn, 44

Romanus, C. (1438): Glückwunsch von Poggio Bracciolini zur Geburt seines Sohnes, in: N. Mout (Hrsg.) (1998): Die Kultur des Humanismus, München, 162

Schiller, F. (1795): Über die ästhetische Erziehung des Menschen in einer Reihe von Briefen, in: F. Schiller (1972): Sämtliche Werke, Bd. V, München, 311-408

Schleiermacher, F. (1966): Die Vorlesungen aus dem Jahre 1826, Düsseldorf, Bd. I, 48

Schmid, W. (1998): Philosophie der Lebenskunst, Frankfurt/M.

Bildung als Ressource der Lebensbewältigung

Der Beitrag von Familie, Schule und der Einrichtungen der Kinder- und Jugendhilfe zum Bildungsprozess in Zeiten der Pluralisierung und Flexibilisierung der Lebensverhältnisse

Lothar Krappmann

Das Bildungsthema wird seit einiger Zeit wieder ernster genommen, und es wird, und das ist in meinen Augen ein bedeutsamer Aspekt dieser Renaissance des Themas, nicht mehr ausschließlich mit dem, was wir traditionell das Bildungssystem nennen, den Schulen und den Universitäten, verbunden, sondern zunehmend auch mit anderen Bereichen, die zum kindlichen und jugendlichen Leben und Aufwachsen gehören. Zwar haben unsere klassischen Bildungstheorien immer Ziele gesetzt, die weit über das hinausreichen, was Schulfächer vermitteln, vor allem angesichts der Art, wie diese Fächer in der Schule lehrplanorientiert und didaktisch aufbereitet realisiert werden. Aber die Lösung wurde immer wieder zuerst und, noch entscheidender, ausschließlich in der Reform der Schule, ihres Unterrichts und ihrer Lernprozesse gesehen.

Mir liegt daran, keine unproduktiven Fronten aufzubauen: Die Schule muss dringend „neu gedacht" werden, wie Hartmut von Hentig es formuliert hat, und vieles wissen wir, um sie zu erneuern. Sie kann und muss einen unersetzbaren Beitrag zur Bildung junger und alter Menschen leisten. Aber es fällt zunehmend schwerer, die zu erreichende Bildung allein als ein Resultat von Prozessen zu erwarten, die in der Schule initiiert werden. Von der Bildung, die ein Mensch erwirbt, erwarten wir, dass sie ihn nicht nur fachlich kompetent macht und ihm zu begreifen hilft, dass diese fachliche Kompetenz verfällt und daher ständig erneuert werden muss, sondern dass sie diesem Menschen, wie es die klassischen Ideale der Bildung ohne Zweifel ebenfalls wollten, eine Orientierung gibt, um sich als Einzelner und in Kooperation mit anderen die Bemühung um die Bestimmung und Verwirklichung humaner Lebensziele in einer kaum durchschaubaren, als heterogen und diskrepant erlebten sowie als riskant erfahrenen Lebenswelt nicht abhandeln zu lassen.

Neu ist nicht das Anliegen als solches, denn die historischen Bildungsforscher mahnen uns, nicht außer Acht zu lassen, mit wie viel Widerstand gegen die heraufziehende Industrialisierung die Klassiker der unsere Schule prägenden Bildungsvorstellung den Menschen auszustatten versuchten, damit er und sie die humanistischen Ideale verwirklichen kann. Verändert und neu sind die gesellschaftlichen Kontexte, denen Menschen, gebildete Menschen Selbstwirksamkeit, ihr Verlangen nach Handlungskontrolle und ihre Bemühung um die Aufrechterhaltung der vielerseits gefährdeten Balance von nachgiebigem Zurückweichen und aktiver Bewältigung entgegenzusetzen versuchen.

Es sind Kontexte, in denen wechselseitige Abhängigkeiten bis an globale Horizonte die Autonomie untergraben, in denen institutionelle Verflechtungen das Individuum zerreiben, in denen trotz einer Vielzahl kommunikativer Medien soziale Beziehungen nur mit Anstrengung unterhalten werden können. Zwar werden viele Handlungs- und Lebensalternativen angeboten. Sie sind jedoch mit schwer kalkulierbaren Risiken verbunden, zumal kaum auszumachen ist, welche zukünftigen Entwicklungen wirklich eintreten werden. Diese Kontexte machen es Menschen insgesamt schwer, Lebensstile, Werte, Präferenzen zu verfolgen, wenn sie denn überhaupt sich als Einzelne oder in ihren Kulturen solcher Werte sicher sind. Es gibt Beobachter der Zeit, die zum Ergebnis kommen, das Subjekt sei tot und die Bildung dieses Subjekts folglich hinfällig. Bleibt einem da nicht die Rede vom Ungewissheit und Ambivalenz tolerierenden, produktiv-realitätsverarbeitenden, generativ sich weiterentwickelnden, ko-konstruktiv mit anderen nach neuen Handlungsmöglichkeiten suchenden, sich zu den Folgen seines Handelns bekennenden Menschen im Halse stecken? Gleichzeitig aber wird Bildung zum Kernproblem der Zeit erklärt, Bildung zur Voraussetzung dafür, dass die Informationsgesellschaft sich in eine Wissensgesellschaft wandelt, die in ihren Mitgliedern die Urteils- und Handlungsfähigkeit hervorbringt, mit deren Hilfe die Probleme des gesellschaftlichen Wandels, so fundamental sie auch sein mögen, gelöst werden können.

Bildung als Humanvermögen

In einem der Kinder- und Jugendhilfe nicht fernen Bereich, im Bereich der Familienwissenschaften und -politik, ist der Begriff des Humanvermögens ins Zentrum gestellt worden. Ziel müsse es sein, das Humanvermögen der heranwachsenden Generation zu fördern. Dieses Humanvermögen wird ausdrücklich den Fachkompetenzen gegenübergestellt, die ebenfalls entwickelt werden müssten, aber nicht ausreichten, um sein Leben angesichts der geschilderten Unübersichtlichkeit und Orientierungslosigkeit, Manipulationen und unaufgeklärten Sehnsüchten zum eigenen und gemeinsamen Wohl zu gestalten. Die Autoren des Fünften Familienberichts sprechen von den Daseinskompetenzen, die die Lebensführung insgesamt beträfen, nämlich „die Auseinandersetzung mit den gegebenen Lebensverhältnissen unter dem Gesichtspunkt ihrer produktiven Nutzung zur Erfüllung eigener Lebensvorstellungen". Bewusst sprechen sie vom Humanvermögen und nicht vom Humankapital bzw. vom sozialen oder kulturellen Kapital, um das Potenzial an zielgerichteter Handlungsfähigkeit zu betonen, das die Familie in jedem Kind erzeuge und das der Gesellschaft als Summe zur Verfügung stehe.

Zweifellos handelt es sich um eine Bildungskonzeption, die die Familienberichtskommission hier unterbreitet, und zwar um eine Konzeption, die Bildung nicht primär auf die Vorbereitung beruflicher Tätigkeiten ausrichtet, sondern wieder auf die Lebensführung unter neuen Bedingungen. Sie relativiert damit die Bedeutung der Schule und der derzeit intensiv diskutierten Schulleistungen im Bildungsprozess und stellt die Bildungsträchtigkeit von Beziehungsgestaltung und Alltagsbewältigung in einer nicht-schulischen Institution, der Familie, heraus, die üblicherweise nicht zu den Bildungseinrichtungen gezählt wird. Die Autoren des Familienberichts knüpfen, den Familiensoziologen René König zitierend, an alte Vorstellungen familialer Sozialisation an. In den sozialisatorischen Interaktionsprozessen der Familie werden Fähigkeiten, Motivationen und persönliche Dispositionen hervorgebracht, von denen die Wirtschaft, das demokratische Staatswesen, weitere wichtige, von Bürgern getragene Einrichtungen, das Gesundheitssystem und schließlich auch wieder die Bindungs- und Erziehungskräfte in den Familien der nächsten Generation profitieren. Diese Betriebe, Einrichtungen und Systeme können nämlich die über verwertbares Wissen hinausreichenden Beteiligungs- und Gestaltungsdispositionen in den Personen, auf die sie angewiesen sind, selber nicht schaffen, und die Schule kann es offenbar auch nicht – jedenfalls wird nichts dergleichen im Familienbericht vermerkt.

In Familien wird auch manches Problem aufgefangen, das andere Einrichtungen, insbesondere die Schule, ignorieren. Eltern unterstützen, mahnen, hören sich Kummer an, freuen sich mit; sie sind nicht selten überfordert und überreizt, und manches Mal sind Eltern und Kinder vereint nur noch in der Depression. Es wäre gut, in der Schule würde nicht nur wahrgenommen, wie sehr Familienprobleme Kinder ablenken und belasten können, sondern auch, wie viel Familien leisten, wenn Kinder in der Schule nicht erfolgreich sind oder gar die Weichen für den Lebensweg anders gestellt werden, als Kinder und Eltern es ersehnt haben.

So weit, so anregend für unser Problem. Die Ausführungen zur Bildungswirksamkeit der Familie nehmen im Argumentationsgang der Kommission deswegen einen so zentralen Platz ein, weil mit ihnen begründet werden soll, warum große Anstrengungen zu unternehmen sind, diese Familie in ihren Leistungen zu unterstützen. Die Gesellschaft braucht die Familie nicht nur um überhaupt Nachwuchs zu haben, sondern auch um qualifizierten Nachwuchs zu haben: Familie ist eine unverzichtbare Bildungsinstitution, die für ihre Leistungen einen Anspruch auf Entgelt hat.

Familialer Verhandlungshaushalt und Vorbereitung auf die Lebensführung

Ein Zusammenhang, den der Bericht nicht im Blick hat, ist die Verbindung zwischen den Veränderungen in den innerfamilialen Prozessen und der Bildungskapazität, der Bildungsmächtigkeit der Familie. In die Familie sind die postmoderne Vielfalt und Heterogenität der sich eröffnenden Lebensmuster eingedrungen; sie muss sich der Forderung stellen, flexibel zu sein, sie muss die Risiken auf sich nehmen, die mit allen Entscheidungen in sich unvorhersehbar wandelnden Verhältnissen verbunden sind, und die Mühsal aushalten, die verschiedenen Erwartungen und Pläne von Mutter, Vater und Kindern zu koordinieren.

Dieses „normale Chaos" des Zusammenlebens hat zwei Seiten: Es belastet – und es bildet. Weil dieses Chaos belastet, sind die Sozialpolitiker des Familienbereichs bemüht, der Familie die Koordinationsanstrengungen zu erleichtern, nicht zuletzt mit der Absicht, sie in ihrer Versorgungs-, Betreuungs-, Erziehungs- und Bildungsleistung zu stärken. Dagegen gibt es ernstlich keinen Einwand. Und doch sage ich noch einmal, dass das Zusammentreffen und die Verständigung über schwer zu koordinierende Pflichten, Pläne und Rollenvorstellungen auch die Familie zu einem Repräsentanten der Lebenswelt machen, die auf die heranwachsenden Kinder wartet und auf die sie daher in der Familie vorbereitet werden können. Daseinskompetenz, um einen zentralen Begriff des Fünften Familienberichts aufzugreifen, erwirbt man in der Familie gerade deswegen, so meine These, weil sie kein wohl geordnetes trautes Heim ist, sondern ein Ausschnitt der Welt, in dem verschiedene Kräfte von innen und außen an den Personen zerren, die dennoch nicht aufgeben, gemeinsames Leben zu gestalten, in dem bestmöglich, manchmal unter schmerzlichen Kompromissen Lebensvorstellungen verwirklicht, Einschränkungen kompensiert, Enttäuschungen verarbeitet und Hoffnungen auf bessere Zeiten genährt werden.

Die Beteiligung des Kindergartens am Bildungsprozess

Dass das normale Chaos der Familie diese Bildungsleistung produziert und nicht die Familie zerstört, hat zur Voraussetzung, dass die Familienbeziehungen Erwachsenen und Kindern ausreichende Sicherheit bieten, ein Punkt, den die Bindungsforschung betont. Damit die Beziehungen diese Qualität erlangen oder aufrechterhalten können, sind Entlastungen nötig. Eine erste solche Entlastung ist die Kindertagesstätte, die den Eltern ihre Kinder einen Teil des Tages abnimmt und ihnen ermöglicht, anderen Dingen nachzugehen, die Müttern und Vätern an der Wende vom 20. zum 21. Jahrhundert wichtig sind: berufliche, soziale, kulturelle und politische Partizipation mit individuell begründeten Schwerpunkten. Bei allen Bildungsaufgaben, die der Tagesstätte mittlerweile zuerkannt werden, sollten wir die Bedeutung der zeitweiligen Übernahme der Betreuungsverpflichtung durch die Erzieherinnen und Erzieher in Tagesstätten nicht unterschätzen, denn sie gibt den Eltern Zeit, Interessen ungestört von ihren Kindern nachzugehen, ein Stück weit das zu tun, was Erwachsene in unserer Gesellschaft betreiben, und sich folglich auch ihren Kindern gegenüber als komplette, integrierte Erwachsene zu präsentieren und nicht als Randfiguren der Gesellschaft. Auch darin liegt ein Teil der Bildungsleistungen der Familie, die aber zur Voraussetzung hat, dass die Kindertagesstätte die Lebensgestaltungskapazität der Familie erweitert.

Aber noch einmal zurück zum Kindergarten, der nach weit geteilter Ansicht inzwischen auch zur Bildungseinrichtung geworden ist. Im Kindergarten sollen Kinder kognitive Anregungen erhalten, die ihnen das Elternhaus und die häusliche Wohnumgebung nicht bieten können. Als besonders bedeutsam wird betrachtet, wenn es auch weithin noch nicht angemessen realisiert ist, Kinder in ihren eigenen Sichtweisen und Interessen zu unterstützen, ihnen Erfahrungen eigener Urheberschaft und Wirksamkeit zu erschließen, ihnen ein Gespür für verschiedene Möglichkeiten zu vermitteln, Sachen und Personen zu beeinflussen, und ihnen zu helfen, Enttäuschungen zu überwinden, Fehler zu analysieren und neue Vorgehensweisen zu überlegen. Ferner wird erwartet, dass die Gruppenarbeit im Kindergarten soziale Fähigkeiten fördert, denn Kinder treffen dort auf nicht ihrer Familie angehörende Erwachsene, mit denen sie zu sprechen, deren Aufmerksamkeit sie zu gewinnen und mit denen sie Wünsche auszuhandeln lernen, und zwar anders als mit Mutter oder Vater zu Hause. Nach heftigen Kontroversen um die Mutter-Kind-Bindung und Erzieherin-Kind-Beziehung in der Vergangenheit sehen wir heute in dieser Expansion des sozialen Kreises, in dem sich ein Kind bewegt, mehr die Chancen zur Weiterentwicklung früher Beziehungsmodelle als Gefahren für die familialen Bindungen. Außerdem treffen Kinder andere Kinder, die sie zu Hause als Geschwister weniger denn zuvor haben und oft auch nicht in der nahen Nachbarschaft finden. Mit diesen ihnen im Alter nahen Kindern verkehren sie, jedenfalls im Vergleich zu ihrem Verhältnis zu Erwachsenen, von gleich zu gleich und „ko-konstruieren" Pläne, Vereinbarungen und Regeln. In diesen Erfahrungen sehen wir die Wurzeln von Kooperation, Partnerschaft und Demokratie.

Ich stelle dies mit einer gewissen Ausführlichkeit dar, weil ich deutlich machen möchte, dass der Kindergarten nicht nur deswegen eine Bildungseinrichtung ist, weil er die Kinder vor ihrem Schuleintritt aufnimmt und sie nach allgemeiner Auffassung auch auf die Schule vorbereiten soll. Die Rede vom Kindergarten als dem Elementarbereich unseres Bildungswesens, seit dem Bildungsplan des deutschen Bildungsrats als Leerformel oft wiederholt, kann die Aufmerksamkeit in eine einseitige Richtung lenken, weil aus dieser Sicht die Aufgabe des Kindergartens vor allem wäre, Kinder zu mehr Konzentration anzuhalten, mit ihnen Routinen gemeinsamen Arbeitens einzuüben und die Motorik zu verfeinern. Über derartige Defizite klagen die Schulen besonders laut. Würde der Kindergarten seinen Beitrag zur Bildung der Kinder vor allem als Schulvorbereitung begreifen, würde er sich von solchen Klagen abhängig machen. Zuarbeit in der Form des Verhaltenstrainings künftiger Schülerinnen und Schüler wäre seine Funktion im Bildungswesen.

Demgegenüber möchte ich unterstreichen, dass der Kindergarten als Bildungseinrichtung weder dadurch zureichend beschrieben ist, dass er kognitive Anregungen ersetzt, die überlastete Eltern in vielen Fällen nicht leisten, noch dadurch, dass er Kinder zum Stillsitzen abrichtet, um es einmal scharf zu pointieren, sondern weil er jungen Kindern ein sachliches und soziales Erfahrungsfeld eröffnet, das eigene Anforderungen an die Entwicklung von Fähigkeiten und Problemlösungsmustern der Kinder stellt – Anforderungen, die Eltern und das häusliche Umfeld nicht stellen können, Anforderungen, die in der Schule mehr Platz einnehmen könnten und wohl auch sollten, aber tatsächlich nicht einnehmen. Wenn die Tagesstätten der Kinder diese Aufgabe annehmen und sie zu verwirklichen schaffen, werden sie nicht nur in stellvertretendem Auftrag tätig, sondern fügen sie den Bildungsprozessen der Kinder eigene, für diesen Ort charakteristische Herausforderungen hinzu, nämlich die Auseinandersetzung mit kindnahen und an Entwicklungsbedürfnissen orientierten, von Lehrplänen nicht eingeengten Themen. Kinder entwickeln Fähigkeiten, lernen und erwerben Orientierungen im Rahmen von Beziehungsgeflechten der Kinder untereinander und der Kinder mit Erwachsenen, in denen vielfältige Kooperationsweisen praktiziert werden können. Auf diesem Wege kann der Kindergarten, kann die Tagesstätte der Kinder zu einer Bildungseinrichtung eigener Art werden, die ihren Teil zur Entstehung des Humanvermögens beiträgt.

Der Beitrag der (Grund-)Schule zum Bildungsprozess

Bildung und Schule sind so untrennbar miteinander verbunden, dass es redundant erscheint, ein weiteres Mal darzulegen, dass Kinder und Jugendliche die Schule brauchen, um ihre Welt zu begreifen und in ihr handlungsfähig zu werden. Es sieht daher unausgewogen aus, wenn in den folgenden Sätzen mehr von dem die Rede ist, was den Beitrag der Schule zur Bildung der Heranwachsenden begrenzt, als von dem, was ihn auszeichnet und worauf Kinder und Jugendliche angewiesen sind. Diese letzte Aussage soll nicht widerrufen werden. Vielmehr geht es darum, diesen Beitrag zu stärken, und zwar insbesondere den Beitrag der Grundschule, einer Gesamtschule für alle Kinder, die vermitteln soll, was alle Menschen können sollen, und das kann sich nicht in Lesen, Schreiben und Rechnen erschöpfen.

Diese Schule tut nicht allen Kindern gut. Aus diesem Grund gibt es in den Grundschulen viele Bemühungen, Formen des kindnahen, kooperativen Lernens aufzugreifen, wie sie auch der Kindergarten anstrebt. Auf diese Weise sollen Kinder, denen die systematische Auseinandersetzung mit dem, was die Schule ihnen vermitteln soll, fremd ist, in die schulischen Bildungsprozesse integriert werden. So einleuchtend das Programm auch ist: Es zu realisieren ist schwierig, aber sicher auch notwendig, weil Unterricht heute die Mitwirkung der Kinder erreichen muss. Nun verlieren Kinder nicht nur in wenig kindorientierten Unterrichtsprozessen der Schule, sondern oft auch bereits vorher ihre ursprüngliche Neugier, Experimentierlust und Freude an Erkenntnis und Beherrschung von herausfordernden Problemen. Die Grundschule muss sich offenbar auf Voraussetzungen außerhalb ihres Einflussbereichs stützen, die sie selber nicht sicherstellen und nur mit ungewöhnlichen Anstrengungen nachträglich noch aufarbeiten kann.

Dies hat vor einigen Jahrzehnten die damalige schichtspezifische Sozialisationsforschung angetrieben. Sie zeigte, dass die Schule angewiesen ist

• auf kognitive Voraussetzungen, etwa Frage- und Erkundungshaltung der Kinder, sprachliches Differenzierungsvermögen, reflexive Vorgehensweisen bei der Problemverarbeitung;
• auf motivationale Voraussetzungen, etwa sich von Unklarheit und Widersprüchlichkeit stimulieren und nicht abschrecken zu lassen oder unmittelbare Belohnung aufschieben zu können; und auch
• auf soziale Voraussetzungen, etwa auf die Akzeptanz unterschiedlicher Perspektiven, die andere einbringen, und die Bereitschaft, Einfälle und Ergebnisse auszutauschen oder Vereinbarungen und Regeln einzuhalten.

Bis zum Ende der 60er Jahre hat die Schule erwartet, dass Kinder diese Voraussetzungen wenigstens ansatzweise in die Schule mitbringen. Auf diese Weise privilegierte die Schule, wie damals nachgewiesen wurde, die Kinder der Mittelschichten, in deren Familien diese kognitiven Haltungen, motivationalen Dispositionen und sozialen Kompetenzen hervorgebracht wurden, jedenfalls mehr und schulnäher als in den Unterschichten, die ihre Kinder anders ausstatteten. Dieser Vorteil der Mittelschichtkinder entstand, weil die Grundschule sich mit der Vermittlung des Lesens, korrekten Schreibens und des basalen Rechnens in den Bahnen eines tradierten, institutionenspezifischen Lernmusters beschäftigte und nicht mit dem Ausgleich schulabgewandter Lernfähigkeiten. Mangelte es an solchen Voraussetzungen, sollten so genannte „kompensatorische" Förderprogramme vor und neben der Schule Abhilfe schaffen. Unter diesen Programmen erwiesen sich diejenigen als besonders wirksam, die die Eltern und die häusliche Umgebung der zu fördernden Kinder einbezogen. Dann konnten diese Programme, jedenfalls ein Stück weit, erreichen, dass Kinder an einem Ort, der für sie primäre Lebensrealität ist, erleben, dass es auf Fragen Antworten gibt, dass Kooperation bessere Lösungen bringt, dass etwas zu können das Leben erleichtert.

Längst wurden diese Programme hierzulande wieder eingestellt. Damit wurde auch ein Ansatzpunkt für Bemühungen aufgegeben, einen wechselseitigen Bezug zwischen den Lebensbereichen, die kindliches Lernverhalten beeinflussen, und den Lernmustern der Schule herzustellen. Stattdessen erwartet die Schule ganz überwiegend, dass die Familie, der Kindergarten, der Hort und andere Einrichtungen der Kinder- und Jugendhilfe ihr zuarbeiten, und öffnet sich nicht den Erfahrungen, die diese Bereiche an die Schule für eine bessere Fundierung kindlicher Bildungsprozesse weiterzugeben hätten. Eine trügerische Hoffnung wäre es allerdings, zu erwarten, eine solche Öffnung zueinander würde einen Einklang in den bildungsrelevanten Erfahrungen der Kinder und Jugendlichen herstellen, auf den der Unterricht in der Schule umstandslos aufbauen könnte. Die Prioritäten in den einzelnen Lebensbereichen, die Muster des Zusammenlebens in den Familien, die Alltagsarrangements sind zu verschieden, als dass sie auf einen Nenner mit noch so aufgeklärten schulischen Vorstellungen über das lernvorbereitete Kind zu bringen wären. Vermutlich wird die Schule vielgestaltiger werden müssen. Sie wäre gut beraten, für diese Aufgabe die Mitarbeiterinnen und Mitarbeiter der Kinder- und Jugendhilfe als kind- und jugenderfahrene Experten zu gewinnen.

Die Bildungsexpansion hat inzwischen dennoch stattgefunden. Es wurden unentdeckte „Reserven" erschlossen, etwa durch die schnell durchgesetzte Überzeugung, die weiterführenden Schulen seien auch für die Mädchen da. Die Zusammenhänge zwischen sozialer Herkunft und Schulabschlüssen wurden jedoch nicht aufgetrennt. Heute kommt das ungelöste Problem, das Humanvermögen in allen Heranwachsenden zu entfalten, mit Macht neu auf die Schule zu: Gelernt zu haben und weiterlernen zu können, ist in Zeiten des schnellen Wandels unabdingbar. Ungenügende Bildung und Ausbildung erweisen sich als das Haupthindernis bei der Arbeitsvermittlung. Die demographische Entwicklung verlangt, kein Kind auf dem Bildungsweg durch die Schulen zu verlieren. Zugleich aber wird deutlich, dass es nicht nur um Qualifikation für derzeitige Arbeitsplätze geht, sondern auch um Potenziale für die veränderte Arbeitswelt von morgen, aber auch nicht nur um die Arbeitswelt, sondern ebenfalls darum, sich in der heraufziehenden neuen technischen, medialen, globalen, heterogenen, widerspruchsvollen Welt einen Ort zu sichern, an dem Menschen miteinander leben können und mögen.

Wenngleich die Schule die ungleichen Ausgangsbedingungen für Lernen und Bildung auf Seiten der Kinder nicht auffangen konnte, so hat sie sich doch gewandelt, vor allem die Grundschule: Eine starke Bewegung von Lehrerinnen und Lehrern, Pädagoginnen und Pädagogen hat dafür gekämpft, sie zur Schule des Kindes zu machen, um vom Kinde aus das Lernen zu entwerfen. Es gibt selbstbestimmtes Lernen, Gruppenlernen, Projektlernen – ein

Hauch des Piagetschen sozio-kognitiven Konstruktivismus hat sie erreicht. An kindliche Erfahrungen anzuknüpfen, gilt als notwendig. Dass Kinder emotional aufgezehrt und von Krisen in ihrer Familien- oder Freundeswelt überwältigt sein können, wird anerkannt – wird bis zu dem Punkt einbezogen, dass Gegenstimmen mahnen, die Schule sei zum Lernen da. Um Kinder mit Problemen möge sich doch die Kinder- und Jugendhilfe kümmern, die auf diese Weise mit ihrem Fachwissen Kindern und Jugendlichen den Bildungsweg neu erschließen könne und zugleich der Schule ermögliche, das, was sie am besten könne, zu tun, nämlich die Kinder und Jugendlichen zu unterrichten.

Auf diese ihr hilferufend überlassene Aufgabe sollte die Kinder- und Jugendhilfe ihren Beitrag zur Bildung der jungen Generation allerdings nicht reduzieren. Vielleicht kann man diesem Vorschlag zur Arbeitsteilung entnehmen, dass das, was die Schule tut, sich letztlich nicht gänzlich von Unterricht und Lernen lösen kann und ihr Bildungsauftrag daher immer ein spezifischer bleiben muss, nämlich einer, der auf das Erklären und Verstehen der Welt ausgerichtet ist, zumeist sogar noch darauf, wie perfekt Kinder und Jugendliche gelernt haben, Instrumente zur Erklärung und zum Verstehen zu handhaben (einschließlich der sich auf dieses Urteil stützenden Selektionsfunktion der Schule für Berufe und andere Positionen). Der Bildungsauftrag der Schule ist nur sehr mittelbar darauf ausgerichtet, wie man in dieser Welt gut lebt – trotz aller Grenzüberschreitungen, die die Schule in dieser Hinsicht notwendigerweise begeht und zu denen sie auch aufgefordert wird. Die Schule weckt bei all ihren Anstrengungen, die Themen und Befindlichkeiten von Kindern und Jugendlichen zu erreichen, Erinnerungen an den König Midas aus der Sage, nur dass das, was sie berührt, Religion, Natur, Lebenskunde, Sex, Hiphop oder was auch immer sie aufgreift, um kinder-, jugend- und lebensnah zu sein, sich nicht in Gold, sondern in Flachs verwandelt, wie einst der Schulkritiker Herndon anmerkte – in Flachs als ein Symbol für einen Gegenstand, der keinen interessiert. In den Lehrplänen spricht man vom Stoff.

Trotzdem und noch einmal: Die Schule, insbesondere die Grundschule hat sich gewandelt, und sie wird sich weiter wandeln. Sie wird sich wandeln, weil sie auf dem Weg ist, verlässliche Halbtagsschule oder Ganztagsschule zu werden und dadurch den Kindern intensiver ausgesetzt ist; sie wird sich wandeln, je mehr sie das aktiv lernende Kind als Ko- und Re-Konstrukteur des Wissens und Könnens respektiert; sie wird sich wandeln, weil sich die Kinderwelt mit ihrem Aushandeln, mit ihrem Streit und mit ihren Versuchen, gemeinsames Leben aufzubauen, in ihr eingenistet hat. Insofern wird sie mehr als zuvor zu einer Lebenswelt werden, die in sich viele der Merkmale enthält, die im Zusammenhang mit der Familie als bildungsförderliche Herausforderungen an Kinder und Jugendliche geschildert wurden. In der Schule werden neue Strategien entwickelt werden müssen, um dem Lernanliegen der Schule Geltung zu verschaffen, und sie wird dafür auch des sozialpädagogischen und sozialarbeiterischen Rats bedürfen und die Behandlung der „Kinder mit Problemen" nicht an die Kinder- und Jugendhilfe vor der Tür verweisen können, sondern diese Fachleute hereinholen müssen, um nicht nur besser mit den Kindern zu arbeiten, die es mit der Schule schwer haben (und die Schule mit ihnen), sondern auch um präventiv das gesamte Lern- und Sozialarrangement der Schule mit ihnen gemeinsam zu überprüfen. Auch nach solchen Veränderungen wird die Schule weiterhin auf die Mitwirkung der Familie und des Kindergartens an der Entstehung des Fragens, Suchens, Verstehen-Wollens und Begreifens angewiesen sein, die Familie und Kindergarten schon vor dem Schuleintritt leisten.

Bildung im Hort

Für zunehmend mehr Kinder übernimmt der Hort eine wichtige Funktion im Bildungsprozess von Kindern. Der Hort hat einen engen Bezug zur Schule, den er nicht einfach abstreifen kann, obwohl Erzieherinnen und Erzieher des Horts oft nur ziemlich unwillig bereit sind, Schülerinnen und Schüler bei der Erledigung der ihnen von der Schule aufgetragenen Hausarbeiten zu unterstützen – mehr oder weniger unwillig, weil sie lieber die Zeit für Tätigkeiten nutzen würden, die den Wünschen der Kinder selber entspringen, und das sind meist nicht die Hausaufgaben. Es ist nicht abzustreiten, dass der Hort manchen Kindern auf diese Weise hilft, in der Schule erwartete Leistungen zu erbringen. Sicherlich kann sich der Hort, den Kinder unmittelbar vor und nach der Schule besuchen, der Aufgabe nicht verweigern, Kinder als Lernende zu unterstützen und gegebenenfalls auch zu trösten und zu ermutigen, wenn sie Probleme mit der Schule oder in der Schule haben. Für nicht wenige Kinder sind jedoch Erzieherinnen und Erzieher, weil sie nicht wie Eltern in ihren Erwartungen und Hoffnungen für das Kind persönlich gekränkt sind, besonders verständnisvolle, abwägende Gesprächspartner, deren Rat dem Verhältnis des Kindes zu Schule und Elternhaus zugute kommen kann – so jedenfalls die Aussagen mancher Erzieherin und manches Erziehers. Sie könnten zu wichtigen Mentorinnen oder Mentoren für die Schulkarriere und darüber hinaus für die gesamte persönliche Entwicklung eines Kindes werden, wenn sie sich diese Rolle zutrauen. Diese Rolle ist nicht leicht und bedarf der Vorbereitung.

Bei dieser Beschreibung der Aufgaben ist sicherlich mitzubedenken, dass dort, wo der Hort nur von einer verschwindenden Minderheit der Kinder besucht wird (also fast überall), unter diesen Kindern der Anteil derjenigen relativ groß ist, die einen der knappen Plätze deswegen erhielten, weil Kind und Familie eine zusätzliche Stütze benötigten. In dieser Situation kann offenbar ein solcher Mentor besonders hilfreich sein. Dies würde einer Tendenz gegensteuern, die Beobachtern der Sozialisationsprozesse bereits auffiel: Kinder und Jugendliche haben wenig Erwachsene, mit denen sie sprechen können. Für viele Kinder könnte es daher eine wertvolle Erfahrung sein, über die Tagesstätte und andere Jugendhilfeeinrichtungen Zugang zu einem männlichen oder weiblichen Erwachsenen außerhalb von Familie und Schule zu finden, der sich interessiert, nachfragt und gelegentlich wohl wollenden Rat gibt, ohne in etwaige Schul- oder Familienprobleme verwickelt zu sein.

Diese Zuarbeit für die Schule und das Auffangen von misslichen Erlebnissen mit und in der Schule begründen noch keinen eigenständigen Bildungsauftrag des Horts. Mehr Unabhängigkeit im Beitrag zum Bildungsprozess kann der Hort durch seine inhaltlichen Angebote erreichen, die er den Kindern macht; denn in der Arbeit des Horts können Themen aufgegriffen werden, die in der Schule nicht vorkommen. Sie können so aufgegriffen werden, dass sie einen erfahrbaren praktischen Bezug zu den Lebensrealitäten um die Kinder und Jugendlichen herum haben. Vieles ist hier aktueller, interessennäher; zukunftsorientierter als das, was die Schule betreibt, kann es jedenfalls sein. Es kann allerdings auch modischer und weniger substanziell sein, wenn die Erzieherinnen und Erzieher nicht gründlich überlegen, was sie anbieten, und keinen konzeptionellen Rahmen der Arbeit entwickeln, in dem sich Erfahrung und Können sammeln lassen.

Auf den ersten Blick scheint die bunte Mischung der Themen im Hort eher verwirrend: Natur, Ökologie, lokale Geschichte, Freundschaft und Liebe, Verkehrsplanung, Müll, Energie – selbstverständlich abhängig vom Alter und konzentrierter erst mit den älteren Kindern und Jugendlichen. Auf den zweiten Blick fragt man sich dann, ob nicht doch vieles von dem, was da beobachtet, durchdiskutiert und ausprobiert wird, im Umfeld des späteren Berufslebens und erst recht für die Führung des Lebens insgesamt von großer Bedeutung ist. Das, was der Hort hier betreibt, ist ein wichtiger Teil des Bildungsprozesses, der hier eine Heimstatt finden kann – wenn der Hort es denn wirklich schafft, diese Aufgabe zu entfalten. Auf Fachtagungen hört und sieht man immer wieder hervorragende Beispiele solcher Arbeit, vernimmt aber auch Stimmen, die sagen, dieser Beitrag zur Bildung der Heranwachsenden sei nicht zu leisten. Die Arbeitsbedingungen ließen es nicht zu, die Kinder und Jugendlichen seien zu problemüberladen, die Zeit zwischen Schule und nachmittäglichem Aufbruch erlaube keine intensive Arbeit. Eine neue Konzeption des Horts ist nötig, die Erzieherinnen und Erzieher befähigt, das was angestrebt wird, auch tatsächlich zu tun.

Bildungsrelevant scheint mir die Arbeit des Hortes noch unter einer weiteren Rücksicht. Diese Arbeit ist dadurch gekennzeichnet, dass Kinder und Jugendliche sich an den Angeboten des Horts beteiligen

- auf Grund einer freiwilligen Entscheidung,
- nachdem sie sich über Alternativen informiert und unter diesen ihre Auswahl getroffen haben,

- mit der Möglichkeit, solche Angebote selber ins Gespräch zu bringen und zu entwerfen
- und nachher auch aktiv mitzugestalten,
- was zugleich verlangt, auch eigene Leistungen für den Erfolg des Vorhabens einzubringen und somit
- selber etwas aufzuwenden;
- dies alles, ohne unter einer Verpflichtung zu stehen oder in seinen Anstrengungen durch Zensuren oder Zertifikate bedroht oder gelockt zu werden,
- so dass aus eigenem Antrieb Probleme überwunden, Gütekriterien eingehalten und weitere Schritte ebenso wie Erfolg und Abschluss festgelegt werden müssen,
- jedoch dies immer in Kooperation mit anderen, die ebenso freiwillig und aktiv beteiligt sind und mit denen Pläne koordiniert werden müssen,
- und mit denen zusammen ein Rahmen aufgebaut wird, der Regeln und Ziele, Verlässlichkeit und wechselseitige Unterstützung umfasst.

Dies ist eine andere Art des selbsttätigen Lernens als die, die Kinder und Jugendliche normalerweise in der Schule erleben. Auch die Schule bemüht sich heute sehr darum, Schülerinnen und Schüler in Lernprozessen in eine aktive Rolle zu bringen. Und doch bleibt es fast immer ein Lernen im vorgegebenen Rahmen eines Curriculums. Auch gegen pädagogische Absichten wird Lernen nur zu oft zu einem Lernen für Zensuren und Punkte, bleibt die Verantwortung letztlich bei den Lehrenden und der Institution.

Der Hort hat hier ganz andere Chancen freier, in den Interessen der Kinder wurzelnder Lern- und Bildungsprozesse, die daran anknüpfen, was diese Kinder – manchmal sehr vordergründig – beschäftigt, aber nicht dabei stehen bleiben, sondern mit ihnen zu den Themen vordringen, die für ihr jetziges und künftiges Leben von Bedeutung sind. Das ist nicht Schule neben der Schule, sondern eher Bewusstmachung und Reflexion dessen, was das Leben von Kindern und Jugendlichen, als Mädchen und Jungen, in Freundschaften und Gruppen, unter Kindern und Jugendlichen und mit Erwachsenen, in Freizeit und Lernen füllt. Diese Prozesse der Auseinandersetzung haben kognitive, soziale, emotionale und auch moralische Aspekte, nicht zuletzt deswegen, weil sie nicht Angebote für Kinder, sondern gemeinsames Lernen selbstverantwortlicher Subjekte sein können, wenn die Erzieherinnen und Erzieher die Arbeit so verstehen, entwerfen und ertragen können.

Es ist daran zu erinnern, dass es auch in Grund- und weiterführenden Schulen einige Versuche gibt, die rigiden Rollenmuster von Lehrenden und Lernenden zu sprengen: „Gerechte Gemeinschaft", „Verantwortung übernehmen", „Demokratie lernen und leben" sind Modellvorhaben, die in ihrer Bedeutung weit über die Schule hinaus ins künftige Leben der Kinder und Jugendlichen reichen. Schon allein wegen der Reichweite der Schule – alle

Kinder und Jugendliche sind in ihr versammelt – ist dringend auf den Erfolg solcher Reformbemühungen zu hoffen.

Vorstellungen eines aktiven, selbstbestimmten Lernens zu verwirklichen, wird auch im Hort und in den Programmen und Projekten der Kinder- und Jugendhilfe nicht einfach sein, auch wenn die Freiwilligkeit der Mitarbeit und die großen Möglichkeiten der Partizipation eine günstige Voraussetzung für ein befreites Lernen sind.

Bildung durch die Fülle verschiedenartiger Angebote der Kinder- und Jugendhilfe

Neben dem Hort steht Kindern und Jugendlichen ein mehr oder weniger breites Angebot von Freizeit- und Kinder- und Jugendkultureinrichtungen offen. Die Themen dieser Einrichtungen ergänzen oder vertiefen das Spektrum an Themen, das im Zusammenhang mit dem Hort schon genannt worden war. In diesen Einrichtungen steigern sich die Momente der Freiwilligkeit und Eigenaktivität noch weiter; denn während der Hort insgesamt für die Kinder, die dort einen Platz ergattert haben, eine gewisse Verbindlichkeit erlangt, besuchen die Kinder und Jugendlichen diese anderen Einrichtungen sozusagen nach Lust und Laune, also wenn ihre Interessen angesprochen werden und die Art der Kooperation ihnen entspricht.

Für einen zentralen Aspekt der Bildungswirksamkeit der Einrichtungen der Kinder- und Jugendhilfe, den ich jetzt noch als letzten herausstellen möchte, ist gerade die Fülle der verschiedenartigen Angebote relevant, die diese Einrichtungen, mehr oder weniger verbunden mit dem Hort, meist weniger verbunden mit der Schule, den Kindern und Jugendlichen offerieren: Diese Kinder und Jugendlichen müssen nämlich unter den zahlreichen Angeboten auswählen und dann entscheiden.

Sich entscheiden müssen, ist eines der grundlegenden Merkmale heutiger Lebensführung – sowohl als Chance: Ich kann meine individuellen Prioritäten verwirklichen, als auch als Last: Vom Entscheidungszwang, wenn nicht Entscheidungsterror ist immer wieder die Rede, also von der Überforderung, sich immer wieder in unübersichtlichen, aber folgenreichen Situationen für eine Option entscheiden zu müssen. Angesichts der mannigfaltigen und heterogenen, kurzfristigen oder länger verbindlichen Angebote von Hort, Freizeitheim, Sportverband, Öko-Gruppe, Pfadfinder, Jugendfeuerwehr, Kirchenchor, Skater-Treff und so fort geraten Kinder und Jugendliche in eben diese Situation, auswählen zu können und entscheiden zu müssen, erfahren, wie nützlich es ist, sich Informationen zu beschaffen, nachzufragen und zu bewerten, was man erkundet hat, merken, dass Entscheidungen zwar revidierbar sind, allerdings nicht ohne Kosten, dass man aber manchmal auch gut tut, Kosten zu tragen, um eine bessere Lösung möglich zu machen. Kindern und Jugendlichen eröffnet sich also ein Feld, in dem Denken, Urteilen und Handeln sich in ihrem wechselseitig korrigierenden Zusammenhang erleben lassen.

Von den Erforschern moderner Kindheit ist dieses Problem der vielen Möglichkeiten vom Resultat des übervollen Wochenkalenders der Kinder und Jugendlichen her beschrieben worden. Aber nicht nur modernes Zeitmanagement wird den Kindern und Jugendlichen abverlangt, wie diese Kindheitsforscher unterstreichen, sondern wichtige Fähigkeiten der Lebensführung werden herausgefordert, ohne die gutes Leben in Zeiten der Auflösung von festen Tages-, Wochen- und Lebensbahnen nicht mehr realisierbar erscheint. Auch in dieser Herausforderung von Auswahl, Entscheidung und Fehlerrevision, die Kinder und Jugendliche an diesen Schnittpunkten von Möglichkeiten und Begrenzungen erfahren, sehe ich einen wichtigen Aspekt der Bildungsförderung, die in den Einrichtungen und Angeboten der Kinder- und Jugendhilfe geleistet werden kann.

Diese Überlegungen machen darauf aufmerksam, dass ein gewisses Überangebot für die Bildungswirksamkeit der Kinder- und Jugendhilfeeinrichtungen konstitutiv ist. Kindern und Jugendlichen sollte nicht nur ein Feld von Tätigkeiten offen stehen, durch das vorentschieden ist, woran sie sich beteiligen, sondern sie sollten erleben können, dass einer dieses, eine andere jenes Angebot bevorzugt, dass es Vorlieben und Argumente gibt, sich für das eine oder andere zu entscheiden, und dass die Angebote sich auch tatsächlich als verschieden erweisen. Die Wahlfreiheit, die die Kinder- und Jugendhilfe grundsätzlich ermöglichen muss, ist nicht nur eine Garantie für Träger, ihre Verschiedenheit zu respektieren, sondern auch eine Herausforderung für die Nutzer, sich über ihre Präferenzen klar zu werden und in einer heterogenen Welt entscheidungsfähig zu werden.

Bildung und Lebensführung

Hier klingen noch einmal Grundprobleme der Lebensführung an, die bereits als Koordinations- und Gestaltungsprobleme im Alltagsleben der Familien angesprochen worden waren und mit denen begründet wurde, dass die Familie eine Bildungsinstitution sei, in der sich die Anpassungs- und Selbstbehauptungsaufgaben von Menschen in einer heterogenen, widersprüchlichen und Flexibilität fordernden Gesellschaft widerspiegeln. Offenbar nimmt das von der Kinder- und Jugendhilfe arrangierte Angebot an „positiven Lebensbedingungen" diesen Charakter heterogener Vielfalt, die Umgang mit Ambivalenz, Berücksichtigung von Restriktionen und kluge Nutzung der Möglichkeiten verlangt, ebenfalls an.

46

Brauchen die Heranwachsenden ein solches Sozialisationsfeld noch, wenn sie bereits in ihren Familien vor entsprechende Entwicklungsaufgaben gestellt werden? Sie brauchen es, weil sie gegenüber den Eltern in ihren Familien trotz ihrer gestärkten Stellung im modernen Verhandlungshaushalt nicht in einer egalitären Situation, sondern abhängig sind, insbesondere emotional abhängig von ihren primären Bezugspersonen. Unbeschadet aller Entwicklungsschritte, die Kinder und Jugendliche in der Familie vollziehen, profitieren sie von den Auseinandersetzungen mit Gleichaltrigen, mit denen sie gemeinsame Vorhaben von gleich zu gleich aushandeln. Dies geschieht in Freundschaften und peer groups, nicht zuletzt in den Einrichtungen der Kinder- und Jugendhilfe. In diesen Einrichtungen können sie auch Erwachsene finden, die in ihnen nicht das unterweisungsbedürftige Kind, sondern den jungen Menschen sehen, der sich selber klar werden sollte, was er will, und der sich für seine Interessen einsetzen muss und dabei zu bedenken hat, wie viel ihm die Verwirklichung eines Ziels wert ist.

So werden diese Einrichtungen zu einem autonomiefördernden Handlungsfeld, können es wenigstens unter bestimmten Voraussetzungen werden. Die Voraussetzungen bestehen nach dem, was wir über Sozialisationsprozesse wissen, darin, dass genug Verbindlichkeit besteht. Sie sorgt dafür, dass Kinder und Jugendliche Anforderungen nicht ausweichen, also das Feld nicht verlassen, sondern sich mit Heterogenität, Restriktionen und Kosten abmühen. Diese Mühen werden sie dann auf sich nehmen, wenn sie in ein Geflecht von Beziehungen eingebunden sind, dem sie sich zugehörig fühlen. Es mehren sich allerdings die Klagen von Erzieherinnen und Erziehern, von Sozialpädagogen und Sozialarbeitern, die befürchten, dass die Stabilität der Beziehungen zwischen Erzieher und Kind sowie der Kinder und Jugendlichen untereinander gerade durch die wünschenswerte Vielfalt der Themen und Arbeitsformen, durch Freiwilligkeit und Auswahl, durch Öffnung der Einrichtungen und Vernetzung ihrer Angebote nicht mehr gesichert sei. Die „sichere Basis", die Kinder und Jugendliche benötigen, um von Möglichkeiten der Erkundung, Auswahl, Entscheidung, über Rückschläge und Neuanfänge hinweg, für Anpassung und Selbstbehauptung zu profitieren, sei gefährdet.

Das ist gewiss eines der Kernprobleme. Es ist hier nicht der Ort, um auszuführen, wie derartige Schwierigkeiten bewältigt werden können, denen die Mitarbeiterinnen und Mitarbeiter der Einrichtungen der Kinder- und Jugendhilfe nicht hilflos ausgeliefert sind. Ich verstehe die Klagen über diese Schwierigkeiten vor allem als Hinweise, dass die Kinder- und Jugendhilfe in der Entwicklung ihrer Arbeit an die richtigen Probleme geraten ist, nämlich an Probleme, die signalisieren, dass sie tief in die Bildungsprozesse der heranwachsenden Kinder und Jugendlichen verwickelt ist. Sie steht jetzt ebenso wie die Schule vor der Aufgabe, ihre Einrichtungen und Angebote, wie Hartmut von Hentig es sagt, „neu zu denken", sie dann allerdings auch entsprechend mit pädagogischer Kompetenz und Arbeitsmöglichkeiten auszustatten.

Bildungsprozesse in der frühen Kindheit: Der Vorrang von Selbstbildung

Thesen und Kommentare

Ludwig Liegle

1. *„Bildung" bezeichnet die Selbsttätigkeit des Subjekt, kraft derer sich das Subjekt in ein Verhältnis setzt zur Welt der Dinge und Personen und zu inneren Repräsentationen der Welt sowie seines Verhältnisses zur Welt und zu sich selber gelangt.*
   In diesem Verständnis von Bildung, das erstmals um 1800 (s. von Humboldt, Herbart und anderen) formuliert worden ist, beinhalten Bildungsprozesse die (im ursprünglichen und umfassenden Sinne dieses Wortes) ästhetische Aneignung der Welt (in Sonderheit der Welt der Dinge), aber auch – und dies betrifft im Besonderen die Internalisierung der sozialen Beziehungen und der mit diesen verbundenen normativen Erwartungen – den Erwerb von Handlungs- und Daseinskompetenzen, welche das Subjekt zur Lebensführung in sozialen und kulturellen Kontexten befähigen. Die ästhetische Weltaneignung und die Erfahrung von Intersubjektivität (z.B. im Medium von Sprache) gelten in diesem Verständnis als Voraussetzungen für die Ausbildung von Subjektivität bzw. Individualität.

2. *Die Fähigkeit zur Bildung bzw. – im Sinne von These 1 – zur Selbstbildung gehört zur Grundausstattung des Menschen.*
   Die Wissenschaften vom Menschen sind sich einig in der Überzeugung, dass Bildsamkeit bzw. Lernfähigkeit prinzipiell bei jedem Menschen angelegt sind. Die diesbezüglichen spekulativen Einsichten der „klassischen" Philosophie und Pädagogik sind erhärtet und ergänzt worden durch die Erkenntnisse der empirischen Entwicklungs- und Lernpsychologie sowie durch die Erkenntnisse der Biowissenschaften über die Aktivität und Individualität des menschlichen Gehirns, den selbst organisierten Aufbau von Gehirnfunktionen sowie den autopoietischen Charakter der Entwicklung lebender Systeme.

3. *Prozesse der Selbstbildung können ihre Funktion (s. These 1) nur erfüllen, wenn sie im Kontext einer förderlichen personalen und sächlichen Umwelt ablaufen.*
   Die Vorstellung vom autopoetischen Charakter von Bildungsprozessen verweist nicht auf deren Unabhängigkeit von Umweltbedingungen. Viel-

mehr entspricht der Abhängigkeit der Entwicklungsprozesse lebender Organismen von der Energiezufuhr (z.b. Licht, Wasser) aus der Umwelt die Abhängigkeit menschlicher Bildungsprozesse von sozialen und sächlichen Anregungen aus der Umwelt. In diesem Sinne repräsentiert „Erziehung" eine absichtsvoll vorbereitete Umwelt; sie gestaltet die „System"bedingungen von Selbstbildungsprozessen. „Erziehung" beinhaltet demnach Hilfen zur Selbstbildung des Subjekts (Erziehung als Lern- und Lebenshilfe).

4. *Während die Funktion von Bildung im Lebenslauf gleich bleibt (s. These 1), sind die Strukturen der Bildung im Lebenslauf Veränderungen unterworfen.*
   In Anlehnung an Piaget werden „Strukturen" als Modi der Aneignung der Welt bzw. des Subjekt-Welt-Bezugs verstanden. In diesem Sinne lassen sich verschiedene Strukturen der Bildung – z.b. sinnlich-anschauliche (senso-motorische), symbolische und abstrakte Modi des Subjekt-Welt-Bezugs – beobachten, deren Auftreten und Prävalenz mit Phasen im Lebenslauf zusammenhängen. Die Entwicklung von Strukturen der Bildung im Lebenslauf kommt zum Beispiel in der Sprache, im Denken und Urteilen, in der Wahrnehmung und Gestaltung sozialer Beziehungen, in ästhetischen Formen (Zeichnen, Malen) und in den Gefühlen zum Ausdruck.

5. *Bildungsprozesse in der frühen Kindheit weisen spezifische, lebensphasenbezogene Strukturen auf.*
   Als Beispiele für die Beschreibung spezifischer Strukturen der (Selbst-) Bildung in der frühen Kindheit seien genannt:

- Johann Heinrich Campe: In seinem 1785 erschienenen Büchlein „Über die früheste Bildung junger Kinderseelen" hat Campe als besonderes Merkmal der Bildungsprozesse in früher Kindheit die „anschauende Erkenntnis", also sinnes- bzw. leibbezogene Modi des Selbst-Welt-Bezugs (im Unterschied zur im weiteren Lebenslauf entwickelten „symbolischen Erkenntnis") beschrieben. Man könnte hierin eine Vorläuferposition zu Piaget's Postulat des senso-motorischen Subjekt-Welt-Bezugs erblicken; allerdings bewertet Campe die „anschauende" Erkenntnis nicht nur als Vorstufe „äquilibrierter" kognitiver Strukturen, sondern als dauerhafte Grundlage menschlicher Erkenntnisfähigkeit, die den Erwachsenen zu ihrem Nachteil verloren zu gehen droht.

- Friedrich Fröbel: In einem Brief aus dem Jahre 1839 hat Fröbel als besonderes Strukturmerkmal frühkindlicher Bildungsprozesse den „zufälligen Unterricht" beschrieben (s. Fröbel 1839). Der zufällige Unterricht ist Selbst-Unterricht des Kindes, Selbstbildung, selbsttätiger Prozess zur Beförderung des Subjekt-Welt-Bezugs, angeregt durch den angeborenen Tätigkeitstrieb, verwirklicht vor allem im

Spiel, der nach Fröbel wichtigsten Tätigkeit des Kindes; daher spricht Fröbel auch vom „Spielunterricht". Der zufällige Unterricht ist *unbewusster* Selbstunterricht, er stellt die „notwendig erste Unterrichtsart" dar, eine Unterrichtsart nämlich, die der bewussten Trennung von Subjekt und Welt vorausgeht, gleichzeitig jedoch dem Bewusstwerden den Boden bereitet.

- Karl Groos: In seiner erstmals 1904 erschienenen Vorlesungsreihe „Das Seelenleben des Kindes" hat Groos als besonderes Merkmal der Entwicklung in der frühen Kindheit die „unabsichtliche Selbstausbildung" beschrieben. Damit hat er Fröbels Vorstellung vom „zufälligen Unterricht" mit Methoden der modernen Entwicklungspsychologie empirisch erhärtet. Als Prototyp für den Modus der unabsichtlichen Selbstausbildung hat Groos das Spiel beobachtet und interpretiert. Das Spiel ermöglicht es dem Kind, Kenntnisse, Fähigkeiten und Fertigkeiten durch Einübung zu erwerben, und zwar unabsichtlich und unbewusst, teils instinktgesteuert und teils vermittelt durch Nachahmung. Das Spiel erfüllt die Gegenwart des Kindes bei sich und in der Welt, bereitet aber gleichzeitig – ungewollt und unbewusst – Zukunft vor, indem es – unter anderem – der Einübung von körperlichen und geistigen Funktionen dient.

- D.W. Winnicott: In seinem 1974 erschienenen Werk „Vom Spiel zur Kreativität" hat Winnicott als besonderes Merkmal der Bildungsprozesse in der frühen Kindheit die Erschaffung von „Übergangsobjekten" beschrieben, die in einem „intermediären Raum" zwischen Subjekt und Welt angesiedelt sind. Bei seiner Deutung des intermediären Raums hat Winnicott die Fixierung der klassischen Psychoanalyse auf personale Objektbeziehungen (insbesondere in Gestalt der Mutter) ausdrücklich hinter sich gelassen und die unbelebte Welt der Dinge und Vorstellungen in den Vordergrund gerückt. Die Erfahrung im intermediären Raum markiert eine Grenze im Schwebezustand; von hier aus beginnt das Kind mit dem lebenslangen Weg, „innere und äußere Realität voneinander getrennt und doch in wechselseitiger Verbindung zu halten" (s. Winnicott 1974, 11). Die Erschaffung von Übergangsobjekten bietet dem kleinen Kind einen Möglichkeitsraum; von diesem öffnen sich Türen zu jener geistigen, auch schmerzhaften Erfahrung des gleichzeitigen Getrenntseins und Verbundenseins zwischen Eigenem und Fremdem, die Hegel als ein besonderes Merkmal von „Bildung" beschrieben hat.

Zwischen dem „zufälligen" Unterricht, der unabsichtlichen Selbstausbildung und der Erschaffung von Übergangsobjekten verläuft eine Linie von Deutungsversuchen, mit deren Hilfe das Verstehen der besonderen Strukturen frühkindlicher Bildungsprozesse vorangebracht worden ist.

6. *„Das kleine Kind ist in ungleich höherem Maße sein eigener Lehrmeister als es später der Schüler sein wird." (s. von Hentig, 1996, 64).*

Die These vom Vorrang der Selbstbildung bzw. des Selbst-Unterrichts gerade in den Anfängen des Lebenslaufs kann unter anderen mit den folgenden Argumenten begründet werden: Hier geschieht alles mit der ganzen gattungsgeschichtlich angelegten Lebens- und Tätigkeitsenergie und alles zum ersten Mal: die Erfahrung von Bewegung, Licht, Farben, Tönen, Wörtern, Zeit und Raum, Verbundenheit und Autonomie. Außerdem werden die Anfänge der Bildung von einem Individuum geleistet, das die schmerzhafte Trennung zwischen Subjekt und Welt zwar beginnt zu empfinden, aber noch nicht sei es angekränkelt sei es erleuchtet ist vom Blick des analytischen, welt- und selbstbezüglichen Denkens.

7. *Die Pädagogik der frühen Kindheit sollte die Bildungsprozesse der Kinder unter Berücksichtigung ihrer spezifischen Strukturen unterstützen und anregen.*

Wenn das in den vorausgehenden Thesen entwickelte Verständnis frühkindlicher Bildungsprozesse anerkannt wird, so ergeben sich daraus Folgerungen für die Konstruktion der Pädagogik der frühen Kindheit. Diese muss in Theorie und Praxis – in radikalerer Weise als die Pädagogik späterer Lebensalter – ihren Ausgangspunkt in der Umwelt des Kindes und deren Anpassung an die Signale, Fragen und Handlungen des Kindes suchen. Mehr und anders als in späteren Lebensaltern muss Erziehung verstanden und gestaltet werden als angemessene – Winnicott würde sagen: hinreichend gute – Reaktion auf die Tatsache der Selbstbildung und des Selbstunterrichts des Kindes in seinem Aufbau des Subjekt-Welt-Bezugs. Die Art und Weise, wie die Umwelt für die Selbstbildungsprozesse des Kindes vorbereitet wird, bewirkt in dieser Sichtweise mehr als alle Versuche einer direkten Erziehung im Medium des pädagogischen Bezugs. Zwar vollzieht sich Erziehung auch sonst häufig im Modus „extensionaler Erziehung", d.h. sie rechnet mit der indirekten Wirkung absichtsvoll arrangierter Umwelten und Umstände (s. Treml 2000, 74-81). Für die Anregung von Bildungsprozessen in der frühen Kindheit trifft dies jedoch in radikalerer Weise zu. Denn, um ein Beispiel zu geben: beim kleinen Kind können die Erziehenden noch nicht an ein Über-Ich oder an verinnerlichtes Denken appellieren. Aus diesem Grund sollten auch die Personen – Eltern und Erzieherinnen zum Beispiel – als Element und Faktor der Umwelt des Kindes betrachtet werden; auch sie sollten gleichsam eine vorbereitete und angepasste Umwelt für das Kind repräsentieren. Es ist aus dieser Sicht kein Zufall, dass die international wirksamsten Konzepte der Pädagogik der frühen Kindheit – diejenigen von Friedrich Fröbel und Maria Montessori – dem Modell der „extensionalen" Erziehung folgen. Für die Pädagogiken späterer Lebensalter fällt es schwer, derart wirksame Modelle extensionaler Erziehung zu finden.

8. *Die Orientierung der Pädagogik der frühen Kindheit an lebensphasenspezifischen Strukturen der Bildung macht es erforderlich, die Formen der Altersmischung in Tageseinrichtungen für Kinder einer kritischen Überprüfung im Hinblick auf ihre Berechtigung und Wirksamkeit zu unterziehen.*

Die „kleine" Altersmischung von Kindern gehört in Westdeutschland, wenn man einmal von den wissenschaftlichen Untersuchungen und bildungspolitischen Kontroversen zur Förderung von 5-6jährigen Kindern in Vorklassen absieht, zu den selbstverständlichen Traditionen des Kindergartens. Mittlerweile haben Formen der erweiterten Altersmischung (z.B. Kinder im Alter von 2 bis 10 oder 12 Jahren) eine zunehmende Verbreitung erfahren. Es ist festzustellen, dass in den letzten Jahrzehnten keine Form der Altersmischung zum Gegenstand empirischer Forschung und öffentlicher Diskussion geworden ist. Die Tatsache, dass Konzepte der Frühpädagogik, in welchen die Unterstützung und Anregung von Bildungsprozessen im Zentrum der Aufmerksamkeit steht, dem Jahrgangsprinzip folgen – dies hat zum Beispiel für den Kindergarten in der ehemaligen DDR ebenso gegolten, wie es für die vielgerühmten Tageseinrichtungen in Reggio Emilia gilt –, ist nie zum Anlass einer selbstkritischen Reflexion geworden. Das in Westdeutschland (und mittlerweile auch in den neuen Bundesländern) verbreitetste Konzept der Frühpädagogik, der so genannte Situationsansatz, hat entwicklungspsychologische Kriterien der pädagogischen Arbeit mit Kindern ausgeblendet. Die Tatsache, dass die Feinmotorik, die sinnliche Wahrnehmung (Auge und Ohr), die ästhetischen Ausdrucksformen (Musik, Zeichnen, Malen etc.), die Sprache, das Denken und das Sozialverhaltens in den ersten sechs Lebensjahren eine rasante Entwicklung erfahren, spielt in diesem Konzept eine viel geringere Rolle als etwa in den an Fröbel oder Montessori orientierten Konzepten oder gar in der Reggio-Pädagogik. Ohne Berücksichtigung dieser Entwicklungstatsachen – zum Beispiel durch das Angebot von Materialien und Lerngelegenheiten, die dem jeweiligen Entwicklungsalter der Kinder entsprechen – ist es aber ausgeschlossen, Kindern „kindgemäße" Bildungshilfen zu geben. Auch die Förderung allgemeiner Handlungskompetenzen kann und sollte indes im Hinblick auf die lebensphasenspezifischen Strukturen der Bildung bedacht und gestaltet werden. So hängt beispielsweise der Erfolg von Versuchen, Kindern „Autonomie" erfahrbar zu machen, vermutlich unter anderem davon ab, ob lebensphasenspezifische Ausdrucksformen von „Autonomie" berücksichtigt werden; dies könnte etwa anhand des folgenden Schemas geschehen:

- Säuglingsalter: Selbstwirksamkeit, Funktionslust
- Kleinkindalter: Leistungslust (z.B. Sprachbeherrschung)
- Vorschulalter: Umgang mit Entscheidungssituationen
- Grundschulalter: Mit Gründen Ja oder Nein sagen können

- Jugendalter: Aus prinzipiellen Gründen Ja oder Nein sagen können.

Diese Überlegungen verstehen sich nicht als Aufforderung zur Verabschiedung der „kleinen" Altersmischung, sondern als Infragestellung der selbstverständlichen Geltung dieser Sozialform des Kindergartens sowie der häufig unreflektierten Euphorie in Bezug auf die Chancen einer erweiterten Altersmischung, die nicht zuletzt mit dem Mythos der Familienähnlichkeit begründet werden. Es liegt auf der Linie dieser Überlegungen, wenn in der Praxis im Rahmen der jeweils überwiegenden – kleinen oder erweiterten – Altersmischung Versuche mit einer flexiblen Zusammensetzung bzw. Öffnung von Gruppen erprobt werden.

9. *Lebensphasenspezifische Strukturen der Bildung werden überlagert von den individuellen Differenzen zwischen Kindern.*
Das Plädoyer für die Berücksichtigung lebensphasenspezifischer Strukturen der Bildung könnte dahingehend missverstanden werden, dass Kinder aufgrund ihres chronologischen Alters mechanisch bestimmten (z.B. aus Piaget's Entwicklungsmodell abgeleiteten) Niveaustufen zugeordnet werden sollen. Die Unterstutzung der Bildungsbedurfnisse und Bildungsansprüche von Kindern muss sich vielmehr an den individuellen Formen des Subjekt-Welt-Bezugs der einzelnen Kinder ebenso orientieren wie an gemeinsamen Merkmalen der Lebensphase der frühen Kindheit. Kinder des gleichen Alters stellen unterschiedliche Fragen; entscheidend ist daher nicht das chronologische, sondern das Entwicklungsalter sowie die individuellen Interessen und Bedürfnisse jedes einzelnen Kindes. Wenn Erziehung als Bildungshilfe ernst genommen wird, ergibt sich daraus die Forderung an die pädagogische Arbeit in Tageseinrichtungen, jedem Kind je angemessene Bildungsangebote zu machen.

10. *Der Unterstützung und Anregung von lebensphasenspezifischen und individuellen Bildungsprozessen sollte gegenüber anderen Funktionen institutioneller Frühpädagogik (z.B. der Betreuungsfunktion) Vorrang eingeräumt werden.*
Der Ausbau von Tageseinrichtungen für Kinder hat in den letzen Jahrzehnten ganz überwiegend im Zeichen frauen-, familien- und arbeitsmarktpolitischer Belange gestanden. Die Notwendigkeit und die große Bedeutung des Beitrags, den die Tagesbetreuung – wenn auch in durchaus begrenzter Weise – dafür leistet, dass Eltern Berufs- und Familientätigkeit vereinbaren können, steht außer Frage. In der Perspektive der Kinder stellt diese Funktionszuschreibung jedoch eine Instrumentalisierung der Tagesbetreuung für außerpädagogische Zwecke dar. Selbst die Forderung nach einem Vorrang der Bildung kann Merkmale der Instrumentalisierung aufweisen, dann nämlich, wenn diese Forderung aus dem Interesse des Staates und der Gesellschaft an der Zukunft des „Humanvermögens" abgeleitet

wird. Die vorausgehenden Thesen begründen demgegenüber die Forderung nach dem Vorrang der Bildung mit Berufung nicht auf Bedürfnisse und Interessen der Erwachsenen(gesellschaft), sondern auf die Bildungsbedürfnisse und Bildungsansprüche der Kinder. Dabei wird der Vorrang der Bildung als Forderung, nicht als Feststellung formuliert. Dies geschieht in der Überzeugung, dass die Regeleinrichtungen der Tagesbetreuung den Bildungsbedürfnissen und -ansprüchen der Kinder unzureichend gerecht werden. So hat eine Studie des Gesundheitsamts und des Sozialministeriums des Landes Baden-Württemberg ergeben, dass bei 23 Prozent der etwa 6000 untersuchten Schulanfänger Förderbedarf bestand; diese Kinder – und alle besuchten einen Kindergarten – zeigten zum Beispiel eingeschränkte Fähigkeiten in vielen Aspekten der Wahrnehmung (s. Schwäbisches Tagblatt vom 26.05.2001). Recherchen der Zuwanderungskommission der Bundesregierung haben ergeben, dass bis zur Hälfte der ausländischen Schulanfänger – auch diese haben größtenteils einen Kindergarten besucht – über unzureichende deutsche Sprachkenntnisse verfügen[1]. Die bislang umfassendste Studie zur Qualität der Kindergärten in Deutschland (s. Tietze 1998) hat den Regeleinrichtungen eine nur mittelmäßige Qualität bescheinigt. Die genannten Untersuchungsbefunde belegen, dass der Erziehungsalltag in Tageseinrichtungen nicht von einer systematischen Unterstützung und Anregung der (Selbst-)Bildungsprozesse geprägt ist. Die Studien vermitteln den Eindruck, dass in vielen Tageseinrichtungen die Erzieherinnen einerseits in der Pflege, Betreuung und Beschäftigung der Kinder tätig sind, andererseits aber einen laissez-faire-Stil praktizieren, bei welchem die Kinder dem so genannten Freispiel überlassen werden, dass sie aber nicht jene personale Umwelt für Kinder verkörpern, die geeignet sein könnte, die lebensphasenspezifischen und individuellen (Selbst-)Bildungsprozesse der Kinder angemessen zu unterstützen und anzuregen. Um dem Vorrang der Bildung in Zukunft Geltung zu verschaffen, bedarf es einer entsprechenden Öffentlichkeitsarbeit der Träger der Kinder- und Jugendhilfe, einer entsprechenden Neuorientierung der Aus- und Weiterbildung der Erzieherinnen sowie der Entwicklung geeigneter Materialien und Medien zur Anregung der pädagogischen Arbeit in den Tageseinrichtungen für Kinder.

Literaturangaben

Campe, J. H. (1785/1985): Über die früheste Bildung junger Kinderseelen, hrsg. u. mit einem Essay von Brigitte H. E. Niestroj, Frankfurt/M.

---

1 So die Vorsitzende der „Unabhängigen Kommission Zuwanderung" Rita Süssmuth in einem an der Universität Tübingen am 19.05.2001 gehaltenen Vortrag zum Thema „Perspektiven interkultureller Bildung in der Einwanderungsgesellschaft".

Dornes, M (1993): Der kompetente Säugling, Frankfurt/M.

Fröbel, F. (1839/1982): Brief an Cantor Carl, zit. von E. Hoffmann in: Zeitschrift für Pädagogik, 28. Jg., 177-192

Fröbel, F. (1826/1986): Die erziehenden Familien, in: Fröbel, F.: Werke, hrsg. von R. Boldt u.a., Berlin-Ost, Band 1, 244-259

Fröbel, F. (1840): Entwurf eines Planes zur Begründung und Ausführung eines Kindergartens, in: Werke, op. cit., Band 3, 189-198

Groos, K. (1913): Das Seelenleben des Kindes. Ausgewählte Vorlesungen, Berlin

Hentig, H. von (1996): Bildung. Ein Essay, München

Kant, I. (1776/1991): Brief an Christian Heinrich Wolke am 28.3.1776, zit., in: Fertig, L. (Hrsg.): Bildungsplan und Lebensplan. Briefe über Erziehung von 1750-1900, Darmstadt, 72-75

Scheunpflug, A. (2001): Biologische Grundlagen des Lernens, Berlin

Singer, W. (1999): „ In der Bildung gilt: Je früher, desto besser.", in: Psychologie heute, 60-65

Tietze, W. (Hrsg.) (1998): Wie gut sind unsere Kindergärten? Eine Untersuchung zur pädagogischen Qualität in deutschen Kindergärten, Neuwied

Treml, A.K. (2000): Allgemeine Pädagogik, Stuttgart

Winnicott, D.W. (1974): Vom Spiel zur Kreativität, Stuttgart

Bildung – alte und neue Aufgaben der Sozialen Arbeit

Hans Thiersch

1. Bildung ist in einer Gesellschaft, die sich zunehmend als Wissensgesellschaft versteht, integrales und zentrales Moment von Gesellschaftspolitik. Die Studien zur Effektivität des Bildungswesens – Timms und jetzt vor allem PISA – zeigen massive Defizite und Aufholbedarf. So avanciert nun endlich, nach den lange abgeklungenen Bildungsoffensiven der 60er-Jahre, Bildung wieder zu einem Reformprojekt von höchster Dringlichkeit – jedenfalls in den Reden; die Realaufwendungen bleiben einstweilen durchaus noch in Grenzen.

   In diesem Kontext wird auch nach sozialpädagogischen Aktivitäten gefragt, also nach Aufgaben z.B. im Zusammenhang mit Schule, nach Schulsozialarbeit, nach Schulberatung, aber auch nach Projekten der Jugendarbeit und vor allem nach den Arbeitskonzepten in Kindertagesstätten.

   Die Frage nach Bildung in der Sozialpädagogik – im Folgenden synonym gesetzt mit Sozialer Arbeit – ist naheliegend; sie bezieht sich auf die gerade ja benannten Ansätze, die in den letzten Jahren zunehmend entwickelt, aber in weiten Bereichen doch immer noch unterentwickelt sind. Die damit neu vitalisierte Frage nach sozialpädagogischen Aktivitäten führt zu Defiziten in der Sozialen Arbeit und verspricht damit auch ihr einen Entwicklungsschub. Die Frage ist darüber hinaus für die Soziale Arbeit – keck formuliert – verführerisch, weil sie damit in Diskussionen einbezogen wird, die in der derzeitigen gesellschaftspolitischen Situation besonders dringlich und förderungsfähig sind. In diesem Kontext, als Moment des Bildungswesens gesehen, könnte Soziale Arbeit endlich herauskommen aus ihrer traditionellen Randständigkeit und so für ihre Aufgaben öffentlichen und öffentlich akzeptierten Sukkurs gewinnen.

   Diese Chancen für die Soziale Arbeit sind evident. Die Situation aber darf nicht dazu verführen, im Zeichen rascher und förderungsträchtiger Aufgaben Differenzierungen und Unterschiede zu verwischen, die zwischen den Aufgaben des Bildungswesens und der Sozialen Arbeit liegen und die die Eigenart von Sozialer Arbeit bestimmen. Soziale Arbeit kann nicht primär als Zulieferer und Unterstützer des Bildungswesens gesehen werden. Sie kooperiert vielfältig, kooperiert aber nur angemessen, wenn sie dies aus ihrer eigenen Aufgabenbestimmung heraus praktizieren kann. Sie darf sich – pointiert formuliert – in der gegebenen Situation nicht dazu verführen lassen, das Erstgeburtsrecht ihrer Eigenständigkeit für das Linsengericht heutiger, rascher Anerkennung zu verkaufen.

Zu solchem Vorbehalt nötigt der Blick in die Geschichte der Sozialpädagogik ebenso wie in die gegenwärtigen Verhältnisse zwischen Sozialpädagogik und Bildungswesen. Natürlich gab und gibt es in der Sozialpädagogik eine breite Diskussion zu den gerade schon angesprochenen Aufgaben, ebenso gibt es eine breite, ausholende Diskussion zur Bestimmung der Sozialpädagogik im Horizont eines Bildungskonzepts (z.B. bei Mollenhauer, Winkler, Sünker, Hörster, Liebau, Mack). Diese Diskussionsstränge sollten aber nicht übersehen lassen, dass es andere zentrale Diskussionsstränge innerhalb der Sozialpädagogik gibt – z.B. zur Lebensweltorientierung, zur Dienstleistungsorientierung, zur Handlungskompetenz, zur systemischen Bestimmung von Hilfe, – die nicht im Kontext eines Bildungskonzepts stehen. Dieser doppelgesichtige Tatbestand, dieser gleichsam gespaltene Blick der Sozialen Arbeit auf das Bildungskonzept und das Bildungswesen geht einher mit der weithin bestimmenden Praxis einer realen Nachrangigkeit sozialpädagogischer Aktivitäten im Kontext des Bildungswesens. Sie lässt sich z.B. belegen mit der hier immer noch weit verbreiteten blanken Unkenntnis über sozialpädagogische Möglichkeiten, mit den Problemen der Schulsozialarbeit, die im Status – zwischen Lehrern und Sozialpädagogen – niedrig angesetzt ist und primär auf die „unteren" Stufen des Bildungswesens bezogen bleibt, also auf Grund-, Haupt- und Gesamtschulen – Gymnasien jedenfalls brauchen dergleichen nicht. Sie lässt sich auch belegen mit den Erfahrungen in Ausbildungs- und Beschäftigungsprogrammen, in denen die sozialpädagogisch spezifische Kompetenz den vorrangigen Ausbildungsordnungen gegenüber untergeordnet bleibt. Besonders nachdrücklich wird zurzeit die Diskussion um pädagogische Konzepte im Kindergarten geführt, wo man, wie es heißt, nach einer sozialpädagogischen Phase nun endlich wieder im Zeichen von Bildung zu dem, worauf es ankomme, zum Ernst des Lebens zurückkommen müsse.

Vor diesem Hintergrund – dem Ineinander also von Notwendigkeit und Verführung, von Aufgabendruck und tief verwurzelten hierarchischen Ungleichgewichtigkeiten – muss die Frage nach dem Verhältnis von Bildung, Bildungswesen und Sozialpädagogik heute neu verhandelt werden. Welche Aufgaben will Sozialpädagogik im Kontext einer neuen Bildungsoffensive erbringen und übernehmen?

2.   Um in dieser – so zweifelsohne sehr weit gefassten – Frage ein wenig weiter zu kommen, scheint es mir sinnvoll, in die Geschichte der Moderne zurückzugehen und Unterscheidungen zwischen einer allgemeinen Lebensbildung und einer pädagogisch inszenierten Bildung und zwischen unterschiedlichen Praxen zur Unterstützung solcher intentionalen Bildungsprozesse in Schule und Sozialpädagogik deutlich zu machen. In diesem Spiel von allgemeinen Orientierungen und unterschiedlichen pädagogischen Praxen ergeben sich – so meine Hoffnung – Hinweise zu Gemeinsamkeiten, Kooperationen und Abgrenzungen für unsere gegenwärtige Situation. Ich kann dieses sehr weit gespannte und heikle Programm nur in thesenförmiger Verkürzung skizzieren; die unterschiedlichen Ausprägungen des Bildungsbegriffs: Bildung als Bildung des Menschengeschlechts z.B., als Allgemeinbildung, als höhere Bildung, als Berufsbildung, als Herzensbildung oder als Familienbildung, kann ich ebenso wenig erörtern wie die spezifisch sozialpädagogische Bildungsdiskussion, in der natürlich meine Überlegungen verortet sind.

3.   Bildung kann zunächst verstanden werden als allgemeines anthropologisches Konzept. Bildung meint dann den Prozess der Aneignung der Welt und der Ausformung und Entwicklung der Person in dieser Aneignung. Der Mensch findet sich in einer Lebenswelt vor, er muss sich in ihr zurechtfinden. Er findet sich in Ressourcen, in Beziehungen, in Rollenmustern, in Deutungsvorgaben. Sie bestimmen ihn, in ihnen findet er – in Prozessen der Aneignung, der Auseinandersetzung, der Selektion und der produktiven Weiterentwicklung – seinen eigenen Weg, also seine spezifischen Kompetenzen und darin sein eigenes Lebensprofil. Im Laufe seines Lebens erwirbt er sich seine Geschichte und darin sein Bild von der Welt und sich selbst. Solche Bildung als Selbsttätigkeit im offenen Prozess, als Arbeit in Erfahrungen, Erfolgen, Enttäuschungen und Hoffnungen an dem eigenen Lebenskonzept, wird in allen Kulturen begleitet durch in andere Lebensvollzüge eingebettete Unterstützungen z.B. in Vorgaben, Riten oder Unterweisungen. „Das Leben bildet". Solche Bildung – als Bildung im Leben (mit die-

sem, allerdings modifiziert benützten, Diktum Pestalozzis formuliert), ergibt sich in den unterschiedlichen Lebenssettings in unterschiedlichen Mustern. Es gibt keine gesellschaftliche Wirklichkeit, in der sich nicht Bildungsprozesse vollziehen (so, wie in einem Diktum Kosiks, keine Welt, auch kein KZ, keinen Alltag habe, also keine spezifischen Bewältigungsmuster). Bildung meint – so verstanden – Lebensbildung als Lebensbewältigung, meint – in einer neueren Terminologie – informelle Bildung.

4. Von diesem anthropologisch allgemeinen Bildungsverständnis muss ein spezifisch neuzeitliches Konzept von Bildung unterschieden werden. Es lässt sich verstehen als Profilierung und Akzentuierung des allgemeinen Konzepts von Lebensbildung; gleichsam eingelagert in die informellen Bildungsprozesse entstehen, wie formuliert wird, die formellen, spezifisch inszenierten Bildungsprozesse.

Neuzeit repräsentiert sich in einem spezifischen Verständnis von der Selbstzuständigkeit des Menschen für sich und den daraus resultierenden Aufgaben einer Gestaltung von Welt. ‚Gehe in die Welt', so etwa könnte der Schöpfer den Menschen anreden, ‚ich habe dich ausgerüstet mit allen Anlagen zum Guten. Dir kommt es zu, sie zu entwickeln, und so hängt dein eigenes Glück von dir selbst ab', so heißt es in Anlehnung an Picco della Mirandola bei Kant. Neuzeit repräsentiert sich zum einen in der Entstehung und Entfaltung moderner rationaler, zunehmend abstrakter werdender Produktions- und Lebensstrukturen und zum anderen im sozialethischen Projekt eines Verständnisses von Gerechtigkeit, die an Gleichheit orientiert ist, also von Demokratisierung, Mündigkeit und Selbstverantwortlichkeit. Im Kontext dieser beiden Gestaltungsprinzipien der Moderne – des funktionalen und des sozialethischen Gestaltungsprinzips – entsteht ein normatives Bildungskonzept; im Unterschied und gleichsam in der Überbietung der naturwüchsigen Bildungsprozesse – der Prozesse der Lebensbildung – geht es nun um die bewusste Anstrengung, um ein gelingendes Leben, ein Leben also, das den spezifischen Anforderungen der Moderne im Zeichen von Rationalität und Wissen, zugleich auch von Gleichheit und Gerechtigkeit entspricht und zur Erfahrung von Selbstzuständigkeit, der Erfahrung, zuständig für die eigene Lebenspraxis zu sein, führt. In der Wahrnehmung der neuzeitlichen Verantwortung des Menschen für sich selbst und damit für seine Bildungsprozesse wird gezieltes, geplantes Lernen eine eigene, eigens wahrgenommene, aufwendig gestaltete Unternehmung. Es entstehen die spezifischen Institutionen der

Förderung, Unterrichtung und Unterstützung des modernen Bildungs- und Sozialwesens.

Auf die reiche, in sich vielfältige Diskussion zum Bildungskonzept in der Klassik – z.b. bei Pestalozzi, bei Humboldt, bei Goethe, bei Natorp – kann ich hier natürlich nicht eingehen. Ich hebe in grob verallgemeinernder Skizze sieben Momente des klassischen Bildungsverständnisses hervor.

- Bildung als Aneignung von Wirklichkeit und Entwicklung in dieser Aneignung betont zunächst die Selbsttätigkeit des Menschen, also die Arbeit des Menschen an der Aneignung von Wirklichkeit und damit am Konzept seiner selbst, an seinen Kompetenzen und seinem Bild von sich.
- Bildung als Aneignung von Wirklichkeit und Entwicklung in dieser Aneignung meint das je individuelle, besondere, eigene, als das individuell-spezifische Profil von Kompetenzen und Lebensdeutung.
- Bildung als Selbsttätigkeit und selbstständige Ausbildung von Individualität meint kritische Selbsttätigkeit, ist also orientiert am Bild eines guten, gelingenden Lebens, ist – anders formuliert – orientiert an Maximen, die über das Individuelle hinaus allgemein gelten. Bildung, so verstanden, meint Emanzipation als Freiheit aus selbstverschuldeter Unmündigkeit, meint – so Jean Paul – die Freisetzung des in jedem angelegten „Preismenschen", meint – mit Humboldt – die Erweiterung der „Individualität zur Idealität".
- Solche Bildung als Selbsttätigkeit in der Individualität zur Idealität ist das, was alle Menschen auszeichnet, was allen Menschen als Gleiches gemeinsam ist. Bildung – in diesem Sinn – darf nicht den gegebenen Möglichkeiten, dem Spiel also von Macht und Ausbeutung, von Einschränkung, Verhinderung und Verbarrikadierung menschlicher Möglichkeiten überlassen bleiben. Bildung ist Bildung für alle, ist – im Zeichen von Demokratisierung – Elementarbildung als Allgemeinbildung des Menschen zu seinen Möglichkeiten.
- Solche allen Menschen zukommende Bildung meint die Aneignung der ganzen unverkürzten, komplexen Wirklichkeit, also die Ausbildung aller vielfältigen in ihm angelegten Möglichkeiten, der Kompetenzen von Kopf, Herz und Hand, der Kompetenzen des Fühlens, Denkens, Handelns und Sich-Verantwortens, der – wie man heute sagt – Lebenskompetenzen.
- Solche Bildung wird gestützt durch geplante, auf die Förder-

lichkeit von Bildungsprozessen hinzielenden Arrangements, also durch geplante, pädagogische Settings. In ihnen liegen Angebote auf zwei Ebenen, zum einen in der Realität und ihren vielfältigen Erfahrungsräumen und zum anderen im Angebot von Interpretationen von Wirklichkeit, von symbolischen Deutungen, Bildern und Visionen, wie sie sich in der Religion, in der Kunst, in der geschichtlichen Erinnerung repräsentieren.

- Diese vielfältigen Arrangements sind normativ geprägt, also bewusst gestaltet nach den Prinzipien des Gegenwirkens, Verhütens und Förderns. In der Gestaltung der inszenierten Verhältnisse zur Förderung von Bildung geht es – mit Natorp – um die bildenden Bedingungen in der Wirklichkeit und die bildenden Möglichkeiten des Subjekts.

5. Das neuzeitliche Bildungswesen – also die Summe der bewussten Inszenierungen zur Förderung und Unterstützung von Bildungsprozessen – entsteht, den Gestaltungsprinzipien der Moderne entsprechend in spezialisierten, arbeitsteilig organisierten Institutionen und zugleich mit Professionen, die für die Arbeit in den Programmen dieser Institutionen zuständig sind. Die Entstehung eines so ausdifferenzierten und vielgliedrigen Systems der Unterstützung, Förderung und Gegenwirkung von Bildungsprozessen ist charakteristisch für die Moderne. Ihr Ausbau vollzieht sich in zwei Strängen, zum einen – so Ariès – als Familialisierung, also als bewusste Konzentration auf Probleme der Kommunikation und Erfahrung im Raum des familialen Umgangs, und zum anderen als Scholarisierung, also als Organisation von Bildungsgelegenheiten im Kontext von Schule. Die in die informelle Bildung eingebetteten Inszenierungen der formellen Bildung also gliedern sich noch einmal in die – wie es heißt – nicht formellen (z.B. familialen) Bildungsbedingungen und die formellen, scholarisierten[1]. Die neuzeitliche Entwicklung ist nun im weiteren dadurch bestimmt, dass diese beiden Stränge sich nacheinander und gegeneinander verschoben, ungleichzeitig entwickeln. Neben den, zunächst privaten Arrangements, dem Neuverständnis von Familie und ihren Rollen zugewiesenen pädagogischen Aufgaben steht der Ausbau scholarisierter Bildung, also des Schulwesens, im Mittelpunkt von Gesellschaftspolitik und Pädagogik.

---

1   Ich benutze diese neuerdings viel verwandten Kennzeichen zur Markierung meiner Überlegungen, obwohl die hier gegebenen Unterscheidungen, indem sie so deutlich von dem, was als formell – also scholarisiert – bezeichnet wird, ausgehen, den Sachverhalt nur bedingt treffen.

6. Schule intendiert die Vermittlung von Weltwissen und darin von kognitiv-intellektuellen und kulturell-symbolischen Kompetenzen und Deutungsmustern. In diesem Medium zielt sie auf Gleichheit und, als erziehender Unterricht, auf Lebenskompetenz als „Charakterstärke der Sittlichkeit" (Herbart). Auf die Entwicklungen dieses Prinzips Scholarisierung in den Wandlungen und Brüchen der Gesellschaft seit 1800 kann und will ich hier nicht eingehen, also z.B. auf die Verengung des Bildungskonzepts zur Elitebildung, zur Bildung als Statussymbol des – politisch zunehmend irrelevant werdenden – Bürgertums, auf die nur allmählich überwundene Ausgrenzung der praktischen und beruflichen Bildung und vor allem auf die so zähe Egalisierung der Bildungsangebote für Mädchen und Jungen. Durch diese ideologischen und Interesse bedingten Verschiebungen und ihre allmähliche, zögerliche (und mitnichten ganz überwundene) Auflösung hindurch hat sich das moderne Bildungswesens etabliert, als Repräsentation des Prinzips Scholarisierung, das in seiner Expansion und seinen Differenzierungen in den Aspekten von Weltwissen, Informationsvermittlung, Qualifikationserwerb und Demokratisierung auf Bildung als Lebenskompetenz zielt. In dieser Spezifizierung ist – gleichsam strukturell – die Betonung von Wissen und Qualifikationserwerb angelegt; sie steht in Gefahr, sich zum Stofflernen – Bildung als erworbenes und verfügbares Wissen und Können – zu verengen. Dieses Bildungswesen ist integraler Bestandteil der Moderne. Dies in seiner Notwendigkeit zu sehen aber darf nicht bedeuten, dass Bildung und ihre Unterstützung durch inszenierte Pädagogik allein auf die Möglichkeiten im Prinzip Scholarisierung begrenzt wird. Dies gegen den weit verbreiteten Sprachgebrauch – und der derzeitigen öffentlichen Politik gegenüber – zu erinnern ist eine der Intentionen der hier vorgetragenen Überlegungen.

7. Später, gleichsam zeitverschoben und unübersichtlich, entwickelt sich der zweite Strang in den pädagogischen Inszenierungen der Moderne, in den – zunächst der Familie zugesprochenen – Hilfen zu Kommunikations- und Interaktionskompetenz, zu Lebenskompetenz, zur nichtformellen Bildung. Da, wo es Familie nicht gibt oder wo die Stabilität familialer Privatheit nicht gegeben ist, braucht es besonderen kompensatorischen Aufwand. Pestalozzi z.B. entwickelt, in der Beschreibung seines Erziehungsversuchs in Stans, ein pädagogisches Arrangement für kriegsgeschädigte Kinder, das in seiner Erziehung „die häuslichen Vorurteile nachahmen" sollte, und die Erfahrung einer allseitigen Versorgung mit dem Vertrauen in Erwachsene (in „Vaterkraft und Mutter-

auge") und Umgangserfahrung unter Gleichaltrigen verband (s. Pestalozzi 1944). Die Prinzipien dieses Konzepts – Freisetzung und Stärkung der im Menschen angelegten Kräfte – des Wohlwollens und der
Anerkennung, der Bildung also zu Lebenskompetenzen, in denen sie
sich als Subjekte in ihren Verhältnissen, als „Werk ihrer selbst", erfahren können, konkretisiert Pestalozzi auch in anderen besonders belasteten Konstellationen, z.B. in der Kriminalpädagogik oder im Konzept einer Volks- und Gemeindeerziehung, in der gegen Unterdrü-
ckung und Ausbeutung lebbare Lebensstrukturen hergestellt werden (s.
Pestalozzi 1927). Bildung von Lebenskompetenzen als Voraussetzung
und Fähigkeit, belastete Verhältnisse auszuhalten und zu verändern,
wird so die charakteristische pädagogische Antwort auf gesellschaftlich verstandene Verelendung und Nöte. Diese sozialpädagogische
Antwort darf natürlich im Kontext des Ausbaus des modernen Sozial-
staats nicht isoliert, sondern muss im Zusammenhang mit politischen
und sozialpolitischen Strukturveränderungen gesehen werden. Die Sozialpädagogik bildet sich – ganz ähnlich wie die Arrangements von
Scholarisierung – den Gestaltungsprinzipien der Moderne entsprechend zunehmend arbeitsteilig in differenzierten Institutionen aus. Auf
diese Entwicklung, die bestimmt ist durch die zunehmenden gesellschaftlichen Verwerfungen und Kämpfe im 19. Jahrhundert ebenso wie
durch sozialistische, christliche, familienrestaurative und kulturkriti-
sche Konzepte, kann ich hier im Einzelnen nicht eingehen. Im Endef-
fekt bildet sich Sozialpädagogik neben der Schule als System vielfältiger Hilfen zur Lebensbewältigung aus, fundiert in gesellschaftlich verantworteten allgemein geltenden Anspruchsrechten und praktiziert in
der Vielfältigkeit von Zuständigkeiten und Trägern, wie sie – dem
Subsidiaritätsprinzip entsprechend – als Agenturen gesellschaftlicher
Selbsthilfe zunächst zuständig sind. Sozialpädagogik ergibt in dieser
Doppelstruktur neben dem einlinig und staatlich strukturierten scholarisierten Bildungswesen ein ebenso unübersichtliches wie vielfältig-
offenes Bild, das dadurch in Gefahr gerät, sich in dieser Unübersichtlichkeit zu verlieren.

8. Zwischenbemerkung: Wenn ich so im Zeichen von Bildung die Bildungspraxen von Schule und Sozialpädagogik unterscheide, dann ist
solche Rede nicht selbstverständlich. Es gibt einen weit verbreiteten
pädagogischen Sprachgebrauch, in dem diese Praxen als die der Bildung und die der Erziehung unterschieden werden: Man unterscheidet
das Bildungssystem vom Erziehungssystem und redet in der Sozialpä-

dagogik – als einem Teil des Erziehungssystems – von Hilfen zur Erziehung, Erziehungsberatung, Erziehungsbeistandschaft usw. Auf die hier liegenden terminologischen Probleme kann ich mich nicht einlassen; es scheint mir aber notwendig, um der Verständigung zwischen den verschiedenen Sprachnuancen willen das hier liegende Problem zumindest zu markieren. Erziehung ist zunächst ein allgemeiner Terminus, unter dem das Insgesamt pädagogischer Diskurse zusammengefasst wird. Im spezifischen Sinn zielt Erziehung auf die besondere Form des pädagogischen Umgangs, also auf jenen Umgang, in dem Kultur – und darin vor allem auch Verhaltensmuster – zwischen den Generationen tradiert wird, zwischen denen, die Kultur repräsentieren und denen, die in sie hineinwachsen: zwischen Erwachsenen und Heranwachsenden, zwischen denen, die über Erfahrung verfügen und denen, die auf Erfahrungsvermittlung verwiesen sind. Im Erziehungsbegriff werden vor allem auch die Probleme in dieser – strukturell asymmetrischen – Form des Umgangs thematisiert, ihre Chancen, Schwierigkeiten und vor allem ihre historischen Veränderungen, die gerade für unsere Gegenwart vielfältige Probleme mit dem Erziehungskonzept aufwerfen. Da in ihm die für das Bildungskonzept konstitutiven Merkmale – Aneignung von Wirklichkeit, Weltwissen, Eigentätigkeit und Gleichheit – nicht im Vordergrund stehen, diese aber für das Verständnis gerade auch sozialpädagogischer Aktivitäten wesentlich sind, scheint es mir sinnvoll, sie als spezifische Form einer Praxis von Bildung zu verstehen. Dies entspricht auch dem schon eingeführten Verweis auf die Begrifflichkeit der formellen und nicht-formellen Bildung, die die unterschiedlichen pädagogischen Aktivitäten unter dem Bildungsbegriff subsumiert.

9. Dieses Gefüge – Lebensbildung, Bildungskonzept und seine Realisierung in den Lernarrangements des scholarisierten Schulwesens und der auf Bewältigung zielenden Sozialpädagogik – ist in seiner heutigen Bedeutung, in seinen heutigen Aufgaben und Möglichkeiten nur verständlich vor dem Hintergrund gesellschaftlicher Verschiebungen, die die jüngste Moderne bestimmen.

Das Bildungskonzept war in seiner Struktur bestimmt durch die Annahme einer in sich stimmigen Wirklichkeit: Mensch und Umwelt waren als prinzipiell zueinander passend gesehen. In der Aneignung von Umwelt findet der Mensch seine Identität, in der Ausprägung seiner Individualität entspricht er allgemein geltenden Anforderungen, kommt er, wie es hieß, zur Idealität. Unsere Gegenwart aber ist cha-

rakterisiert durch Prozesse der zunehmenden Komplizierung, Spezialisierung und Differenzierung von Lebensbereichen, durch Unübersichtlichkeit. Die Gesellschaft ist gespalten in alte Ungleichheiten und neue
Ausgrenzungen, Ungleichheit praktiziert sich heute auch in vielfältigen
Formen von Konkurrenz, Rivalität und rücksichtsloser Selbstbehauptung; Wissen explodiert und wird zunehmend anspruchsvoll; Abstrak-
tion bestimmt Arbeits- und Lebensverhältnisse. Prozesse der Plurali-
sierung und Individualisierung der Lebensverhältnisse bestimmen die
Lebensplanung. Der Einzelne findet sich in Möglichkeiten und Zumutungen von Gestaltungsaufgaben, die er im Widerspruch von Vorgaben und eigenen Optionen zu bewältigen hat. Für ihn als „Regisseur
seiner Verhältnisse" wird Lebensbewältigung eine eigene Kräfte ok-
kupierende Aufgabe; es geht um die Arbeit des Alltags ebenso wie um
die Arbeit an der eigenen Lebensplanung, um die „Herstellung der eigenen Biografie" (wie es im Begriff Biografizität gefasst wird).

Diese Veränderungen bedeuten eine neue Profilierung des Bildungskonzepts ebenso wie der Aufgaben in den Lernarrangements des
Schulwesens und der Sozialen Arbeit.

10.   Im Bildungskonzept verschiebt sich die Bedeutung einzelner Maximen. Das Prinzip der Selbstbildung lädt sich Aufgaben der Lebensgestaltung im Offenen auf und wird zum zentralen Steuerungsmoment im
Bildungsprozess. Verbindliche Vorgaben verblassen, Gelegenheiten
und Anregungen werden wichtig. Bildung führt in der vielfältigen Unübersichtlichkeit heutiger Verhältnisse nicht nur zur möglichst reichen
Aneignung von Wirklichkeit – und sicher nicht mehr zur Erweiterung
des Ich in eine bedeutende Fülle von Wirklichkeit – sondern verlangt
die Fähigkeit der Wahl, der Auswahl, des sich in der eigenen Linie
Behauptens. Dies bedeutet auch die Fähigkeit von Widerstand gegen
offene Beliebigkeit ebenso wie gegen Vereinfachungen und Verkür-
zungen im Weltbild und im Verhalten, wie sie sich z.B. in Mustern der
Dichotomisierung zwischen Eigenem und Fremden, in Ausländerfeind-
lichkeit und Gewaltanfälligkeit zeigen. Souveränität der Wahl und
Selbstbehauptung ist vor allem auch wichtig als Voraussetzung dazu,
dass nicht in der Konzentration auf die Aufgaben der eigenen Lebensgestaltung (wie sie zunehmend auch als Selbstverwirklichung apostro-
phiert und pointiert wird) die Notwendigkeit von Bindungen und sozialen Bezügen unterschätzt und vernachlässigt, ja destruiert wird.

11.   Diese neuen Profilierungen im Bildungskonzept bestimmen auch die

Inszenierung von Bildungsarrangements. Für scholarisierte Arrangements (also formelle Bildungsprozesse) steigen Anforderungen und Aufwand, in Bezug auf Zeit (bis hin zum lebenslangen Lernen) ebenso wie in Bezug auf Lernansprüche, wie sie sich im steigenden Qualifikationsniveau zeigen. Die in der Spezialisierung der scholarisierten Lernarrangements angelegte Gefahr, Bildung auf Wissenserwerb und darauf bezogene Leistungsanforderungen zu verkürzen, wächst angesichts der steigenden Anforderung an Wissen und Wissenserwerb. Dagegen stehen Anstrengungen – auch im Rückgriff auf den Selbstanspruch des Bildungskonzepts – Schule nicht nur als Lernort, sondern auch als Lebensort zu verstehen, als „Haus des Lernens", scholarisierte, formelle Bildung öffnet sich Momenten der informellen Bildung.

12. Sozialpädagogik gewinnt im Kontext der Moderne neben der Schule zunehmend an Bedeutung: Während der Ausbau der Schule im Beginn des 20. Jahrhunderts strukturell zu Ende gekommen ist, steht das 20. Jahrhundert im Zeichen einer Expansion und Differenzierung der Sozialpädagogik. Sie sprengt ihre alte Aufgabenbestimmung, Lebenskompetenzen an die zu vermitteln, die in besonderen Schwierigkeiten und Nöten sind. So anspruchsvoll diese Aufgaben auch in unserer in Ungleichheiten zerrissenen Gesellschaft bleiben, so kommen doch neue hinzu, die nämlich der Hilfe und Unterstützung in Aufgaben und normalen Konflikten der heutigen schwierigen Normalität. Ansätze, wie sie bis ins 19. Jahrhundert zurückgehen, zum Verständnis z.B. des Kindergartens als Bildungsangebot für alle Kinder um der Entfaltungsmöglichkeiten ihrer kindlichen (spielend lernenden) Möglichkeiten willen oder Ansätze zu einer Jugendarbeit für alle als Inszenierung eines Freiraums, in dem jugendliche Orientierungssuche unter Jugendlichen gelebt werden kann, werden weiter geführt und ergeben das Profil einer Sozialpädagogik, in der die besonderen Hilfen in besonderen Lebenslagen der Ausgrenzung und Verelendung als gleichsam dramatische Zuspitzung aufgehen in Lern- und Unterstützungsangeboten für alle. Sozialpädagogik praktiziert so – als Institution der nicht formellen Bildung – Bildungsangebote ebenso in der Kindertagesbetreuung wie in der Drogenarbeit, in der Erziehungs- und Lebensberatung ebenso wie – um es pointiert und provozierend zu formulieren – in der Altenarbeit; auch hier geht es darum, dass Menschen Möglichkeiten finden, sich in ihren gegebenen – und vielleicht zu verändernden – Verhältnissen als Subjekte ihres Lebens erfahren.

Sozialpädagogik praktiziert ihr Programm unter spezifischen Bedingungen und in spezifischen Strukturen. Die Weite ihres Angebots ist beschränkt durch die sozialpolitisch gesetzten, in Gesetzen und Institutionen realisierten Bestimmungen von Zuständigkeiten; nur in dieser Beschränkung, also in Kontext und Koordination mit anderen (z.B. erwachsenenpädagogischen oder therapeutischen Zuständigkeiten) ist ihr Programm praktikabel. Diese Beschränkung bedeutet, dass Sozialpädagogik – im Unterschied zur Schule – kein Pflichtangebot für alle ist, sondern sich in vielen ihrer Angebote zwar auf breit gestreute, offene Situationen bezieht, in ihnen aber nur Möglichkeiten der Hilfe bietet, also Hilfe im Bedarfsfall, bei spezifischen Gelegenheiten[2]. Diese in vielen ihrer Angebote liegende Gelegenheitsstruktur geht damit einher, dass Sozialpädagogik in ihren Angeboten dem Prinzip der individualisierten Passung folgt. Die zentrale Bedeutung des Hilfeplans als einem Instrument der gemeinsam zu verantwortenden Abklärung darüber, welche Hilfe im gegebenen Fall angezeigt ist, – macht dies strukturell deutlich. Diesem Prinzip der individuellen Passung entsprechen gerade in den letzten Jahren vielfältige Konzepte zu flexiblen und integrierten Hilfen, in denen sich der Kanon typisierter Hilfsangebote öffnet zu freien Kombinationen und neuen Angebotsstrukturen. Mit diesem Prinzip entspricht – jedenfalls in der Struktur – Sozialpädagogik der Offenheit heutiger Lebensentwürfe und Bildungsprozesse. In der Vielfältigkeit ihrer Angebote – potenziert noch einmal in der Vielfältigkeit ihrer Trägerstruktur – erscheint sie als Institution, die prinzipiell so flexibel ist, wie sich Lebensentwürfe in der individualisierten und pluralisierten Konstellation der Moderne gestalten. Ich denke, ich muss nicht betonen, dass diese Bemerkungen sich auf strukturelle Möglichkeiten der Sozialpädagogik beziehen, die in der gegebenen Praxis angesichts der Realität von Routinen, Bestand bewahrender Zuständigkeiten und repressiven Verwaltungsauflagen häufig ungenutzt bleiben. Die Praxis der Sozialpädagogik ist wie die der Schule auf die immer neue Herausforderung durch den Selbstanspruch des Bildungskonzepts verwiesen.

13. Indem die Institutionen der formellen und nicht formellen Bildung sich in den letzten 100 Jahren ausgebreitet und differenziert haben, gerät der Bereich der informellen Bildung in den Schatten. Gegen die im Pathos von Institutionalisierung und Professionalisierung liegenden ty-

---

2   Dies entspricht – auf einer anderen Ebene – dem oben schon erwähnten Subsidiaritätsprinzip: Selbsthilfe hat Vorrang gegenüber pädagogisch inszenierten Hilfsangeboten; es gilt – anders formuliert – der Primat der Lebensbildung.

Pathos von Institutionalisierung und Professionalisierung liegenden typisch modernen Selbstansprüche an gesellschaftliche Zuständigkeit und Planung gilt es, an die natürlich nach wie vor gegebene hohe Bedeutung der Prozesse der Lebensbildung zu erinnern, ja sie ausdrücklich zu stützen und zu aktivieren. Autobiografien und autobiografische Lebensberichte zeigen immer wieder eindringlich, wie sehr Bildung auch heute – in der Zeit der zunehmenden Vergesellschaftung von Bildung in den Institutionen der formellen und der nicht formellen Bildung – Lebensbildung ist: die Prägung der Menschen also auch für die heutigen, gewandelten Bedingungen von Schule und Sozialpädagogik (im Zeichen also einer Jugendzeit, die als Schulzeit oder als sozialpädagogische Jugend gelebt wird) durch nicht inszenierte, nicht geplante, im Leben liegende Erfahrungen. Formelle und nicht formelle Bildung kann nur gelingen, so lässt sich pointiert formulieren, wo sie sich selbst relational versteht, relational in Bezug auf Lebensbildung. Dieses Prinzip der Relationalität verlangt, dass neben den Räumen inszenierter Bildung ausdrücklich Freiräume bleiben müssen und dass die Arbeit in den Institutionen orientiert sein muss an den Möglichkeiten von Lebensbildung. Das Prinzip Lebensweltorientierung, wie es für die Sozialpädagogik (aber ja nicht nur für sie) ausgelegt wird, zielt in diese Richtung in seiner Orientierung an den gegebenen Ressourcen und Optionen in der Lebenswelt als Ausgang und Medium ihrer Arbeit. Vor allem aber braucht es im Bereich der formellen und nicht formellen Bildung den ausdrücklichen Willen zur Kooperation mit den Repräsentanten und Akteuren, den bewussten Willen zu einer offenen Kollegialität, so wie es im Paradigma der Kultur des Sozialen in der Bürgergesellschaft gedacht werden kann.

14. Wenn die Bildungsdiskussion so im Zusammenspiel von Lebensbildung, Bildungskonzept und Bildungspraxen gesehen wird, ergeben sich Konsequenzen für das Mit- und Nebeneinander unterschiedlicher Bildungsprozesse und unterschiedlicher Arrangements zu ihrer Beförderung. Die Unterscheidung von Bildungskonzept und Bildungspraxen ist immer auch die Möglichkeit der Kritik an Bildungspraxen. Die für das Bildungskonzept konstitutiven Momente der Gerechtigkeit, Selbsttätigkeit, Wirklichkeitserfahrung und Sinnfrage sind gleichsam regulative Momente ebenso in Bezug auf Schule wie auf Sozialpädagogik, auf formelle und nicht-formelle Bildungsarrangements.

Indem das moderne Bildungskonzept in den inszenierter Formen unterschiedlicher Praxen konkretisiert wird, braucht es ebenso Kooperationen wie wechselseitige Offenheiten und vor allem wechselseitige Anregungen und Provokationen zwischen den verschiedenen Bereichen. Indem Schule sich auch den Fragen, die über Wissens- und Informationsvermittlung sowie Deutungssysteme hinausgehen öffnet, bietet sich Kooperation mit sozialpädagogischen Arbeitserfahrungen an. Die Vielfältigkeit sozialpädagogischer Institutionalisierungen ergibt Hinweise auf Möglichkeiten der Selbstzuständigkeit in der einzelnen Institution. Die in der Sozialpädagogik kumulierten Erfahrungen von Verhandeln und Aushandeln, wie sie sich aus der Struktur ihrer Gelegenheitsangebote ergibt, können sicher für schulische Praxis ebenso provozierend sein wie die Erfahrungen mit Praxisberatung und Supervision, die in der Sozialpädagogik, die im Vergleich zur Schule in einem sehr viel offeneren und institutionell weniger abgesicherten Rahmen arbeitet, selbstverständlich sind. Analog gelten für die Sozialpädagogik die Notwendigkeiten der Kooperation und Koordination. In Vergleich und Konfrontation mit schulischen Lernprozessen und vor allem schulisch vermitteltem Weltwissen wird deutlich, wie sehr sich Sozialpädagogik in den letzten Jahren auf soziale Probleme konzentriert und da mit verengt hat. Bilder der symbolischen Weltdeutung, Fragen der Kultur sind randständig geworden. Die so dramatisch geführte Diskussion über Kindergartenkonzepte ist hierfür ein Indiz. Darin wird aber zugleich deutlich, wie belastet und heikel Fragen der Unterschiedlichkeit der Konzepte zurzeit sind, wenn sie nicht auf der Basis von wechselseitiger Anerkennung und Gleichwertigkeit praktiziert werden.

Diese Gleichwertigkeit zu fordern ist einfach, aber in der gegebenen Situation fast irreal. Sie ist sicher in der oben skizzierten Ungleichzeitigkeit der Entwicklungen, in der unterschiedlichen Nähe zu den Leistungserwartungen und Leistungsstandards unserer auf Produktionsfähigkeit und Produktionsergiebigkeit setzenden Gesellschaft, aber auch in den unterschiedlichen Möglichkeiten von Messbarkeit und Eindeutigkeit in den Aufgaben in den verschiedenen Bildungsbereichen begründet. Hinter den gegebenen Ungleichheiten aber liegen, so scheint es mir, gesellschaftlich zurzeit unerledigte Probleme. Dass nicht-formelle Bildung weniger als formelle Bildung zählt, hat ihren Grund auch darin, dass in Lohnarbeitsverhältnissen geregelte Arbeit mehr zählt als Beschäftigungen, dass Produktion mehr zählt als Reproduktion, herstellende Arbeit mehr als Fürsorge, Pflege und Care. Dies sind Ungleichgewichtigkeiten, die ebenso auf das Verständnis unserer Gesellschaft als Produktionsgesellschaft zurückgehen wie auf jene patriarchalen Gesellschaftsmuster, nach denen traditionell weibliche Aufgaben nachrangig gehandelt werden. Die Frage nach dem Verhältnis der unterschiedlichen Bildungsprozesse und der unterschiedlichen institutionellen Angebote zu ihrer Unterstützung ist Teil anstehender Verschiebungen im gesellschaftlichen Selbstbewusstsein. Die gesellschaftlichen Strukturen prägen die pädagogische Diskussion, die aber ihrerseits auch einen Beitrag zu diesen Verschiebungen leistet.

Literaturhinweise:

Ariès, P. (1975): Geschichte der Kindheit, München/Wien

Füssenhäuser, C./Thiersch, H. (2001): Theorien der Sozialen Arbeit, in: Otto, H.-U./Thiersch, H. (Hrsg.): Handbuch der Sozialarbeit/Sozialpädagogik, Neuwied

Herbart, J. F. (1887): Allgemeine Pädagogik, in: J. F. Herbarts sämtliche Werke in chronologischer Reihenfolge, hrsg. v. V. Kehrbach, K., Band 2, Langensalza

Humboldt, W. von: Theorie der Bildung des Menschen. Bruchstück. I. Klassische Problemformulierungen, in: H.-E. Tenorth (Hrsg.): Allgemeine Bildung: Analysen zu ihrer Wirklichkeit. Versuche über ihre Zukunft, Weinheim/München 1986

Jean Paul: Levana oder Erziehlehre, hrsg. von K.G. Fischer, Paderborn 1963

Kant, I.: Beantwortung der Frage: Was ist Aufklärung? Berlinische Monatsschrift. Dezember-Heft 1784

Kant, I.: Über Pädagogik. Werkausgabe, Band XII, hrsg. von W. Weischedel, Frankfurt 1982

Krappmann, L.: Reicht der Situationsansatz? Nachträgliche und vorbereitende Gedanken zu Förderkonzepten im Elementarbereich. Neue Sammlung 35, 1998

Liebau, E. (1992): Die Kultivierung des Alltags. Das pädagogische Interesse an Bildung, Kunst und Kultur, Weinheim/München

Mack, W. (1999): Bildung und Bewältigung, Weinheim

Mollenhauer, K. (1983): Vergessene Zusammenhänge, München

Mollenhauer, K. (1997): Sozialpädagogische Forschung, in ders.: Sozialpädagogische Praxis, Forschung und Theorie (Göttinger Beiträge zur erziehungswissenschaftlichen Forschung 13), Göttingen

Natorp, P.: Sozialpädagogik, in: Encyklopädisches Handbuch der Pädagogik, hrsg. von W. Rein, Band 6 Langensalza, 1899

Pestalozzi, J. H.: Stanser Brief, in: Gesammelte Werke, Band 9, Zürich 1944

Pestalozzi, J. H.: Lienhard und Gertrud, in: Sämtliche Werke, Band 3, hrsg. von A. Buchenau E./Spranger H./Stettbacher u.a., Berlin Leipzig 1927

Sünker, H. (1989): Bildung, Alltag und Subjektivität, Weinheim

Thiersch, H. (1986): Die Erfahrung der Wirklichkeit, Weinheim

Thiersch H./Rupprecht H./Herrmann, U. (1978): Die Entwicklung der Erziehungswissenschaft, München

Winkler, M. (1988): Eine Theorie der Sozialpädagogik, Stuttgart

Jugendhilfe als Bildung

Fabian Kessl/ Hans-Uwe Otto/ Rainer Treptow

Wissen stellt eine entscheidende Ressource menschlichen Handelns dar (s. Stehr 2000). Diese für die modernen Gesellschaften insgesamt gültige Aussage scheint sich unter den Bedingungen aktueller Transformationen fordistischer Gesellschaftsformationen hin zu „Wissensgesellschaften" zuzuspitzen.[1] Die „neue Ökonomie" wird vor allem als eine „informationelle Ökonomie" verstanden, weil die „Wettbewerbsfähigkeit" ihrer Akteure von deren Fähigkeit zur Generierung und Verarbeitung von Informationen über Sachverhalte sowie über die Verfügbarkeit von Wissen abhängt (s. Castells 2001). Die Tendenz einer neuen, informationstechnologisch forcierten Thematisierung von Wissen und Nicht-Wissen wirft für die Soziale Arbeit im nationalen wie im internationalen Kontext eine Reihe von Konsequenzen auf (s. Homfeldt/Schulze-Krüdener 2000; Treptow 2000).

Von zentraler Bedeutung scheint uns dabei die Tatsache, dass die Teilhabe von Kindern und Jugendlichen im Zuge dieses „Strukturwandels" in noch stärkerer Weise von den Zugangschancen und Partizipationsmöglichkeiten an Bildungsprozessen abhängig wird, die klassische Bildungsinstitutionen, aber in wachsendem Masse auch außerinstitutionelle Bildungsareale bereitstellen. Schule und Jugendhilfe sollten diesen Sachverhalt daher gleichermaßen in den Mittelpunkt ihrer Aufmerksamkeit rücken.

In der bildungs- und sozialpolitischen Debatte der letzten Jahre wurde – explizit wie implizit – zumeist davon ausgegangen, dass mit der Teilnahme der Kinder und Jugendlichen am formalen Bildungssystem Zugangschancen und Partizipationsmöglichkeiten an Bildungsprozessen realisiert seien – Schule also die verantwortliche Instanz für die Realisierung von Bildungsprozessen der Kinder und Jugendlichen darstelle (allgemeine Schulpflicht).

---

1 Fordismus kennzeichnet den Gesellschaftstyp primär westlicher Industriegesellschaften bis in die 1970er Jahre (s. Hirsch 1996, 75ff.). Zentrale Kennzeichen des Fordismus sind Massenproduktion und -konsumption (s. für den sozialpädagogischen Diskurs: Chassé 1988; Schaarschuch 1990). Eine politisch-ökonomische Analyse könnte in dieser regulationstheoretischen Tradition hinsichtlich der aktuellen Gesellschaftsformationen von einer Phase des „Postfordismus" sprechen (s. Hirsch 2001; s. dazu Bieling/Dörre/Steinhilber/Urban 2001), in anderen Theorietraditionen aber auch von einem „advanced capitalism" (s. Rose 1993) oder einem „digitalen Kapitalismus" (s. Bischoff 2001).

Die Teilnahme der nachwachsenden Generation am formalen Bildungssystem der Bundesrepublik führt allerdings nur zu einer *exklusiven Realisierung* sozialer Teilhabe. Darauf weisen aktuell die Ergebnisse der OECD-Studie PISA in einer öffentlich bisher ungekannten Schärfe hin (s. Deutsches PISA-Konsortium 2001). Die Selektionsfunktion des bundesdeutschen dreigliedrigen Schulsystems reproduziert bestehende Ungleichheitsstrukturen in international herausragender Art und Weise[2]: nicht die Teilnahme am Schulsystem, sondern die soziale Herkunft der Kinder und Jugendlichen ist entscheidend für ihre Zugangschancen und Partizipationsmöglichkeiten an formalen Bildungsprozessen[3]. Sucht man nun eine Neubestimmung des Verhältnisses von Jugendhilfe und Bildung, findet man die Jugendhilfe somit traditionell vor die Tatsache gestellt, den „Selektionsleistungen" der Schulen nur nachrangig zu begegnen. Jugendhilfe wird in ihrer *traditionellen* Bestimmung gegenüber dem formalen Bildungssystem als Instanz nachrangiger Substitutionsleistung verstanden, und zwar sowohl im Hinblick auf ihre Wissensbestände, ihren Handlungskompetenzen und ihren Beitrag zur strukturellen Beratung. Zugespitzt formuliert ist die Aufgabe der Jugendhilfe in einem solchen Verständnis das Management der durch das formale Bildungssystem reproduzierten „sozialen Entkopplung" (Castel 2000).

In den letzten Jahren ist das Verhältnis von Jugendhilfe und Bildung nun in einer *modernisierten* Variante in mindestens zweifacher Weise transformiert worden. Jugendhilfe hat einerseits in Form der *„Schulsozialarbeit"* in vielen Bundesländern und Kommunen Einzug in das formale Bildungssystem gefunden. Stellte die Forderung nach dieser Form inter-institutioneller Kooperation Anfang der 90-er Jahre noch eine Provokation durch einzelne Fachvertreterinnen und Fachvertreter der Jugendhilfe dar, ist diese inzwischen nicht nur Bestandteil vielfältiger bundes- und landespolitischer Konzeptionen, sondern Schulsozialarbeit stellt ein etabliertes Arbeitsfeld bundesrepublikanischer Jugendhilfe dar[4]. Begründung erfahren Schulsozialarbeits-Konzepte u.a. dadurch, dass bisherige Konzepte formalen Lernens insofern

---

2   Hinsichtlich des Untersuchungsschwerpunktes der jüngst veröffentlichten ersten Erhebung im Rahmen der PISA-Studien: der Lesekompetenz von 15-jährigen Schülerinnen und Schülern, ist die Bundesrepublik auf Rang 1 zu finden, weist also international die stärkste Polarisierung zwischen den sozialen Schichten auf.

3   Kritische bildungstheoretische Arbeiten weisen schon seit langem auf die Reproduktion sozialer Ungleichheit durch die formalen Bildungsinstitutionen hin (s. Bourdieu/ Passeron 1971, Heydorn 1969).

4   Auf die inhaltlichen Schwierigkeiten der Realisierung von Schulsozialarbeitsangeboten kann an dieser Stelle nicht näher eingegangen werden. Die faktische Realisierung in vielen Schulen sollte allerdings nicht darüber hinwegtäuschen, dass - einerseits - die bisherige Institutionalisierung dieses Arbeitsfeldes in vielen Fällen eher explorativen Charakter hat (u.a. durch die prekäre Programmfinanzierung in vielen Kommunen) und andererseits von einer realisierten inter-institutionellen Kooperation i.S. einer an den Entwicklungsbedürfnissen der Schülerinnen und Schülern ausgerichteten Zusammenarbeit von Jugendhilfe und Schule nicht die Rede sein kann.

erweitert werden, als die Frage der persönlichen und sozialen Konstitution der Akteure als Lernbedingung in den Blick von Jugendhilfe und Schule genommen wird. Schule wurde in diesem Zusammenhang als bestimmendes Moment der Lebenslagen von Kindern und Jugendlichen erkannt („Schüler-Sein") und dessen Unterstützung zur expliziten und explizierten Aufgabe von Jugendhilfe.

Andererseits ist seit den 90-er Jahren eine Entwicklung zu beobachten, innerhalb derer Jugendhilfe Konzepte des *sozialen Lernens* thematisiert. Während das KJHG soziales Lernen im Zusammenhang „sozialer Gruppenarbeit" (§ 29, SGB VIII) und „Tagesgruppenerziehung" (§ 32) noch als einen methodischen Zugang zur Bearbeitung von Entwicklungsschwierigkeiten von Kindern und Jugendlichen präsentiert, wird nun soziales Lernen als Substitution des Defizits formaler Lernarrangements beschrieben. Wissensvermittlung in Schulen sei insofern unzureichend, als Fragen des Lernens sozialer Kompetenzen hier nicht oder zumindest nur unzureichend beantwortet würden. Wohlfahrts- und Jugendverbände vermittelten diese Kompetenzen dagegen schon lange. Daher scheint es nur konsequent, diese Leistungen auch offensiv als Konzepte „sozialen Lernens" anzubieten: Jugendhilfe präsentiert sich dementsprechend in wachsendem Maße als Lernarrangement informeller Lernprozesse.

Innerhalb dieser modernisierten Varianten des Verhältnisses von Jugendhilfe und Bildung wird Jugendhilfe somit als Kooperationspartnerin von Schule und Jugendhilfe und als Initiierungsinstanz informeller Lernprozesse beschrieben. Das heißt gegenüber einem traditionellen Verständnis wird versucht, die *Nachrangigkeit* der Jugendhilfe gegenüber der Schule durch eine *Gleichrangigkeit* von Jugendhilfe und Schule zu ersetzen, ohne sich nur auf reine Statusfragen reduzieren zu lassen, sondern sich durch substanzielle Leistungen zu begründen. Solche Konzeptionen einer Jugendhilfe als Kooperationsinstanz von Schule bzw. Bildungsareal neben der Schule können außerdem zu einer Anerkennung informeller und nicht-formeller neben formaler Bildungsanteile führen – ein für viele Handlungsfelder der Jugendhilfe erst noch zu erreichender Zustand. Allerdings bleibt Jugendhilfe trotz des Bemühens um eine Gleichrangigkeit aufgrund der Dominanz formaler Qualifikationsnachweise im Rahmen bestehender Vergesellschaftsprozesse dem formalen Bildungssystem nachgeordnet.

Das Ziel des vorliegenden Beitrages ist vor diesem Hintergrund und auf Basis einer bildungs- und gesellschaftstheoretischen Vergewisserung eine Überwindung *traditioneller* wie *modernisierter* Konzeptionen des Verhältnisses von Jugendhilfe und Bildung mit Blick auf eine Konzeption der „Jugendhilfe als Bildung" zu erreichen. Oder anders gesprochen: die Perspektive eines „komplementären Verhältnisses" von informellen, nicht-formellen und formalen Bildungsanteilen, und damit eben auch von Jugendhilfe und Schule, zu beschreiben. Damit kann das Ziel der Gleichrangigkeit zu Gunsten einer Komplementarität von Jugendhilfe und Bildung überwunden werden[5].

Für eine Problematisierung des Verhältnisses von Jugendhilfe und Bildung mit der Perspektive einer Neubegründung der „Jugendhilfe als Bildung", stellen sich nun folgende Fragen: In welcher Weise ist das Verhältnis von Jugendhilfe und Bildung nicht mehr nur in einer dem formalen Schulsystem nachgeordneten Zuordnung denkbar? Welche Relevanz kommt in diesem Zusammenhang informellen und nichtformellen Bildungsprozessen zu, denen unter den Transformationsbedingungen fordistischer Gesellschaftsformationen hin zu „Wissensgesellschaften" beschrieben werden, eine immer entscheidendere Rolle zugewiesen wird? Unter welchen Bedingungen kann Jugendhilfe als „inklusionsorientierte" Handlungsinstanz unter den veränderten Bedingungen einer „Wissensgesellschaft" zum Thema werden?[6] Und schließlich: in welcher Weise kann vor diesem Hintergrund von einer Neubestimmung des Verhältnisses von „Jugendhilfe und Bildung" i.S. einer „Jugendhilfe als Bildung" gesprochen werden?

Zur Bearbeitung dieser Fragen problematisieren wir im ersten Teil die aktuelle Konjunktur der politischen Programmierung von Jugendhilfe und Bildung, um im zweiten Teil ein Modell der Systematisierung aktuell vorliegender Anforderungen vorzuschlagen, denen die Lebenslagen von Kindern und Jugendlichen ausgesetzt sind. Im dritten Teil formulieren wir schließlich zwei „Markierungen", an denen sich die Ausformulierung einer Konzeption der „Jugendhilfe als Bildung" ausrichten sollte: Utopie und Materialität.

1. Die Konjunktur einer politischen Programmierung

Die aktuellen Auseinandersetzungen um eine Neubestimmung des Verhältnisses von „Jugendhilfe und Bildung" finden vor einem weit über die Jugendhilfe hinausweisenden gesellschaftspolitischen Horizont statt: Durch die Dynamisierung *informeller* Lernkonzepte und -kontexte erhoffen sich die Verfasser aktueller politischer Programme der nachwachsenden Generation neue „In-

---

5   Die Auseinandersetzung um Jugendhilfe und Bildung wird aktuell u.a. durch die Arbeiten des „Forums Bildung", verschiedene Studien des Bundesministeriums für Bildung und Forschung (s. u.a. Dohmen 2001) und die Ergebnisse der OECD-Studie PISA provoziert. Das Bundesjugendkuratorium hat darauf inzwischen mit seiner Streitschrift: "Zukunftsfähigkeit sichern! - Für ein neues Verhältnis von Jugendhilfe und Bildung", aus Sicht der Jugendhilfe reagiert (Bundesministerium für Familie, Senioren, Frauen und Jugend, 2001).

6   Unter einer „inklusionsorientierten Jugendhilfe" verstehen wir im Folgenden alle diejenigen personenbezogenen Unterstützungsleistungen und Bildungsangebote, welche Zugangschancen- und Teilnahmemöglichkeiten für die einzelnen Akteure an gesellschaftlichen Interaktions- und Produktionsformen sicherstellen.

klusionsmöglichkeiten" zu eröffnen. Die Mobilisierung der Potenziale solcher Lernprozesse soll eine möglichst optimale Ausschöpfung aller möglichen Lern- und Bildungsmöglichkeiten zulassen. Dohmen formuliert beispielsweise: "Deshalb ist die Förderung und Anerkennung des in der Lebens- und Arbeitspraxis weit überwiegenden informellen Lernens und seiner Ergebnisse ein entscheidender Schritt zur Überwindung der gesellschaftlichen Bildungskluft und zur Entschärfung der „neuen sozialen Frage" (Dohmen 2001, 8). Die zu Grunde liegende Annahme, potenzielle Lern- und Bildungsmöglichkeiten seien bisher nur zum Teil genutzt worden, speist sich einerseits aus der empirischen Einsicht, dass nur ca. 30 % der Lernprozesse von Kindern und Jugendlichen in formellen Bildungsarrangements stattfinden, also über 2/3 in informellen oder nichtformellen Arrangements. Dieser Sachverhalt sei aber in der bisherigen Konzentration auf formelle Bildungsarrangements (Schulen wie Berufsausbildung) übersehen worden. Andererseits wird – neben diesem quantitativen Aspekt – die qualitative Relevanz informeller und nicht-formeller Lernprozesse im Rahmen der gesellschaftlichen Transformation in Richtung einer „Wissensgesellschaft" betont. Unter dem Stichwort „lebenslanges Lernen" werden, beispielsweise im Bereich betrieblichen Lernens, Programme formuliert, die auf eine permanente Fort- und Weiterbildung (zukünftiger) Arbeitnehmerinnen und Arbeitnehmer zielen. Notwendig sei dieser Prozess des „lebenslangen Lernens" aufgrund der erhöhten und ständig im Wandel befindlichen Anforderungen an die einzelne Arbeitnehmerin und den einzelnen Arbeitnehmer. „Lebenslanges Lernen" setze nun aber wiederum die Aneignung sogenannter „Schlüsselqualifikationen" voraus: so zum Beispiel „Kommunikationsfähigkeit", „Belastbarkeit", „Leistungsbereitschaft" und „Teamfähigkeit". Diese – inhaltlich scheinbar unspezifischen – Handlungsfähigkeiten werden somit zugleich zur Vorbedingung und zum Resultat weiterer, eben „lebenslanger" Lern- und Bildungsprozesse erklärt[7]. Die Aneignung dieser „Schlüsselqualifikationen" geschehe nun in zentraler Weise, so die Protagonisten weiter, im Rahmen informeller und nichtformeller Bildungsprozesse, d.h. gerade innerhalb eines „Erfahrungslernens", und weniger innerhalb des „intentionalen" Lernens.

Vor dem Hintergrund dieser Argumentationslinie wird einsichtig, weshalb „nichtformelle und informelle Lernprozesse" mittlerweile zu einem wichtigen Bestandteil beispielsweise beruflicher Ausbildung erklärt werden: International agierende Unternehmen integrieren inzwischen solche Lernarrangements selbstverständlich in ihre Ausbildungsprozesse. Nichtformelle

---

7   Die Problematisierung dieser Annahme einer „inhaltlichen Unspezifik" wäre an anderer Stelle grundlegend zu analysieren, denn, so unsere These, die Dynamisierung der spezifischen Schlüsselqualifikationen stellt eine *bewusste* Auswahl dar, die auf Basis bestimmter Interessen hegemonialer Akteure vorgenommen wird. Beispielsweise ist „Leistungsbereitschaft" und nicht „gemeinschaftliches Glücksempfinden" oder „Belastbarkeit" und nicht „Ruhebereitschaft" zur Schlüsselqualifikation bestimmt worden.

Lernprozesse sind somit als entscheidende Produktions- und Reproduktions-ressourcen innerhalb einer „Informationsgesellschaft"[8] identifiziert, und somit zu einem wesentlichen Bestandteil des je individuellen „Humankapitals" (zu-künftiger) Arbeitnehmerinnen und Arbeitnehmer geworden. Für die Arbeit-nehmerinnen und Arbeitnehmer stellt sich damit die Teilnahme an „lebens-langen Lernprozessen" als unausweichliche Reproduktionsnotwendigkeit dar.

Die aktuellen Bildungsdebatten stehen somit in einem Kontext neolibe-raler Programmierung[9] informeller und nichtformeller Bildungs- und Lern-möglichkeiten. Ziel neoliberaler Programme ist die möglichst umfassende Verwertung für aktuelle (Re-)Produktionsprozesse. Querliegende, alternative oder kritische Bildungsgehalte treten dabei in den Hintergrund oder werden vollständig ausgeblendet. Diese sind nun allerdings gerade von entscheiden-der Bedeutung für die Begründung einer „Jugendhilfe als Bildung", d.h. einer neuen Relationierung von formalen, informellen und nicht-formellen Bil-dungsanteilen im komplementären Sinne. Welche Konsequenzen ergeben sich in diesem Kontext aktueller politischer Programmierungen für die Neube-stimmung des Verhältnisses von Jugendhilfe und Bildung?

Die Konjunktur informeller Lernprozesse ermöglicht der Jugendhilfe, ih-re Rolle als Lern- und Bildungsort im Bereich informeller und nichtformeller Lernprozesse öffentlich in anderer Weise zu kommunizieren. Waren bisher die Hinweise auf die Lern- und Bildungsmöglichkeiten in verbandlichen Ju-gendtreffs, kommunalen Jugendhäusern oder Wohngruppen freier Träger ge-sellschaftlich relativ ungehört verpufft und von der Jugendhilfe auch nur mar-ginal formuliert, scheint deren Relevanz für gesellschaftliche (Re)Produk-tionsprozesse nun weithin geteilte Einsicht. Jugendhilfe eröffnet sich damit – zumindest auf den ersten Blick – eine Chance, ihren gesellschaftlichen Stel-lenwert zu verbessern. Gleichzeitig steht sie allerdings vor dem Problem, dass die Relevanz informeller und nichtformeller Lern- und Bildungsprozesse ei-nerseits aufgrund ihrer potenziellen Verwertbarkeit in das gesellschaftliche Interesse gerückt wird, während andererseits diese Verwertbarkeit – v.a. im beruflichen Reproduktionsbereich – an formale Lernergebnisse gebunden bleibt (Schul- oder Hochschulabschlüsse). Damit bleibt aber ein großer Teil der Kinder und Jugendlichen, die Jugendhilfeangebote nicht nur nutzen, son-

---

8 „Informationsgesellschaft" ist hier bewusst von dem analytischen Terminus der „Wissens-gesellschaft" unterschieden und wird von uns in der Art und Weise verwandt, wie dies auch innerhalb der Bundes- und EU-Administration geschieht (s. dazu BMWi 1995 und 1997). Dieser Terminus stellt somit einen *politisch-programmatischen* Begriff dar, der von einem *analytischen* Begriff zu unterscheiden ist (s. Anmerkung 12).

9 „Neoliberale Programmierungen" stellen das Ergebnis aktueller „Wahrheitspolitiken" (Foucault) dar, die Marktprinzipien zum organisierenden und regulierenden Prinzip staatli-cher Aktivitäten erklärt haben , also bisherige wohlfahrtsstaatliche Arrangement in diesem Sinne neu programmieren. „Programmierungen" werden dabei nicht ausschließlich als das zielgerichtete Ergebnis beispielsweise der politischen Administration verstanden, sondern stellen selbst einen Effekt gesellschaftlicher Verhältnisse und einen „Einsatz" in ihnen dar.

dern auf die Angebote der Jugendhilfe verwiesen sind, weiterhin in der „Exklusionsfalle" des formalen Bildungssystems stecken. Oder anders gesprochen: Das aktuell dynamisierte Interesse an informellen Lernprozessen scheint vielen Nutzer(inn)en der Jugendhilfe nicht zugute zu kommen. Denn koppelt man die Einsatzmöglichkeiten informeller und nichtformeller Lernergebnisse an formale Lernabschlüsse (Schule und berufliche Ausbildung), indem zum Beispiel die Ergebnisse informellen Lernens mit Zertifikaten versehen werden, ist deren Selektionsfunktion nur auf ein anderes Niveau transformiert. Dieses Dilemma zeigt sich für die Nutzer(inn)en der Jugendhilfe dadurch, dass viele Kinder und Jugendliche bereits mehrfach an den Bedingungen formaler Bildungsinstanzen gescheitert sind und inzwischen teilweise von beruflicher Reproduktion ausgeschlossen oder in prekäre Randbereiche abgedrängt bleiben. Überlässt man die Beteiligung an unbestimmten Lernund Bildungsprozessen und auch den Einsatz deren „Erträge" dagegen der Gestaltungsverantwortung der einzelnen Kinder und Jugendlichen – wozu beispielsweise der Hinweis auf das Beispiel des empirisch nur selten vorzufindenden autodidaktischen IT-Spezialisten motivieren soll – ist deren Realisierung nur auf Basis ungleicher sozialer Positionierung von Kindern und Jugendlichen möglich (s. die Verteilung ökonomischer und sozialer Kapitalressourcen, s. dazu Vester/Oertzen/Geiling 2001). Damit wäre aber die Realität sozialer Ungleichheit in der Bundesrepublik faktisch nur einer erneuten Reproduktion zugeführt[10].

Eine Neubestimmung des Verhältnisses von Jugendhilfe und Bildung muss sich dagegen weiterhin an einer gesellschaftlichen „Inklusionsperspektive" orientieren. Andernfalls ist ihre Legitimation in Frage gestellt und Jugendhilfe würde sich in der Tradition ihrer Funktion als staatlicher Sicherstellungsinstanz der Lohnarbeiterexistenz nun auf das Management sozialer Entkopplungsprozesse beschränken lassen, d.h. für den hier gewählten Zusammenhang: sich weiterhin auf die Rolle der Substitutionsinstanz des formalen Bildungssystems festschreiben lassen.

Bevor nun einige Hinweise für eine Neubestimmung des Verhältnisses von Jugendhilfe und Bildung im Sinne einer Konzeption von „Jugendhilfe als Bildung" gegeben werden, scheint es zuerst notwendig, der Frage nachzugehen, mit welchen Anforderungen sich Kinder und Jugendlichen aktuell konfrontiert sehen.

---

10 In diesem Zusammenhang wäre auch ein Neuansatz für die Rekontextualisierung und Neukonzeptualisierung der formalen Bildungsinstitutionen herzustellen. Notwendig ist hierzu allerdings baldigst die schon tabuisierte Debatte um institutionelle Arrangements wie die Gesamt- und Ganztagsschulen in der Bundesrepublik wieder anzustoßen und sie gerade auch aus Jugendhilfeperspektive zu diskutieren.

2. Aktuelle Anforderungen an Kinder und Jugendliche

Folgt man dem bisher Dargestellten, wird deutlich, dass die Bedingungen des Aufwachsens von Kindern und Jugendlichen aktuell – erstens – in einem Spannungsverhältnis zwischen den Anforderungen zum Erwerb formaler beruflicher Qualifikationsanforderungen („Arbeitsgesellschaft") und der Teilnahme an einem Prozess „lebenslangen Lernens" („Informationsgesellschaft") stehen.

Während innerhalb fordistischer Gesellschaftsformationen „berufliche Qualifikation" und die Aneignung einer Allgemeinbildung *Voraussetzung* der individuellen wie kollektiven Reproduktionsprozesse darstellte, verlängert sich die Phase der „beruflichen Qualifikation" mit der Krise fordistischer Vergesellschaftungszusammenhänge zunehmend. Es kann also nicht mehr von einem „Vorher-Nachher"-Verhältnis hinsichtlich der Lern- und Reproduktionsphasen gesprochen werden, sondern von einer zunehmenden *Gleichzeitigkeit*. „Schlüsselqualifikationslernen", d.h. der Erwerb individueller Lernfähigkeiten, wird nun zur Voraussetzung lebenslanger Weiterbildungsprozesse und tritt dementsprechend als Anforderung den je einzelnen zukünftigen ArbeitnehmerInnen gegenüber. Die Aneignung permanenter neuer Anforderungen im beruflichen Alltag wird dem „Selbstmanagement" der Arbeitnehmerinnen und Arbeitnehmer überantwortet[11]. Kinder und Jugendliche sehen sich dementsprechend in zunehmendem Maße diesem prekären und riskanten Prozess „lebenslänglicher" Lern- und Bildungsanforderungen gegenübergestellt. Einer schwierigen Herausforderung allerdings, die je nach zur Verfügung stehenden Zugangs- und Partizipationsmöglichkeiten der Kinder und Jugendlichen „unterschiedlichste Grade sozialer Teilhabe" zulässt (von der „Chanceneröffnung" bis zum „gesellschaftlichen Ausschluss"). Denn sie bleibt, wie bereits dargestellt, zumeist auch weiterhin an die formalen beruflichen Ausbildungsabschlüsse gekoppelt – ein Sachverhalt, der viele Nutzer(inn)en der Jugendhilfe zu eben diesen erst gemacht hat.

Neben dieser Spannung eines formalen beruflichen Qualifikationserwerbs und des Erwerbs von Schlüsselqualifikationen zur Teilnahme an einem Prozess „lebenslangen Lernens" stehen die Lebenslagen von Kindern und Jugendlichen – zweitens – aktuell in einem Spannungsbogen von Anforderungen, die man vereinfacht unter den Stichworten „Risiko-,, und „Zivilgesellschaft" gesellschaftstheoretisch relationieren kann. Einerseits sehen sich Kinder und Jugendliche in wachsendem Maße der Forderung zur Übernahme „individueller Verantwortung für die Biografierekonstruktion" gestellt. Auf Basis modernisierungstheoretischer Annahmen wird davon ausgegangen, dass

---

11 Voß/Pongratz haben das entsprechende Akteurs-Leitbild aktueller Vergesellschaftungslogiken einleuchtend als "flexiblen Arbeitskraftunternehmer" beschrieben (s. Voß/Pongratz 1998)

Kinder und Jugendliche unter „pluralisierten" und „individualisierten" Vergesellschaftungsbedingungen in höhere Entscheidungszwänge gestellt seien. Die Identitätsarbeit wird damit – zumeist unabhängig von einer Inblicknahme struktureller Handlungsbedingungen – der Verantwortung der Einzelnen überlassen. Andererseits wird der nachwachsenden Generation gegenüber vehement die Forderung formuliert, sie hätte sich angesichts sinkender Wahlbeteligungsraten, einer wachsenden „Politikverdrossenheit" und auch hier mit dem Verweis auf eine zunehmende „Individualisierung" wieder in einem stärkerem Maße an politischen Aktivitäten zu beteiligen, um die „Demokratie zu stärken" und „brachliegende sozialintegrative Potenziale" zu (re)aktivieren. Das heißt aber, dass sich die nachwachsende Generation einerseits mit der Forderung zur *individuellen* „Lebensgestaltungsverantwortung" und andererseits gerade aufgrund einer Zeitdiagnose „Individualisierung" der Aufforderung zum „civic engagement", also einem Engagement für die „*Gemeinschaft"* konfrontiert sieht.

Wenn sich die Anforderungen für Kinder und Jugendliche innerhalb der Krise des Fordismus, also den Entstehungsbedingungen von „Wissensgesellschaften" allerdings in dieser Weise relationieren lassen, sieht sich eine systematische Neubestimmung von Jugendhilfe und Bildung vor die Aufgabe gestellt, ihren Nutzer(inn)en im Einflusszentrum dieses doppelten Spannungsfeldes von Anforderungen zu begegnen. Das heißt, sie hat auf vier grundlegende Vergesellschaftungsdimensionen zu reagieren, die der dargestellten vierfachen Relationierung zugrunde liegen: der Dimension von *Reproduktion* („Arbeitsgesellschaft"), des *Zugangs zu* und der *Partizipation an Bildungsarrangements* („Informationsgesellschaft"), der Realisierung *politischer Beteiligung* („Zivilgesellschaft") und der Ermöglichung von *Identitätsarbeit* („Risikogesellschaft")[12].

Die Konzeption einer „Jugendhilfe als Bildung" muss mindestens auf diesen vier grundlegenden Vergesellschaftungsdimensionen den aktuell dynamisierten verkürzten Qualifikationsanforderungen („Erwerb formaler beruflicher Qualifikation", „Individuelle Lebensgestaltungsverantwortung", „Teilnahme an und Bereitschaft zu einem Prozess des lebenslangen Lernens", „Bereitschaft zum gemeinschaftlichen Engagement") eine gesellschafts- und bildungstheoretisch fundierte Konzeption entgegenstellen. Dazu ist das Verhältnis von formalen, informellen und nichtformellen Bildungsanteilen auf jeder dieser Vergesellschaftungsdimensionen neu zu bestimmen. Gerade die weitere Diffusion formaler und informeller Lernanteile macht ein zentrales Charakteristika der entstehenden „Wissensgesellschaft" aus.

---

12 Die Zuordnung der Gesellschaftsbegriffe in Klammern dient der Vermittlung des Bezugs
    zu der Darstellung des Spannungsfeldes gesellschaftlicher Anforderung, wie wir es auszubuchstabieren versuchen (s. Abbildung). Das Apostrophieren verdeutlicht, dass u.E. keiner
    dieser Termini analytisch ausreichend ist für ein rekonstruktive Identifizierung aktueller
    Vergesellschaftungsprozesse und -logiken (s. dazu Anmerkung 1).

Die Ausformulierung einer sozialwissenschaftlichen Konzeption der „Jugendhilfe als Bildung" kann an dieser Stelle von uns nicht geleistet werden. Eine Neubestimmung des Verhältnisses von Jugendhilfe und Bildung muss sich u.E. an zwei „Markierungen" ausrichten, die von zentraler Bedeutung für eine Handlungsorientierung im Sinne der Perspektive einer „Jugendhilfe als Bildung" sind und als Wegweiser für eine systematische Neubestimmung des Verhältnisses von Jugendhilfe und Bildung dienen können: *Utopie* und *Materialität*.

3. „Jugendhilfe als Bildung": Die Markierungen von Utopie und Materialität

Bildung meint erstens die anstrengende, fordernde und dennoch erfolgsunbestimmte Seite der Auseinandersetzung mit Unvertrautem und Fremden, und zweitens die kritische Zuwendung zu Wissensbeständen, Lernorten, Sozialisationsbedingungen und Bewältigungsmöglichkeiten. „Jugendhilfe als Bildung" dynamisiert anschließend an ein solches Bildungsverständnis eine Idee von Bildungsarrangements als Freiräume zur Reflexion und kritischen Auseinandersetzung mit aktuellen Vergesellschaftungsprozessen und -logiken. „Jugendhilfe als Bildung" beschreibt keine idealistische Konzeption von Bildung, welche die sozialstrukturellen Lebensbedingungen allzu leicht zu übersehen droht und ihre Hoffnung auf die empirisch nicht nachweisbare Vorstellung präskriptiver Subjekte in autonomer Vernünftigkeit setzt. „Jugendhilfe als Bildung" widerspricht aber auch einer Bildungskonzeption, die auf Basis transzendenter Wertesysteme das „Sein" als prinzipiell unzureichend charakterisiert und aus einer solchen Transzendentalperspektive zu kritisieren sucht.

„Jugendhilfe als Bildung" formuliert eine bildungstheoretische Konzeption der Jugendhilfe, die – erstens – orientiert an der Möglichkeit zur kompetenten Bewältigung von Alltagsanforderungen im Horizont einer „konkreten Utopie", Veränderungshandeln der Akteure erst ermöglicht: Veränderungshandeln wird denk- und realisierbar. Dieses Moment der Möglichkeit zur Überschreitung gegebener Strukturen, die u.a. durch die Bildungssysteme selbst gesetzt werden, bietet der Jugendhilfe auch eine Verbindung zur Traditionslinie emanzipatorischer schulpädagogischer Bildungskonzepte (s. Klafki 1991, Schönig 2000). Gleichzeitig kann die gesellschaftliche Inklusionsperspektive für die Konzeption der „Jugendhilfe als Bildung" „nur" den *Orientierungs*punkt ihrer Handlungsvollzüge darstellen, denn Bildungsarrangements sind *innerhalb* bestehender Verhältnisse und deren Widersprüche zu realisieren. „Jugendhilfe als Bildung" eröffnet damit – zweitens – eine Perspektive, die auf die *gesellschaftspolitische* Dimension der Jugendhilfe verweist („Materialität"). „Jugendhilfe als Bildung" stellt daher keine vollständige *Neu*ausrichtung der Jugendhilfe dar. Allerdings ist „Jugendhilfe als Bildung" auch nicht mit dem Hinweis zu konterkarieren, Jugendhilfe habe immer schon Bildungsarbeit geleistet.

„Jugendhilfe als Bildung" verweist somit auf die Verschränkung von „Hilfe" und „Bildung": „Reflexive Hilfe" ist Voraussetzung für Bildungsprozesse und Bildung unverzichtbarer Anteil „reflexiver Hilfe"[13]. In welcher Weise wäre ein solches komplementäres Verhältnis von Jugendhilfe und Bildung („Jugendhilfe als Bildung") zu konkretisieren?

(1.) „Jugendhilfe als Bildung" benötigt Räume eigenständiger Bildungs- und Lernarrangements innerhalb und außerhalb des formalen Bildungssystems. „Jugendhilfe als Bildung" steht damit in kritischer Kooperation, aber auch konflikthafter Auseinandersetzung mit Schule und anderen gesellschaftlichen Akteuren. Sie nimmt bewusst mehr als nur formell *inszenierte* Lernarrangements in den Blick, denn gerade selbstorganisierte, autonome und nicht-institutionalisierte Bildungsarrangements, die im Anschluss und im Widerspruch zu institutionalisierten Arrangements entstehen, sind entscheidende Gefüge, innerhalb derer Kinder und Jugendliche Zugangs- und Partizipationsmöglichkeiten an (informellen und nichtformellen) Bildungsprozessen realisieren oder zu realisieren versuchen; (2.) „Jugendhilfe als Bildung" meint die Schaffung von Freiräumen zur Ausbildung von Reflexivität und Kritikfähigkeit; und (3.) „Jugendhilfe als Bildung" ist zur Realisierung einer „aktiven gesellschaftlichen Intermediarität" aufgefordert, sie kann also nur als eine gesellschaftspolitisch informierte und aktive Instanz verstanden und realisiert werden.

Literaturangaben

Bieling, H.-J./Dörre, K./Steinhilber, J./Urban, H.-J. (Hrsg.) (2001): Flexibler Kapitalismus: Analysen – Kritik –Politische Praxis. Frank Deppe zum 60. Geburtstag, Hamburg

Bischoff, J. (2001): Mythen der New Economy. Zur politischen Ökonomie der Wissensgesellschaft, Hamburg

BMWi-Report (1995): Die Wissensgesellschaft. Fakten, Analysen, Trends. Herausgeben vom Bundesministerium für Wirtschaft, Bonn

BMWi (1997): Wissensgesellschaft in Deutschland. Daten und Fakten im internationalen Vergleich. Zwischenbericht der Prognos AG zum Benchmarking-Projekt. Dokumentation des Bundesministeriums für Wirtschaft Nr. 428, Bonn im August

---

13 Eine solche Bestimmung des Verhältnisses von „reflexiver Hilfe" und Bildung könnte im Anschluss an die dienstleistungs- und professionstheoretischen Überlegungen einer Jugendhilfe als "reflexive Professionalität" (Dewe/Otto 2001; s. dazu Schaarschuch/ Flösser/ Otto 2001) oder im Anschluss an bildungstheoretische Bestimmungsversuche der Jugendhilfe als "Mäeutik" weiter ausbuchstabiert werden (s. Sünker 1989).

Bourdieu, P./ Passeron, J.-C. (1971): Die Illusion der Chancengleichheit: Untersuchungen zur Soziologie des Bildungswesens am Beispiel Frankreichs, Stuttgart

Castel, R. (2000): Metamorphosen der Sozialen Frage: eine Chronik der Lohnarbeit, Konstanz

Castells, M. (2001): Das Informationszeitalter Wirtschaft. Gesellschaft. Kultur. Bd. 1: Die Netzwerkgesellschaft, Opladen

Chassé, K.-A. (1988): Armut nach dem Wirtschaftswunder: Lebensweisen und Sozialpolitik, Frankfurt a.m.

Deutsches PISA-Konsortium (2001): Basiskompetenzen von Schülerinnen und Schülern im internationalen Vergleich, Opladen

Dewe, B./Otto, H.-U. (2001): Profession, in: Otto, H.-U./Thiersch, H. (Hrsg.): Handbuch Sozialarbeit/Sozialpädagogik. Neuwied/Kriftel, 1399-1423

Dohmen, G. (2001): Das informelle Lernen: die internationale Erschließung einer bisher vernachlässigten Grundform menschlichen Lernens für das lebenslange Lernen aller, hrsg. vom Bundesministerium für Bildung und Forschung, Berlin

Heydorn, H.-J. (1979): Über den Widerspruch von Bildung und Herrschaft, Frankfurt a.M.

Homfeldt, H. G./Schulze-Krüdener, J. (2000) (Hrsg.): Wissen und Nichtwissen. Herausforderungen für Soziale Arbeit in der Wissensgesellschaft, Weinheim/München

Hirsch, J. (1996): Der nationale Wettbewerbsstaat: Staat, Demokratie und Politik im globalen Kapitalismus, Berlin

Hirsch, J./Jessop, B./Poulantzas, N. (2001): Die Zukunft des Staates. De-Nationalisierung, Internationalisierung, Re-Nationalisierung, Hamburg

Liebau, E. (2001): Die Bildung des Subjekts. Beiträge zur Pädagogik der Teilhabe, Weinheim und München

Klafki, W. (1991) Neue Studien zur Bildungstheorie und Didaktik : zeitgemäße Allgemeinbildung und kritisch-konstruktive Didaktik 2., erw. Aufl., Weinheim

Rose, N. (1993): "Government, authority and expertise in advanced liberalism", in: Economy and Society 22 (3), 283-299

Schaarschuch, A. (1990): Zwischen Regulation und Reproduktion: gesellschaftliche Modernisierung und die Perspektiven sozialer Arbeit, Bielefeld

Schaarschuch, A./Flösser, G./Otto, H.-U. (2001): Dienstleistung, in: Otto, H.-U./Thiersch, H. (Hg.): Handbuch Sozialarbeit/Sozialpädagogik, Neuwied/ Kriftel, 266-274

Schönig, W. (2000): Schulentwicklung beraten: das Modell mehrdimensionaler Organisationsberatung der einzelnen Schule, Weinheim/München

Stehr, N. (2000): Die Zerbrechlichkeit moderner Gesellschaften. Die Stagnation der Macht und die Chancen des Individuums, Weilerswist

Sünker, H. (1989): Bildung, Alltag und Subjektivität: Elemente zu einer Theorie der Sozialpädagogik, Weinheim

Treptow, R. (2000): Wissensgesellschaft und Soziale Arbeit, in: Homfeldt, Hans Günther/Schulze-Krüdener, Jörgen, a.a.O., 23-39

Vester, M./Oertzen, P. von/Geiling, H. (2001): Soziale Milieus im gesellschaftlichen Strukturwandel. Zwischen Integration und Ausgrenzung, Frankfurt a.M.

Voß, G./Pongratz, H. J. (1998): Der Arbeitskraftunternehmer: eine neue Grundform der Ware Arbeitskraft, in: Kölner Zeitschrift für Soziologie und Sozialpsychologie, Jg. 50, 01/1998, 131-158

„Sozialpädagogische Familienhilfe" als Medium der Bildung

Astrid Woog

Sozialpädagogische Familienhilfe (SPFH) ist eine die Familienerziehung ergänzende Hilfeform. Sie ist ein Angebot zur Alltags- und Lebensbewältigung für benachteiligte Familien mit gefährdeten Kindern in Krisensituationen. Einerseits arbeitet sie an den internen Alltagsstrukturen in der Familie unter Beachtung der in das Umfeld führenden Sozialkontakte, andererseits an einem familienstützenden und familienfreundlichen Umfeld. Eine enge Zusammenarbeit und Vernetzung mit anderen Institutionen und Anbietern ist grundsätzlich erforderlich.

SPFH entspricht in besonders direkter Weise den Maximen einer lebensweltorientierten Jugendhilfe: Familienhelfer(inn)en agieren in den vor Ort gegebenen Verhältnissen (Mitleben, Dabeisein) und arbeiten mit den dort sich ergebenden Möglichkeiten und Ansatzpunkten. Sie versuchen, Familien in ihrer Lebenswelt so zu unterstützen, dass sie die Ursachen und Abhängigkeiten ihrer schwierigen Lage innerhalb und außerhalb der Familie wahrnehmen, verstehen lernen und befähigt werden, selbst Strategien zur Bewältigung ihres Alltags zu finden. Bildung ist in den Lebenszusammenhang der Familie eingebunden. Die Mittlerfunktion der Familienhilfe besteht darin, situationsbezogene Lerngelegenheiten aufspüren und als Anknüpfungsmöglichkeiten für informelle Bildungsprozesse zu nutzen. Voraussetzung für die Unterstützung der Familienerziehung in der familialen Situation ist es, zu wissen, wie die Erziehung in der Familie gelingen kann, und warum die Funktionsfähigkeit mancher Familien eingeschränkt ist.

Erziehung in der Familie – wie funktioniert das?

Einer der zentralen Orte für Bildung ist die Familie. Sie zeichnet sich als nicht professionelle Erziehungsumwelt durch den Alltagscharakter ihrer Aktivitäten aus. Hier erhalten die Kinder Orientierung, entwickelt sich ihre Identität, ihr Sozialverhalten und ihre Gefühlswelt. Das Kind braucht während seiner körperlichen, geistigen und seelischen Entwicklung Beachtung, Zuwendung und ein Eingehen auf seine Bedürfnisse. Familie steht für Liebe, Schutz, Intimität, Vertrautheit und Geborgenheit, aber auch für Streit, Gewalt und Versöhnung.

Der primäre Lebensraum des Kindes ist die Wohnung, in der es mit den Eltern und Geschwistern lebt. Dieser beschützte Raum ist der erste Lernort des Kindes. In ihm werden die Weichen für zukünftige Lebenschancen gestellt. Das Kind benötigt Förderung und Unterstützung bei der Erweiterung des Raumes sowie Aufmerksamkeit und Interesse für seine vielfältigen Tätigkeiten. Der Spielplatz im Park, die Straße mit den Einkaufsläden und der nahe gelegene Kindergarten sind Orte, die das Kind schrittweise entdeckt und die ihm vertraut werden. Je reicher die Umwelt strukturiert ist und je mehr Möglichkeiten zur Gestaltung sie bietet, desto wirkungsvoller kann sich ein Kind Gelegenheiten „inszenieren" und den Raum in vielfältiger Weise in seinem subjektiven Sinne zum Spielen nutzen (s. Böhnisch und Münchmeier, 1993). Es lernt, Zusammenhänge zu verstehen und entwickelt Neigungen, Vorlieben und Interessen. In diese elementaren Spiele mischen sich ständig zunehmend andere Elemente des Spiels, die mit dem Aufbau der Ich-Funktionen, mit der Orientierung in der Gesellschaft Gleichaltriger und Erwachsener und mit der Überlieferung und Beherrschung von Inhalten und Regeln zu tun haben. Kindliche Neugierde treibt den Erfahrungshunger an und führt zu ständigen Erweiterungen seines Lebensraumes. Das Kind erfährt, gestaltet und bildet sich selbst in tätiger Auseinandersetzung mit dem, was es vorfindet.

Mit dem Erfahrungsraum erschließt sich das Kind den Beziehungsraum. Es lernt Nachbarn kennen, gewinnt Spielkameraden und baut sich ein Netz von Beziehungen auf. Die Häufigkeit und Intensität der Sozialerfahrungen, der Austausch mit Erwachsenen und Kindern der Umgebung entscheidet über die sozialen Fähigkeiten der Kinder in hohem Maße (s. Flitner, 1977, 83-108). Für den Erwerb sozialer Kompetenz sind frühzeitige Austauschbeziehungen förderlich. Soziales Lernen und informelle Bildung finden wie von selbst statt. In der Anerkennung durch Andere entsteht das für Lernprozesse so wichtige Selbstwertgefühl und Zutrauen zu sich selbst. Kinder lernen, sich mit anderen Menschen auseinander zusetzen, sich deren Gepflogenheiten anzupassen oder sich abzugrenzen. Sie entwickeln Strategien zur Überwindung von Hindernissen und fordern energisch Hilfe, wenn der Weg zu neuen Erfahrungen und Einblicken versperrt ist. Neugier, Interesse und die Lust, Neues auszuprobieren, sind die Grundvoraussetzungen für die spätere, formelle Bildung.

Die besondere Qualität des Aufwachsens in der Familie und die hier vom Säuglingsalter an gelernte alltägliche Lebensbewältigung verbunden mit dem Erwerb von Lebenskompetenz ist kaum durch eine andere Institution ersetzbar.

Über die Notwendigkeit der Sozialpädagogischen Familienhilfe

Unzweckmäßige sozioökonomische Bedingungen und daraus resultierende Belastungen wie Armut, Arbeitslosigkeit, Arbeitsstress und Alleinerziehung prägen das Lebensverhältnis vieler Familien. Als Folge solcher Verhältnisse können bei den Eltern psychische Beeinträchtigungen und Entmutigung auftreten. Manchen Familien wäre dann die notwendige Erbringung der von ihr erwarteten Leistungen wie Versorgung, Erziehung, Schutz und emotionale Stützung der Kinder erschwert. Kinder haben eigene Lebensrechte, die Eltern zu gewährleisten haben. Viele Eltern sind mit dem hohen Anspruch an die Kindererziehung und den an sie gestellten Kompetenzerwartungen überfordert und suchen professionelle Unterstützung. SPFH wird dann notwendig, wenn sich Familien in einer Belastungssituation befinden, die sie aus eigener Kraft nicht mehr bewältigen können.

SPFH ist ein Angebot für Eltern und wird in Anspruch genommen, wenn sie ihre Alltagsorganisation nicht mehr durchschauen, Anpassungsleistungen an innere und äußere Regelstrukturen nicht mehr erbringen können, Ressourcen in der Familie und im sozialen Umfeld weder aktivieren noch rekrutieren, wenig flexibel mit belastenden Ereignissen und Krisen umgehen können, sich eine frühzeitige Entwurzelung von Kindern anbahnt und der Familienzusammenhalt zu gering ist, um zu gemeinsamen Lösungen von Schwierigkeiten zu kommen.

Krisen gehen bei den Betroffenen immer mit Gefühlen der Angst, der Ohnmacht und des Bedrohtseins der eigenen Identität einher. Sind Familien Dauerbelastungen ausgesetzt, leben sie in einer Dauerkrise und somit im Dauerstress. Bei den Familien besteht ein Bedürfnis nach Aussprache, Reflexion, Information, Anregungen und nach Begleitung ihres Entwicklungs-, Bildungs-, und Veränderungsprozesses. Dabei entlastet SPFH Familien aber nicht direkt, sondern vermittelt ihnen, wie sie sich selbst entlasten können. Sie sucht gemeinsam mit der Familie eine für alle Familienmitglieder verträgliche Form des Zusammenlebens.

SPFH bewegt sich in der sozialen, räumlichen und zeitlichen Dimension des Familienalltags und hat die Eltern wie die Kinder gleichermaßen im Blick. Wenn es darum geht, alltägliche, belastende und schwierige Familienverhältnisse umzustrukturieren und Bildungs- und Wachstumsprozesse anzustoßen, dann sollte das zusammen mit der Familie in ihrem Lebensraum erfolgen, also dort, wo die Schwierigkeiten entstanden sind. Durch die Wahrung des Lebenszusammenhangs stellt sich das Transferproblem für Erlerntes nicht, weil das Lernfeld, wo Kompetenzen erworben werden, mit dem Funktionsfeld, wo das Erlernte angewendet wird, identisch ist.

Ressourcen und Gelegenheiten von Bildung bzw. Selbstbildung

Durch die genaue Kenntnis der Fähigkeiten und Fertigkeiten der einzelnen Familienmitglieder ist eine zielgerichtete, individuelle Beratung über Bildungsmöglichkeiten gegeben, auch, weil eine enge Kooperation mit anderen Beratungsinstitutionen (Erziehungsberatungsstelle, schulärztlicher Dienst, Förderschule etc.) gewährleistet ist. Die Abhängigkeit innerfamilialer Verhältnisse von außerfamilalen Strukturen ist evident. In der Familienentwicklung kommt es besonders dort zu Benachteiligungen und Stresssituationen, wo zur Vernetzung formelle Netzwerke als Brücke zu informellen Netzwerken fehlen, zur Aneignung und Selbstgestaltung die notwendigen natürlichen und sozialen Räume und zur Begegnung die Möglichkeiten dazu. Wo diese Ressourcen fehlen, können auch keine Entlastungen erfolgen.

SPFH benötigt zur Ergänzung ihrer Arbeit vor Ort neben Kooperationspartnern aus anderen Arbeitsfeldern verstärkt auch schulische, außerschulische und außerfamiliale Lernorte, auf die sie sich beziehen kann. Eine Kletterwand am Schulgelände würde die Freude der Kinder am täglichen Schulweg sicherlich erhöhen. Neben vorgegebenen Räumen gilt es vor allem, den Kindern, Jugendlichen und jungen Erwachsenen zur Entwicklung von Fantasie und Kreativität natürliche Freiflächen als Herausforderung zur Selbstgestaltung sowie zum Ausprobieren ihrer Fähigkeiten und Fertigkeiten zur Nutzung in ihrem Sinn zu überlassen oder als „strukturierte Freiräume" (d.h. möglichst frei von Erwachsenen) zu schaffen wie zum Beispiel Jugendfarmen und Aktivspielplätze.

Zum Bildungsverständnis und zu den Bildungspotenzialen der SPFH

Das Menschenbild der SPFH setzt ein autonom handlungs- und veränderungsfähiges Individuum voraus, das nicht hilflos ist. Es ist davon auszugehen, dass die Fähigkeiten zum Lernen und zur Verhaltensveränderung vorhanden sind. Als methodische Ansätze gelten u.a. modellhaftes Lernen, das praktische Miteinander-Tun und die Reflexion des gemeinsamen Handelns. Das Erlernte soll soweit stabilisiert werden, dass es als motivierende Kraft in die Zukunft hineinwirken kann.

Zur Entwicklung neuer Perspektiven und Handlungsmöglichkeiten sowie zur Erschließung von Kontakten im sozialen Umfeld erweist es sich im Entwicklungsprozess als förderlich, Einflussnahme nicht als Konfrontation mit belastenden, unangenehmen Ereignissen aufzufassen, sondern sie als Chance zur Veränderung schwieriger Lebensverhältnisse zu betrachten, wenn unterschiedlich gelebtes Leben besondere Anforderungen stellt. Positive Gefühle schaffen besonders in scheinbar veränderungsresistenten Familien den Nährboden für Veränderungen, wenn sie bewusst genutzt, gefördert und verstärkt werden. Menschen in einer Notlage mobilisieren die in ihnen liegenden Ressourcen umso schneller und gewinnen Zutrauen zu den eigenen Fähigkeiten umso eher, je entspannter und fröhlicher die pädagogisch alltägliche Beziehung ist.

Beiläufiges in Lebenssituationen eingebundenes, sinnhaftes Lernen steht im Mittelpunkt des Bildungskonzeptes. Die Lernbedürfnisse der Menschen und die jeweilige konkrete Situation bestimmen die Vorgehensweise im Prozess des Bildens und Sich-Bildens. Die Anknüpfungsmöglichkeiten für pädagogisches Handeln liegen zum einen im Entwicklungspotenzial der Familienmitglieder, also in ihren Stärken, zum anderen in den gegenwärtigen Situationen, die unvermittelt zu „pädagogischen" werden können. Die Lebenswelt mit ihren vielfältigen Ressourcen ist das Substrat, in dem sie entstehen. Pädagogische Situationen geben die Möglichkeit des Anknüpfens in der Lebenswelt, setzen an der Bildsamkeit des Menschen an und sind Auslöser für Lernprozesse:

- Bildung findet zu jeder Zeit und an jedem Ort statt, sobald die Familie und die Familienhelferin beisammen sind.
- An ihrer Bildsamkeit ansetzen und sie in ihren eigenen Möglichkeiten unterstützen, setzt voraus, mit ihrer Vorstellungswelt vertraut zu sein, eine gemeinsame Sprache zu finden und das ihnen mögliche Verhalten herauszufinden.
- Bilden setzt voraus, die Adressaten und ihre Lebensäußerungen in ihrem Sinn zu verstehen, Anknüpfungsmöglichkeiten für pädagogisches Handeln zu suchen und Selbsttun sowie Selbstgestaltung zu unterstützen.
- Soziale Arbeit greift die Erfahrungen, Vorstellungen und Hoffnungen der Adressaten auf, sieht sie im Eigensinn der gegebenen Lebenslagen, agiert in Solidarität mit den Vorhaben und Möglichkeiten, wie sie sich im Alltag der Betroffenen zeigen (s. Thiersch, 1986: 43).
- Die Loslösung von Vertrautem und Gewohntem muss den Adressaten durch Provokation und Kritik ermöglicht werden (s. Thiersch, 1986, 37)
- Mit dem Anwachsen von Stärken und der Ausdifferenzierung von Alltagstheorien wirken die unangenehmen und belastenden Ereignisse weniger blockierend, und die Familienmitglieder können ihr Selbsthilfepotenzial zur Lösung von Konflikten aktivieren.
- Das Vorgegebene aufnehmend können durch die Beseitigung von Hemmnissen und die Förderung von Stärken Kompetenzen entfaltet werden. Es geht nicht um die Bearbeitung von Defiziten sondern um die Förderung von Wachstum.

Veränderungsbedarf der SPFH

SPFH beschäftigt zumeist hoch qualifizierte Mitarbeiter(inn)en, die neben dem sozialpädagogischen Handwerkszeug oft noch andere Fähigkeiten besitzen: Malen, Musizieren, Theaterspielen, Fußballspielen, Naturverständnis, Neue Medien u.a.m., also selbst umfassend gebildet sind. Je mehr sie wissen und können, desto vielfältiger sind auch ihre Möglichkeiten der Einflussnahme. Der Qualifikation entsprechend müssen sie auch besser bezahlt werden. Die Arbeit mit Ehrenamtlichen, Hausfrauen oder Studenten(inn)en sollte der Vergangenheit angehören.

Die Vernetzung der Hilfen zur Erziehung ist nötig. Sie sollten als Gesamtpaket nur von einer Institution angeboten werden. Solchermaßen integrierte Erziehungshilfen sind zum Beispiel in der Lage, den Betroffenen die jeweils passende Hilfeform anzubieten, ohne Wechsel der bisherigen Bezugsperson.

Die Chance der SPFH liegt in ihrer lebensweltorientierten Arbeitsweise und den daraus resultierenden Möglichkeiten, zweckmäßige und unzweckmäßige Familien-, Netzwerk-, Gemeinde- und Umweltstrukturen zu entdecken, sich einzumischen und gemeinsam mit anderen Veränderungen anzustoßen. Jugendhilfe muss mit allen Akteuren kooperieren, die vor Ort an formellen, nichtformellen und informellen Bildungsprozessen beteiligt sind. Eine neue Qualität von Kooperation entsteht, wenn man sich persönlich kennt und gemeinsam etwas plant, vorbereitet und durchführt, zum Beispiel, eine generationenübergreifende Stadtteilveranstaltung zu einem gerade wichtigen Thema. Das persönliche Bekanntsein schafft für die Zukunft kurze Wege der Verständigung und des Austauschs, das dem effektiveren Arbeiten zu Gunsten der Adressaten dient.

Individualisierende Soziale Arbeit ist der heutigen Situation von Familien nicht angemessen. In einer destrukturierten Gesellschaft bietet es sich an, mit Hilfe Sozialer Arbeit neue Strukturen zu schaffen und die sozialen Zuständigkeiten neu zu klären. Neben der Einzelfallarbeit und der Gruppenarbeit sollte die sozialraumbezogene Gemeinwesenarbeit deutlich verstärkt werden, um die Erfahrungen der Adressaten aufzunehmen und für und mit allen Bewohner(inn)en eines Stadtteils die Umwelt natur- und sozialverträglich zu einer Lernumwelt umzugestalten. Dies kann durch direkt zugängliche Einrichtungen der SPFH in Zusammenarbeit mit den Bewohner(inn)en geschehen oder durch die Förderung von Bürgerinitiativen zur Gestaltung öffentlicher Räume als Erfahrungs -und Beziehungsraum. Eine reich strukturierte Lebenswelt und ein mit anderen geteiltes Leben, bieten Kindern und Erwachsenen vielfältige, in Alltagssituationen eingebundene Lernmöglichkeiten:

- Im Bereich von Erziehung und Bildung mutet die Gesellschaft den Eltern viel zu. Manchmal mehr als Eltern zu leisten imstande sind. Erzieherischen Fähigkeiten wird erst dann Aufmerksamkeit geschenkt, wenn durch die mangelnde Erziehungskompetenz der Eltern Fehlentwicklungen bei den Kindern auftreten. Dabei bedarf der Umgang mit Kindern ganz besonderer Fähigkeiten. Die wenigsten Eltern sind auf das Zusammenleben mit Kindern vorbereitet, nachdem die eigenen Eltern oft keine Vorbilder mehr abgeben. „Learning by doing" genügt meines Erachtens in der Kindererziehung heute nicht mehr.

- Der hohe Anspruch an die Kindererziehung setzt also, wie ich meine, bereits im Vorfeld von Elternschaft eine Vorbereitung auf diese Aufgabe voraus. Der ganzheitliche Erziehungsauftrag der Schule bedeutet, die jungen Menschen auf das Leben vorzubereiten. Dies beinhaltet auch eine Vorbereitung der Schüler und Schülerinnen auf das Leben als Eltern und Partner. Ein neues Schulfach mit diesbezüglichen Inhalten wäre also angemessen.
- Zur Elternbildung könnte der Kindergarten genutzt werden. Zumindest zeitweise könnte der Kindergarten zum Kinder- und Elterngarten erweitert werden, vielleicht sogar angegliedert an einen wirklichen Garten. In einem Garten finden sich immer gemeinsame Betätigungen für Kinder und Eltern, aus denen heraus erzieherische Kompetenzen konkret erlernt und in der Auseinandersetzung zwischen Kind und Eltern sogleich geübt werden können. Die Einbindung der Eltern in die pädagogischen Konzeptionen von Kindergarten und Schule wäre für das Ineinandergreifen der familialen und öffentlichen Erziehung wünschenswert.

Literaturangaben

Böhnisch, L./Münchmeier, R. (1993): Pädagogik des Jugendraums. Zur Begründung und Praxis einer sozialräumlichen Jugendpädagogik, Weinheim/München
Flitner, A. (1977): Spielen-Lernen. Praxis und Bedeutung des Kinderspiels, München
Thiersch, H. (1986): Die Erfahrung der Wirklichkeit. Perspektiven einer alltagsorientierten Sozialpädagogik, Weinheim
Woog, A. (2001): Soziale Arbeit in Familien. Theoretische und empirische Ansätze zur Entwicklung einer pädagogischen Handlungslehre, Weinheim/München (2. Auflage)

Der Bildungsauftrag der Jugendarbeit

Aufgaben und Selbstverständnis im Spannungsfeld von sozialpolitischer Indienstnahme und aktueller Bildungsdebatte

Albert Scherr

Nicht zuletzt auf Grund der zentralen Bedeutung ökonomischer Aspekte in der aktuellen Bildungsdiskussion findet die Kinder- und Jugendhilfe dort bislang wenig Beachtung. Denn von ihr wird gewöhnlich kein relevanter Beitrag zur Steigerung des Qualifikationsniveaus der Arbeitnehmer/inn/en oder gar zur Hervorbringung von Spitzenqualifikationen erwartet. Die öffentliche Aufmerksamkeit richtet sich stärker auf die Schulen, die Hochschulen und die berufliche Bildung. Hintergrund dessen ist die eingespielte, rechtlich kodifizierte und institutionell verankerte Trennung zwischen schulischer, beruflicher und hochschulischer Bildung einerseits, der Kinder- und Jugendhilfe als Bestandteil der sozialstaatlichen Sicherungssysteme andererseits. In der Folge ist ein Selbstverständnis als Bildungspraxis auch im Kontext der Kinder- und Jugendhilfe selbst bislang nicht gängig bzw. konsensuell.

Zwar kann diesbezüglich von einer Sonderstellung der Jugendarbeit innerhalb der Kinder- und Jugendhilfe gesprochen werden (s.u. Abschnitt 2). Die Entwicklung der 90er-Jahre weist jedoch einflussreiche Tendenzen in Richtung auf die Infragestellung eines bildungsbezogenen Verständnisses von Jugendarbeit auf (s.u. Abschnitt 3). Demgegenüber enthalten ältere bildungstheoretische Überlegungen (s.u. Abschnitt 1) ebenso wie neuere Bemühungen zur Formulierung eines integrativen Bildungskonzeptes (s.u. Abschnitt 4) wichtige Ansatzpunkte für eine Wiederentdeckung bzw. Neubestimmung des Bildungsauftrages der Kinder- und Jugendarbeit. Zudem gibt es gute Gründe, gegen Varianten einer primär ökonomischen Bestimmung des Bildungsbedarfs zu betonen, dass eine demokratische und den Menschenrechten verpflichtete Einwanderungsgesellschaft auf eine umfassende Bildung der Bürger/inn/en angewiesen ist. Im Folgenden soll es darum gehen, den Beitrag der Jugendarbeit zu einer integrativen und umfassend verstandenen Bildung zu bestimmen.

Organisationsbezogene und subjektbezogene Bildungsbegriffe

Schwierigkeiten der Auseinandersetzung um eine zeitgemäße Bestimmung von Bildungsaufgaben erwachsen nicht zuletzt daraus, dass der Terminus Bildung sehr vieldeutig gebraucht wird. Im politischen Diskurs verweist Bildung auf die Strukturen und Leistungen des Bildungssystems. Bildung fungiert hier als Sammelbezeichnung für das, was an Schulen, Hochschulen und in der betrieblichen Berufsausbildung – also den Organisationen des so genannten Bildungssystems – an Lernprozessen geschieht oder jedenfalls initiiert werden soll (*organisationsbezogener Bildungsbegriff*).

Dagegen sind im sozial- und erziehungswissenschaftlichen Diskurs Bestimmungen gängig, in denen der Begriff Bildung umfassender auf den Zusammenhang von Kultur- und Wissensaneignung mit der Befähigung zu einer rational verantworteten und selbstbestimmten Lebensführung in bewusster Auseinandersetzung mit Gesellschaft, Kultur, Natur sowie eigenen persönlichen Dispositionen verweist. Der Bildungsbegriff steht hier für die Fähigkeit „sich selbst und die Welt zu begreifen" und auf dieser Grundlage zu einer autonomeren Lebensgestaltung zu gelangen (s. dazu Scherr 1992). Durch allgemeine Bildung, so formulierte klassisch Wilhelm Humboldt (1809, 188) sollen „die Kräfte, d.h. der Mensch selbst gestärkt, geläutert und geregelt werden". Es geht damit um eine solche „subjektive Bildung", die auf die „selbsttätige Entfaltung aller Kräfte des Individuums" gerichtet ist (s. Schnädelbach 1983, 42).

Vor diesem Hintergrund akzentuieren Bildungstheorien in unterschiedlicher Weise die Frage, welches Wissen und welche Gestaltung von Lernprozessen jeweils geeignet ist, um ethische, politische, soziale, ökologische und ästhetische Bildungsprozesse zu unterstützen. Bildung wird als eine nicht plan- und steuerbare Eigenaktivität des sich bildenden Individuums gedacht, die nicht zusammenfällt mit beruflicher Qualifizierung und dem Erwerb lebenspraktisch nützlichen Wissens (s. Meueler 1993, 153ff.; Scherr 1997, 45ff.). Bildung kann demnach angeregt und ermöglicht, aber nicht erzwungen werden. Folglich setzt *subjektorientierte Bildung* an den Erfahrungen, Bedürfnissen und Interessen ihrer Adressaten an und zielt darauf, sie zu einer bewussteren Gestaltung ihrer Lebenspraxis zu befähigen.

Dimensionen von Subjekt-Bildung[1]

Subjekt-Werdung: Entwicklung von Sprach-, Handlungs- und Reflexionsfähigkeit, Erfahrung von Selbstwirksamkeit, Erweiterung der Spielräume selbstbestimmten Handelns

Selbstachtung: Entwicklung des Selbst(wert)gefühls und grundlegender Selbstkonzepte durch Erfahrungen sozialer Anerkennung bzw. Missachtung

Selbstbewusstsein: Entwicklung des Wissens über eigene Fähigkeiten, Bedürfnisse und Interessen sowie eines rational begründeten Selbstverständnisses (individuelle und soziale „Identitäten")

Selbstbestimmung: Entwicklung von Potenzialen zu einer eigensinnigen und eigenverantwortlichen Lebensgestaltung in Auseinandersetzung mit gesellschaftlichen Möglichkeiten und Zwängen

Im Kontext der aktuellen Bildungsdebatte gibt es zwar gute Gründe zu betonen, dass in der Wissens- und Informationsgesellschaft eine starre Entgegensetzung organisationsbezogener und subjektbezogener Bildungsbegriffe nicht mehr angemessen ist. Dennoch aber kann nicht davon ausgegangen werden, dass Subjekt-Bildung, schulische und berufliche Aus-Bildung sowie Normenvermittlung und Werteerziehung einfach identisch geworden sind. *Deshalb können im Interesse einer Klärung des Bildungsauftrags der Jugendarbeit über gesellschaftliche Funktionszuweisungen hinausweisende Dimensionen von Subjekt-Bildung nicht sinnvoll ignoriert werden.* Denn dies würde zu einer hoch problematischen Umdefinition des Bildungsauftrages der Kinder- und Jugendhilfe im Sinne einer funktionsbezogenen vor- und außerschulischen Aus-Bildung beitragen.

Im Kontext der Kinder- und Jugendhilfe ist es weiter wichtig darauf hinzuweisen, dass die Fähigkeit und Bereitschaft zur Aus-Bildung und Selbst-Bildung nicht triviale psychische und soziale Voraussetzungen hat: Bildung ist nur dann möglich, wenn Individuen nicht vollständig von Bemühungen absorbiert sind, das eigene psychische und soziale Überleben alltäglich zu bewerkstelligen. Bildung setzt so betrachtet eine halbwegs gelingende alltägliche Lebensbewältigung voraus. Die Kinder- und Jugendhilfe hat es nun vielfach mit Adressaten zu tun, die gerade bei solcher alltäglicher psychosozialer Lebensbewältigung Hilfen benötigen. Sie bewegt sich dann im Vor- bzw. Umfeld von Bildung, ist damit befasst, Individuen psychisch und sozial überhaupt erst in der Lage zu versetzen, sich auf Selbstbildungsprozesse sowie organisiertes Lernen einzulassen. In diesem Sinne leistet Kinder- und Jugendhilfe, z.B. durch Kinder-, Jugend- und Familienberatung, Schulsozialarbeit, aufsuchende Jugendarbeit und Teile der offenen Jugendarbeit, einen wichti-

---

1 Eine ausführliche Darstellung dieser Dimensionen und ihres Zusammenhangs liegt in Scherr 1997 vor.

gen Beitrag, um Individuen und soziale Gruppen zur Teilnahme an formellen und informellen Bildungsangeboten zu befähigen.

Auf dieser Grundlage können folgende Kernelemente eines für die Kinder- und Jugendhilfe angemessenen Bildungsbegriffs bestimmt werden:

Kernelemente eines Bildungsbegriffs der Kinder- und Jugendhilfe

1. Der Bildungsauftrag der Kinder- und Jugendhilfe kann nicht sinnvoll auf funktionale Bildung im Sinne von Qualifizierung verkürzt werden.

2. Kernbestandteile von Bildung sind das Bedürfnis und die Fähigkeit, in Auseinandersetzung mit den je eigenen biografischen und aktuellen Erfahrungen zu einem rational begründeten Selbst- und Weltverständnis zu gelangen und auf dieser Grundlage eine eigenverantwortliche Lebensgestaltung zu realisieren.

3. Subjekt-Bildung zielt nicht nur auf Lebensbewältigung im Sinne der Erfüllung vorgegebener sozialer Anforderungen und Erwartungen, sondern darüber hinaus auf die Entwicklung eines Lebensentwurfs, der sich nicht auf alltägliche Lebensbewältigung reduziert, sondern das aktive Entwerfen und Gestalten einer autonomen Lebenspraxis einschließt.

4. Kinder- und Jugendhilfe als Hilfe zur Lebensbewältigung bewegt sich zu einem erheblichen Teil im Vorfeld der psychosozialen Befähigung ihrer Adressaten zur Teilnahme an Bildungsprozessen. Solche Hilfen sind ein wesentlicher und unverzichtbarer Bestandteil der Kinder- und Jugendhilfe. Es ist nicht sinnvoll, die Differenz zwischen solchen sozialadministrativen, erzieherischen und quasi-therapeutischen Hilfen einerseits und genuinen Bildungsprozessen andererseits sprachlich bzw. begrifflich einzuebnen.

Jugendarbeit als Bildungspraxis: Zur rechtlichen und theoretischen Ausgangslage

Der Jugendarbeit wird im KJHG/SGB VIII, §11 ein expliziter und breit gefasster Bildungsauftrag zugewiesen. Als Schwerpunkte der Jugendarbeit benannt werden die „außerschulische Jugendbildung mit allgemeiner, politischer, sozialer, gesundheitlicher, kultureller, naturwissenschaftlicher und technischer Bildung". Wird der Auftrag der Jugendarbeit dagegen implizit oder explizit als „Prävention" oder „Betreuung jugendlicher Problemgruppen" gefasst bzw. darin gesehen, auffällige Jugendliche „von der Straße zu holen", dann geschieht dies ohne erkennbaren Rückhalt in den gesetzlichen Vorgaben.

Implizit enthält auch die Formulierung des §1 KJHG, die das Recht junger Menschen auf Förderung ihrer Entwicklung und auf Erziehung zu einer eigenverantwortlichen und gemeinschaftsfähigen Persönlichkeit feststellt, einen Bildungsauftrag insofern, als Bildungstheorien die Persönlichkeitsentwicklung (kognitive, ästhetische, moralische Kompetenzen, Entfaltung von Sprach- und Handlungsfähigkeit) sowie die Befähigung zu vernünftig begründeter Selbstbestimmung (= Eigenverantwortung) als eine zentrale Zielsetzung von Bildungsprozessen fassen.

Ältere und neuere Theorien der Jugendarbeit bestimmen deren Kernauftrag als Jugend-Bildung: als emanzipatorische politische Bildung (s. Giesecke 1971, 145ff.), als Bildung im Interesse von Selbstfindung und Entwicklung einer persönlichen Autonomie (s. Böhnisch/Münchmeier 1987, 29ff.), als Subjektbildung in den Dimensionen Selbstwertgefühl, Selbstachtung und soziale Anerkennung, Selbstbewusstsein und Selbstbestimmungsfähigkeit (s. Scherr 1997), als zukunftsorientierte Persönlichkeitsbildung (s. Scherr/Thole 1998, 11) bzw. als reflexive Bildungsarbeit (s. Thole 2000, 286ff.). Dies geschieht seit den inzwischen klassischen „Vier Versuchen" zu einer Theorie der Jugendarbeit (s. Müller u.a. 1964) in bewusster Abgrenzung gegen eine Gleichsetzung von Bildung mit schulischer und beruflicher Erziehung und Qualifizierung sowie in bewusster Anlehnung an jugendliche und jugendkulturelle Autonomieansprüche. Neuerdings wird der Bildungsauftrag der Jugendarbeit wiederkehrend in explizitem Bezug auf die Beobachtung einer „gesellschaftlichen Renaissance der Bildungspolitik" (s. Brenner 1999, 249) diskutiert – und dies in kritischer Abgrenzung gegen den einflussreichen, aber im Fachdiskurs wiederkehrend kritisierten Trend, „Bildung durch Betreuung zu ersetzen" (s. Brenner 1999, 251) bzw. Prävention, Beziehung oder Erziehung an Stelle des Bildungsbegriffs zum Leitbegriff einer Theorie der Jugendarbeit zu erklären (s. Lindner 1999; Scherr 1998 und 2000).

Auch in der Auseinandersetzung mit der Erwartung, dass Jugendarbeit gegen Fremdenfeindlichkeit und Rechtsextremismus wirksam werden soll, wird inzwischen wieder die Notwendigkeit einer genuinen politischen Bildungsarbeit betont und darauf verwiesen, dass diese nicht durch sozialpädagogische Gruppenarbeit ersetzt werden kann (s. Czock/Panke/Steil 1999; Scherr 1999; Thierse 2001). Zu berücksichtigen ist dabei, dass Jugendliche mit geringen formalen Qualifikationen stärker mit rechten bzw. rechtsextremen Positionen sympathisieren als höher Qualifizierte, aber zugleich weniger von Angeboten der politischen Bildung erreicht werden (s. Scherr 2001 a). Deshalb ist der Ausbau einer solchen politischen Bildungsarbeit, die sich an Hauptschüler und Auszubildende richtet, als Bestandteil von Maßnahmen gegen Rechtsextremismus und Gewalt unverzichtbar – und es gibt eine Reihe guter Gründe, dass solche politische Bildungsarbeit nicht allein durch Schulen geleistet werden kann, sondern sinnvoller Weise im Rahmen von Kooperationen zwischen Jugendarbeit und Schule.

Hingewiesen ist damit darauf, dass der Versuch zu einer Neubestimmung der Bildungsaufgaben der Kinder- und Jugendhilfe im Feld der Jugendarbeit eine Reihe relevanter Anknüpfungspunkte findet, denn die Jugendarbeit hat eine genuine Bildungstradition. Dabei kann davon ausgegangen werden, dass für die Jugendarbeit ein Verständnis von Bildung als Selbstbildung konsensfähig ist. Denn unabhängig von der grundsätzlichen Frage, ob Bildungsprozesse unter geeigneten Bedingungen gezielt bewirkt oder gar erzwungen werden können oder nicht, ist Jugendarbeit unter der für sie konstitutiven Bedingung freiwilliger Teilnahme darauf verwiesen, anregende Entwicklungs- und Lernumgebungen zu schaffen, die an die Bedürfnisse und Interessen, Kommunikationsstile und Ausdruckformen Heranwachsender anknüpfen.

Anders als Schulen, Hochschulen und berufliche Bildung ist Jugendarbeit nicht durch curriculare Vorgaben bestimmt. In der Jugendarbeit können deshalb die Erfahrungen, Interessen und Lebenswürfe Heranwachsender ins Zentrum gerückt und als Gegenstand von Reflexions- und Lernprozessen tatsächlich ernst genommen werden. Damit gewinnt Jugendarbeit der Möglichkeit nach die Qualität eines sozialen Arrangements, in dem Jugendliche in ihrer Besonderheit und mit ihren Autonomiewünschen anerkannt werden.

Vor diesem Hintergrund lassen sich zunächst folgende grundlegenden Ansatzpunkte für eine bildende Jugendarbeit benennen:

- die finanzielle, sachliche und personelle Unterstützung von Gruppierungen und Aktivitäten, in denen Jugendliche sich im Kontext kultureller, sozialer, ökologischer oder politischer Initiativen selbst bilden können;
- die Bereitstellung lebensweltlich erreichbarer sozialer Orte, die bildungsfördernde – also neue und andere Erfahrungen, Ausdrucksformen und Wissensbestände ermöglichende – Anregungen zugänglich machen (etwa: Jugendzentren als eigenaktive Bildungsprozesse anregende soziale Orte; Jugendbildungsreisen und Jugendbegegnungen);
- die Bereitstellung kompetenter Erwachsener, die Prozesse der Persönlichkeitsentwicklung sowie Lern- und Bildungsprozesse anregen und unterstützen;[2]
- die gezielte Förderung von Bildungsprozessen durch pädagogisch initiierte Bildungsprojekte, die Jugendlichen unvertraute Themen und Formen anbieten.

Von der Jugendbildungsarbeit zur Jugendsozialarbeit?

Gleichwohl aber sind in der Jugendarbeit Entwicklungen nicht zu übersehen, die de facto auf eine Infragestellung und Aushöhlung ihres Bildungsauftrags hinauslaufen: Bereits im Achten Jugendbericht der Bundesregierung (s.

---

2   Damit stellt sich selbstverständlich die Frage nach der erforderlichen Bildung derjenigen, die als Bildner/inn/en tätig sein sollen.

Bundesministerium für Jugend, Familie, Frauen und Gesundheit) 1990, 107ff.) wurde auf die Gefahr einer „sozialpolitischen Indienstnahme der Jugendarbeit" hingewiesen, die darauf zielt, die besondere Stellung der Jugendarbeit innerhalb der Kinder- und Jugendhilfe in Frage zu stellen und der Jugendarbeit die Aufgabe zuzuweisen, sich vor allem um die Betreuung, Beratung und sozialarbeiterische Versorgung von sozial benachteiligten bzw. sozial auffälligen Jugendlichen zu kümmern. Diese Tendenz ist seit Mitte der 80er-Jahre im Bereich der offenen Jugendarbeit faktisch hoch einflussreich, nicht zuletzt in Folge des „Auswanderns von Mittelschichtjugendlichen" aus den Einrichtungen der offenen Jugendarbeit. In zahlreichen Städten ist die offene Jugendarbeit zu einer Jugendarbeit mit sozial benachteiligten Jugendlichen geworden, von der erwartet wird, Jugendliche „von der Straße zu holen" sowie Leistungen der Prävention zu erbringen. Vielfach ist der erhoffte Beitrag zur Drogen-, Gewalt- und Kriminalprävention zu einer zentralen Legitimationsgrundlage geworden. Aus solchen präventiven bzw. kontrollierenden Aufgabenzuweisungen erklärt sich auch die Konjunktur von Formen der aufsuchenden Jugend- und Sozialarbeit.

Folgenreich war und ist weiter die Anfang der 80er-Jahre mit der Erosion der jugendkulturell geprägten politischen Bewegungsmilieus einhergehende Krise der klassischen Formen politischer Jugendbildungsarbeit. Nach wie vor muss, trotz aller Veränderungen der Arbeitsformen und Konzepte (s. etwa Waldmann 2000), von einer geringer gewordenen Attraktivität und Reichweite gesellschaftspolitisch akzentuierter Jugendbildung gesprochen werden.

Diese Verschiebungen gehen im Bereich der sozialpädagogischen und sozialarbeiterischen Studiengänge an Fachhochschulen einher mit einem quantitativen und qualitativen Bedeutungsverlust der Jugendarbeit in diesen sowie einem weit gehenden Verzicht auf eine gezielte Ausbildung für die Jugendbildungsarbeit und insbesondere die politische Bildungsarbeit. Zugleich ist das Interesse gegenwärtiger Studierender an der Jugendarbeit rückläufig, und es kann auch nicht vorausgesetzt werden, dass diese sich außerhalb der Hochschulen selbst um ihre politische, kulturelle, ökologische usw. Bildung bemühen. Damit gewinnt die von Giesecke bereits 1984 formulierte Warnung vor einer solchen Sozialpädagogisierung der Hauptamtlichen in der Jugendarbeit an Bedeutung, die dazu führt, dass diese die Möglichkeiten der Jugendarbeit wesentlich über ihre Beziehungsfähigkeit zu Jugendlichen definieren.

Die Fachöffentlichkeit der Jugendarbeit hat keineswegs einheitlich auf diese Tendenzen reagiert. Folglich muss eine Neubestimmung des Bildungsauftrags der Jugendarbeit einhergehen mit Verständigungs- und Klärungsprozessen in der Fachöffentlichkeit sowie mit einer offensiven Kritik der Tendenz, die Jugendarbeit darauf zu reduzieren, Leistungen der sozialen Kontrolle und Prävention für sozial benachteiligte und sozial auffällige Jugendliche zu erbringen.

Jugendarbeit im Kontext eines integrativen Bildungsverständnisses

Ein Verständnis von Bildung als Selbst-Bildung zum Subjekt hat bis in der Gegenwart dazu geführt, dass ein prinzipieller Gegensatz zwischen Bildung einerseits, Erziehung und Qualifizierung andererseits angenommen wurde. Hintergrund dessen ist die Beobachtung, dass in traditionellen Arbeitsprozessen überwiegend nicht umfassend gebildete Persönlichkeiten nachgefragt sind, sondern spezialisierte Kompetenzen und disziplinierte Arbeitswilligkeit. Demgegenüber gewinnt gegenwärtig ein integratives Bildungsverständnis Konjunktur. In den Überlegungen des Arbeitsstabs Bildung wird erklärt, dass „Entwicklung der Persönlichkeit, Teilhabe an der Gesellschaft und Beschäftigungsfähigkeit" eng zusammenhängende Aspekte von Bildungsprozessen sind (s. Expertengruppe Forum Bildung 2001b, 3), die keineswegs in einem Verhältnis der Ausschließlichkeit zueinander stehen. Begründet wird diese Behauptung mit der Diagnose, „dass sich die Anforderungen an die Beschäftigungsfähigkeit (Qualifikation für den Arbeitsmarkt) immer mehr in Bereiche ausdehnen, die traditionell eher der Gesamtpersönlichkeit zugerechnet werden (z.B. sog. personale und soziale Kompetenzen)" (s. Expertengruppe Forum Bildung 2001a, 5). Zwar wird auch hier noch zentral von ökonomischen Gesichtspunkten her argumentiert, weniger mit dem Blick auf die Bildungsvoraussetzungen einer demokratischen Einwanderungsgesellschaft oder das individuelle Recht auf Entwicklung der Persönlichkeit, wie es das KJHG (§ 1) jungen Menschen zugesteht. Zudem bleiben die Folgen der sozialen Spaltungslinien der Informations- und Wissensgesellschaft unberücksichtigt (s.u.). Gleichwohl wird aber deutlich, dass die gesellschaftliche Nachfrage nach einer solchen Bildung, die Persönlichkeitsentwicklung, soziale Kompetenzen (Kommunikations- und Kooperationsfähigkeit, Toleranz, Verantwortung usw.; ebd., 10) und Wertorientierungen (soziale, demokratische und persönliche Werte; ebd., 10) einschließt, wächst.

Hiermit werden klassische Leistungen und Aufgabenstellungen der Kinder- und Jugendhilfe/ Jugendarbeit implizit zu bedeutsamen Bestandteilen zeitgemäßer Bildung erklärt. Denn die sozialpädagogische Programmatik der Kinder- und Jugendhilfe sowie ihre Angebotsformen sind gerade darauf ausgerichtet, die Entwicklung zu einer „eigenverantwortlichen und gemeinschaftsfähigen Persönlichkeit" (KJHG § 1, Abs. 1) zu fördern. Die Befähigung zu „Selbstbestimmung ... und zu gesellschaftlicher Mitverantwortung" sowie die „allgemeine, politische, soziale, gesundheitliche, kulturelle, naturkundliche und technische Bildung" (KJHG § 11, Abs. 3) sind der rechtlich kodifizierte Auftrag der Jugendarbeit, was die Wertevermittlung[3] als Zielsetzung einschließt. Zudem ist die Förderung der gesellschaftlichen Teilhabechancen von Kindern und Jugendlichen und die Verhinderung bzw. Abfederung von sozialen Ausschlussprozessen eine zentrale Aufgabe der Kinder- und Jugendhilfe, insbesondere im Sinne der Überwindung sozialer Benachteiligungen (KJHG § 1, Abs. 3). Zudem leistet die Jugendberufshilfe (im Kontext der Maßnahmen der Bundesanstalt für Arbeit und der Jugendämter) einen direkten Beitrag zur beruflichen Qualifizierung.

Vor diesem Hintergrund ist die eingespielte Abgrenzung von Kinder- und Jugendhilfe/Jugendarbeit als Bestandteil sozialstaatlicher Dienstleistungen zur schulischen und beruflichen Bildung in Frage zu stellen. Es kann dabei nun zwar keineswegs um eine Annäherung der Jugendarbeit an tradierte schulische Lern- und Arbeitsformen gehen, oder gar um die Einführung von Prüfungen und Zertifikaten in der Kinder- und Jugendarbeit. Fasst man eine integrativ verstandene Bildung als gemeinsame Zielvorgabe, dann sind die Einrichtungen der Kinder- und Jugendhilfe, insbesondere Kindergarten und Horte sowie der außerschulischen Jugendbildung und der Jugendberufshilfe, jedoch ebenso als Bestandteile gesellschaftlich verantworteter Bildung zu denken, wie Schulen und Hochschulen.

Die Anerkennung der Jugendarbeit als Bestandteil des gesellschaftlichen Bildungsangebots sollte dazu führen, dass die Gewährleistung eines ausreichenden Angebots an Leistungen der Jugendarbeit für alle Jugendlichen als staatliche Aufgabe betrachtet wird. Faktisch führt aber der Verzicht auf eine quantitative und qualitative Festlegung des Angebots immer noch dazu, dass die Erreichbarkeit von außerschulischen Jugendbildungsmaßnahmen keineswegs gleichmäßig gegeben ist, sondern Art und Umfang des Angebots von finanzpolitischen Vorgaben und lokalen Traditionen abhängig sind. Es ist zu skandalisieren, dass Möglichkeiten der politischen, ökologischen, antirassistischen, interkulturellen oder geschlechtsbezogenen Bildung immer noch keineswegs flächendeckend zugänglich sind.

Die Anerkennung und Realisierung eines gemeinsamen Bildungsauftrags aller organisierten Pädagogik ist zur Überwindung einer Selbstblockierung der Kinder- und Jugendarbeit unverzichtbar. Sie setzt die Überwindung tradierter Denkmuster bei allen Beteiligten voraus, wie sie etwa immer wieder in den Schwierigkeiten der Kooperation von Jugendarbeit und Schule deutlich werden. Auch die institutionelle Differenzierung der Studiengänge für pädagogische Berufe, die diese Abgrenzung und korrespondierende Denkmuster reproduziert, muss vor diesem Hintergrund als fragwürdig betrachtet werden.

---

3   Besser wäre von Wertedialogen statt von Vermittlung zu reden, da moralische Bildungsprozesse angemessen nur als dialogische Auseinandersetzung und nicht einseitige Weitergabe konzipiert werden können.

Chancengleichheit in der Wissens- und Informationsgesellschaft

Bei allen sonstigen Unterschieden bezüglich der aktuellen und auf absehbare Zeit erwartbaren Reichweite der mit den Termini Wissens- oder Informationsgesellschaft beschriebenen Entwicklungen besteht Einigkeit darüber, dass diese mit einem Wandel der Qualifikationsstrukturen einhergehen, in dessen Folge die Nachfrage nach formal gering Qualifizierten weiterhin sinken wird. Dostal (2001, 21) prognostiziert einen Rückgang des Anteils der gering Qualifizierten an allen Erwerbstätigen von 16,7% im Jahr 1995 auf 11,4% im Jahr 2010. Auch die „klassische Kombination Hauptschule und Lehre" (ebd.) werde im Zuge des Wandels der Qualifikationsstrukturen „an Bedeutung verlieren" (ebd.), da mittlere Schulabschlüsse zunehmend zu Eintritts- und Erfolgsbedingungen in zahlreiche Ausbildungsberufe werden.

Insbesondere die quantitative Zunahme und die standortstrategische Bedeutung der mittleren und oberen Bildungsschichten unter Bedingungen der Globalisierung werden gegenwärtig als zentrale Herausforderung an die Reform des Bildungssystems diskutiert. Gleichzeitig wird aber im politischen Diskurs inzwischen auch wieder an die Verpflichtung auf das Ziel der *Chancengleichheit* erinnert. „Soziale Gerechtigkeit", so die Bundesbildungsministerin, „bedeutet für uns, dass jeder unabhängig von seiner sozialen Herkunft die Chance hat, seine Fähigkeiten zu entwickeln und Zukunft mitzugestalten." (s. Bulmahn 2000)

Es ist nun fachwissenschaftlich völlig unstrittig, dass gegenwärtig keineswegs davon gesprochen werden kann, dass Chancengleichheit tatsächlich realisiert ist. Nach wie vor sind Bildungschancen in hohem Maße abhängig von der sozialen Herkunft, dem sozialen Geschlecht sowie der Nationalität, wie zahlreiche Studien nachgewiesen haben (s. etwa Klemm 2001). Die unter den Leitbegriffen soziale Exklusion und soziale Ausgrenzung geführten Debatten (s. Scherr 2001b) weisen weiter darauf hin, dass Scheitern im Bildungssystem nicht nur zu sozialen Benachteiligungen führt, sondern dass die Entwicklung der Informations- und Wissensgesellschaft mit einer Spaltung in Gewinner, Verlierer und Überflüssige einhergehen wird. Es wird mit dem Anwachsen eine Teilgruppe gerechnet, die an den Anforderungen schulischer und beruflicher Bildung und des Arbeitsmarktes scheitert und damit in die Position einer Restpopulation einrückt, deren Fähigkeiten gesellschaftlich nicht nachgefragt werden.

Hieraus erwachsen eine Reihe unterscheidbarer Anforderungen an die Kinder- und Jugendhilfe/ Jugendarbeit in der Informations- und Wissensgesellschaft:

- Faktisch reproduzieren sich Strukturen der sozialen Ungleichheit auch in der Nutzung von Angeboten der Jugendarbeit. Die offene Jugendarbeit ist vielerorts zu einem Ort von im weitesten Sinne sozial benachteiligten

Jugendlichen geworden, die verbandliche Jugendarbeit richtet sich immer noch – von den Sportverbänden abgesehen – vorwiegend an Mittelschichtjugendliche. Eine Auseinandersetzung darüber, wie Chancengleichheit auch innerhalb der Jugendarbeit erreicht werden kann, ist erst noch zu führen. Hier müsste es insbesondere darum gehen, Formen der Gruppenarbeit und der Projektarbeit zu entwickeln, die auch für sozial Benachteiligte attraktiv sind.

- Bezogen auf die Teilgruppe derjenigen, die keine qualifizierten Schul- und Ausbildungsabschlüsse erwerben, sind erstens Angebote der Jugendsozialarbeit und Jugendberufshilfe weiterzuentwickeln, die auf eine Wiedergewinnung von Qualifizierungschancen zielen. Im Kontext der Jugendberufshilfe wird zweitens bereits seit Mitte der 80er-Jahre eine Einbeziehung sozialpädagogischer Gesichtspunkte in die berufliche Ausbildung gefordert, die dazu beitragen soll, Risiken des Scheiterns zu verringern, indem in der biografischen und sozialen Situation Auszubildender begründete Lernblockaden berücksichtigt werden; eine gezielte Kooperation von Jugendarbeit bzw. Jugendberufshilfe und dualer Ausbildung findet bislang jedoch nur im Rahmen der Maßnahmen auf Grundlage des Arbeitsförderungsgesetzes/SGB III statt, so etwa in der Form der ausbildungsbegleitenden Hilfen. Eine Debatte über darüber hinausgehende Möglichkeiten der Kooperation von Jugendarbeit, Berufsschulen und Betrieben steht dagegen noch aus. Auch die Nutzung sozialpädagogischer Kompetenzen durch Schulen kann dazu beitragen, Schulabbrüche zu vermeiden. Die in den 90er-Jahren wiederbelebte Schulsozialarbeit ist hier ebenso positiv zu vermerken wie aktuelle Ansätze zur Einrichtung von Ganztagsschulen, die Kooperationsmöglichkeiten von Schulen und Jugendarbeit zulassen.

- Gerade für solche Jugendliche, denen der Aufbau einer sozial wertgeschätzten Bildungs- und Berufsbiographie misslingt, sind, wie die Entwicklungspsychologie nachdrücklich belegt hat (s. Fend 2000), positiv erfahrbare Betätigungsmöglichkeiten außerhalb von Schule und Arbeitswelt von hoher Bedeutung für den Aufbau und die Stabilisierung des Selbstwertgefühls. Unter Bedingungen von Massenarbeitslosigkeit und der Zunahme instabiler Beschäftigungsverhältnisse ist deshalb eine Auswertung und Ausweitung der Möglichkeiten zu einer „erfreulichen und produktiven Betätigung nach Schule und Arbeit", wie Elias/Scotson (1965/1990, 191) formulieren, unverzichtbar.

Anforderungen an eine zeitgemäße Jugendbildungsarbeit

Vor dem Hintergrund der skizzierten Überlegungen können zusammenfassend folgende Forderungen formuliert werden:

- Gegen den Trend, Jugendarbeit als erlebnisorientierte Freizeitgestaltung oder als Betreuung Benachteiligter und Auffälliger zu konzipieren, steht eine Wiederbesinnung auf ihren Bildungsauftrag an. Dazu ist es erforderlich, ein entsprechendes Selbstverständnis in der Fachdiskussion und bei politischen Entscheidungsträgern zu profilieren sowie eine solche finanzielle Förderung der Jugendarbeit einzufordern, die diese in die Lage versetzt, Bildungsprozessen förderliche Angebote auch tatsächlich zu realisieren.

- Eine sich als Bildungspraxis verstehende Jugendarbeit benötigt angemessen und hinreichend qualifiziertes Personal. Es bestehen jedoch zum einen begründete Zweifel daran, ob die gegenwärtige Ausbildung für die Jugendarbeit an Fachhochschulen und Universitäten der Aufgabe einer Bildung der künftigen Bildner/inn/en tatsächlich gerecht wird. Qualifiziertes Personal ist zudem nur dann zu gewinnen, wenn es gelingt, das Negativimage der Jugendarbeit, insbesondere der offenen Jugendarbeit, zu überwinden. Zudem gilt es, die Berücksichtigung der Erfordernisse der Ausbildung für die Jugendbildungsarbeit in den Studiengängen an Fachhochschulen und Universitäten einzufordern; dies auch gegen die Tendenz zu einer sozialarbeitswissenschaftlichen Umorientierung der Fachhochschulen, wie sie der der KMK vorgelegte Entwurf zu einer einheitlichen Rahmenprüfungsordnung vorsieht.

- Die unterschiedlichen Elemente eines umfassend und integrativ gefassten Bildungsauftrags können nicht sinnvoll intern hierarchisiert werden, sondern sind als gleichrangige anzuerkennen. Ein Bildungsauftrag, der sich an den Zielen Persönlichkeitsbildung, Befähigung zu selbstverantworteter Lebensführung, Förderung gesellschaftlicher Teilhabe und Beschäftigungsfähigkeit orientiert, kann auch nicht sinnvoll in institutionelle Arbeitsteilungen übersetzt werden, sondern ist als gemeinsame Zielperspektive aller Bildungsinstitutionen anzuerkennen, ohne die Spezifika der Jugendarbeit (Freiwilligkeit, Förderung von Selbsttätigkeit, Unterstützung jugendkulturellen Eigensinns) dabei preiszugeben.

- Der Bildungsbegriff ist so zu akzentuieren, dass er die Auseinandersetzung mit jeweiligen Problemen der alltäglichen Lebensführung einschließt, denn Jugendarbeit als Bildungsarbeit kann nicht voraussetzen, dass ihre Adressaten bereits Lösungen biografischer und sozialer Problemlagen gefunden haben und auf dieser Grundlage fähig, in der Lage und motiviert sind, sich Kompetenzen und Wissen anzueignen. Die unausgesprochene Unterstellung, dass Kinder- und Jugendliche auf der Grundlage hinreichender psychischer und sozialer Sicherheit in der Lage sind, angebotene Bildungschancen zu ergreifen, erweist sich auch im Kontext von Schulen zunehmend weniger als tragfähig. Damit gewinnt ein Verständnis von Subjektbildung an Relevanz, das darauf hinweist, dass auch schulische und berufliche Chancen davon abhängen, dass

Selbstachtung, Selbstwertgefühl und Selbstwirksamkeit entwickelt werden können.

- Es sind Bemühungen erforderlich, die Trennung in ‚verbandliche Jugendbildungsarbeit für Mittelschichtjugendliche', ‚offene Jugendarbeit für gering Qualifizierte und Benachteiligte' in Richtung auf eine Öffnung der expliziten Bildungsangebote bzw. eine Aufwertung der Angebote offener Jugendarbeit zu überwinden.

Gegen Tendenzen, die ökonomischen Erfordernisse der Wissens- und Informationsgesellschaft als ausschließlichen Maßstab zu etablieren, an dem Sinn und Legitimität aller pädagogischen Bemühungen bemessen werden, gilt es am Eigensinn und der Eigenständigkeit von Jugendarbeit festzuhalten. Jugendarbeit als Bildungspraxis ist nicht primär und unmittelbar funktional auf gesellschaftliche Zwecke ausgerichtet, sondern konstitutiv auf die Ermöglichung und Entfaltung von individueller Subjektivität und Autonomie gerichtet.

Literaturangaben

Böhnisch, L./Münchmeier, R. (1987): Wozu Jugendarbeit? Weinheim und München

Brenner, G. (1999): Die Jugendarbeit in einer neuen Bildungslandschaft, in: deutsche jugend, H. 6, 249-258

Bulmahn, E. (2000): Education and Science in Changing Society. Rede anlässlich der Jahrestagung der AAAS am 19.2.2000

Czock, H./Panke, M./A. Steil (1999): Arbeitswelt und Migrationskonflikte, in: Widmann, P. u.a. (Hrsg.): Gewalt ohne Ausweg, Berlin, 201-222

Dostal, W. (2001): Projektionen, in: BMBF (Hrsg.): Qualifikationsstrukturbericht 2000, Bonn, 1-23

Elias, N. & Scotson, J. L. (1965/1990): Etablierte und Außenseiter, Frankfurt

Expertengruppe Forum Bildung (2001a): Förderung von Chancengleichheit. Bericht der Expertengruppe des Forums Bildung, Bonn

Expertengruppe Forum Bildung (2001b): Kompetenzen als Ziele von Bildung und Qualifikation. Bericht der Expertengruppe des Forums Bildung, Bonn

Fend, H. (2000): Entwicklungspsychologie des Jugendalters, Weinheim und München

Giesecke, H. (1971): Die Jugendarbeit, München

Giesecke, H. (1984): Wozu noch Jugendarbeit?, in: deutsche jugend, H. 10, 443-449

Humboldt, W. (1809/1969): Unmaßgebliche Gedanken über den Plan zur Errichtung des Lithauischen Stadtschulwesens. in: Werke Band IV., Darmstadt, 186-198

Klemm, K. (1999): Junge Erwachsene ohne abgeschlossene Berufsausbildung, Essen (Friedrich Ebert Stiftung)

Klemm, K. (2001): Bildungsexpansion, Erfolge und Misserfolge der Bildungsbeteiligung, in: Böttcher, W., Klemm, K. &, Th. Rauschenbach (Hrsg.): Bildung und soziales in Zahlen, Weinheim und München, 331-342

Lindner, W. (1999): Jugendliche und Jugend im Kontext der gegenwärtigen Sicherheitsdebatte, in: deutsche jugend, H. 4, 163-168

Meueler, E. (1993): Die Türen des Käfigs. Wege zum Subjekt in der Erwachsenenbildung, Stuttgart

Müller, C.W. u.a. (1964): Was ist Jugendarbeit? Vier Versuche zu einer Theorie, München

Müller, B. (1993): Außerschulische Jugendbildung, oder: Warum versteckt Jugendarbeit ihren Bildungsanspruch? In: deutsche jugend, H.7-8, 310-319

Preuss-Lausitz, U. (1988): Auf dem Weg zu einem neuen Bildungsbegriff, in: Hansmann, O. & Marotzki, W. (Hrsg.): Diskurs Bildungstheorie I., Weinheim, 401-419

Scherr, A. (1992): Das Projekt Postmoderne und die pädagogische Aktualität kritischer Theorie, in: Marotzki, W. & Sünker, H. (Hrsg.): Kritische Erziehungswissenschaft – Moderne – Postmoderne, Weinheim, 101-151

Scherr, A. (1997): Subjektorientierte Jugendarbeit, Weinheim und München

Scherr, A. (1998): Jugendkriminalität, Sicherheitspaniken und präventive Soziale Arbeit, in: Neue Praxis, H. 6, 577-591

Scherr, A. (1999): Interventionen gegen Fremdenfeindlichkeit und Rechtsextremismus, in: Widmann, P. u.a. (Hrsg.): Gewalt ohne Ausweg, Berlin, 111-130

Scherr, A. (2000): Emanzipatorische Bildung des Subjekt, in: deutsche jugend, H. 5, 203-208

Scherr, A. (2001a): Fremdenfeindlichkeit und Rechtsextremismus: Erscheinungsformen und soziale Bedingungen, in: Gegenwartskunde, H.2, 173-186

Scherr, A. (2001b): Randgruppen und Minderheiten, in: Schäfers, B. & Zapf, W. (Hrsg.): Handwörterbuch zur Gesellschaft Deutschlands, Opladen, 518-528

Scherr, A. & Thole, W. (1998): Jugendarbeit im Umbruch, in: D. Kiesel, A. Scherr & W. Thole (Hrsg.): Standortbestimmung Jugendarbeit, Bad Schwalbach, 9-36

Schädelbach, H. (1983): Philosophie in Deutschland 1931-1933, Frankfurt/M.

Sturzenhecker, B. (2001): Bildung und offene Jugendarbeit. Expertise für das Projekt INKOR, Dortmund (Manuskript)

Thierse, W. (2001): In den Köpfen der Jugendlichen muss mehr sein als nur der Markt. Lübecker Appell, abgedruckt in Frankfurter Rundschau, 17. 5. 2001

Thole, W. (2000): Kinder- und Jugendarbeit, Weinheim und München

Waldmann, K. (Hrsg.) (2000): Evangelische Trägergruppe für gesellschaftspolitische Jugendbildung. Auswertung und Evaluationsphase 1999, Bad Boll

Kulturelle Bildung in der Jugendhilfe

Max Fuchs

Prinzipien und Grundbegriffe

Ernst Bloch spricht am Ende des „Prinzips Hoffnung" vom „Leben im aufrechten Gang" (s. Bloch 1974, Bd. 3, 1618ff.) „. Vielleicht wird man kaum eine kürzere Definition des schwierigen Begriffs „Bildung" finden können, und trotzdem ist sie präzise genug, um ein aktuelles Konzept von kultureller Bildung – zumindest ein Stück weit – zu erfassen[1]:

1. Bildung ist eine Lebensform – und keine statische oder gar kanonisierte Menge an Wissen. Da das Leben neben dem Wissen auch Kompetenzen des Fühlens, des Umgangs mit sich und anderen, der Sinnlichkeit und Kreativität erfordert, ergibt sich aus dieser Bestimmung sofort die Möglichkeit, typische Engführungen der deutschen bildungspolitischen Diskussion zu vermeiden. Denn oft genug wird unter der Rubrik „Bildung" dann doch nur die Schule mit einem Schwerpunkt auf dem Kognitiven und dem Ziel der Berufsvorbereitung gesehen. Die Bestimmung der Aufgaben des Bildungssystems, die Johannes Rau zum Start des „Forum Bildung" vorgenommen und die dieses als Grundverständnis von Bildung dann übernommen hat, ist längst nicht durchgesetzt: dass es nämlich um dreierlei geht:

   - Berufsvorbereitung,
   - politische Partizipation und um
   - Persönlichkeitsentwicklung.

---

1 Elemente einer Theorie kultureller Bildung sind – in enger Verbindung zur Praxis der Kinder- und Jugendkulturarbeit – etwa in Zacharias 2001 und in Fuchs 1994 und 2000 dargestellt. Für einzelne Arbeitsfelder siehe Nachtwey 1987 und Treptow 1993. Aus der Sicht der Allgemeinen Pädagogik reflektiert Liebau 1992 die ästhetisch-kulturelle Dimension von Bildung und Erziehung. Die bislang umfassendste Darstellung einer Theorie der kulturellen Bildung findet sich in Steenblock 1999, freilich unter der hier nur begrenzt relevanten Perspektive einer Legitimierung der Kulturwissenschaften.

Bildung als Lebensform ist dann insbesondere Selbstbildung im sozialen Kontext, realisiert sich also im sozialen Handeln.

2. Dieses soziale Handeln hat eine bestimmte emanzipatorische Qualität. Der eingangs erwähnte „aufrechte Gang" ist ein Bild, das den Wunsch nach Gestaltung des Lebens und seiner Rahmenbedingungen ausdrückt. Klaus Holzkamp (1983) nennt dies „verallgemeinerte Handlungsfähigkeit", eine Handlungsfähigkeit, die sich nicht mit dem bloßen Durchhangeln begnügt und die sozialen und politischen Rahmenbedingungen unangetastet lässt, sondern das auch Einfluss auf die Rahmenbedingungen des Handelns nimmt.

3. Kulturelle Bildungsarbeit macht sich dieses allgemeine Bildungsziel zu eigen und versucht, hierzu mit den eigenen kultur-, spiel- und medienpädagogischen Arbeitsformen einen Beitrag zu leisten. Eine inzwischen akzeptierte Begriffsbestimmung definiert daher kulturelle Bildung als Allgemeinbildung, die mit den kulturpädagogischen Methoden einer ästhetisch-künstlerischen Praxis erreicht werden soll. Die Bildungsziele sind also die gleichen, wie sie etwa auch die politische oder sportliche Bildung anstreben und wie sie in §1 KJHG als „Entwicklung und Erziehung zur eigenverantwortlichen und gemeinschaftsfähigen Persönlichkeit" festgelegt sind. Die Spezifik der kulturellen Bildung ergibt sich durch die Arbeitsformen.

Dieser Anspruch ist hoch. Es wird nicht behauptet, dass er immer in jedem Angebot und Projekt gleichermaßen erfüllt wird.[2] Doch dass er ernst gemeint ist, davon überzeugt ein Blick in die anspruchsvolle Konzeptdiskussionen über Bildung, die Rolle der Künste, die Verständnisweise von „Kultur", „Spiel" und „Medien", die notwendigen Qualifikationen der Profis, über die Auseinandersetzung mit gesellschaftlichen Entwicklungstrends, die zwar weniger in akademisch-wissenschaftlichen Diskursen an Hochschulen, sondern vielmehr in kultur- und jugendpolitischen Verbänden und Institutionen (Kulturpolitische Gesellschaft, Bundesvereinigung Kulturelle Jugendbildung (BKJ), Bundesakademien für kulturelle Bildung in Remscheid und Wolfenbüttel) stattgefunden haben und stattfinden. Dabei ergeben sich – gerade bei einer Anwendung kulturpädagogischer Methoden in der Jugend- und Sozialarbeit – die folgenden Probleme:

- Es gibt ein Spannungsverhältnis zwischen der Eigenlogik einer künstlerisch-ästhetischen Praxis und der Orientierung am Subjekt, was ein Ausbalancieren von künstlerisch-fachlicher und pädagogischer Dimension notwendig macht.

---

2 Einen Querschnitt durch gelungene kulturpädagogische Projekte bietet die „Projektbank" der Bundesvereinigung Kulturelle Jugendbildung an (s. www.bkj.de).

- Die Verständnisweise von Kunst und Kultur in den verschiedenen künstlerisch-ästhetischen Handlungsfeldern wie Bildende Kunst, Theater, Musik, Tanz, Rhythmik, Literatur, Spiel, Medien ist durchaus nicht identisch.
- Die Relevanz sozialer und politischer Problemlagen muss angesichts einer jahrhundertslangen, gerade in Deutschland stark ideologischen Diskussion um die „Autonomie der Künste" immer wieder hervorgehoben werden (s. Bollenbeck 1994).

Unstrittig erscheinen dagegen unter bildungs- und jugendpolitischen Aspekten innerhalb der Kulturpädagogik, dass:

- Kulturarbeit unter der Perspektive eines (entsprechend weit gefassten) Bildungsbegriffs verstanden werden muss;
- die Humboldt'sche Bestimmung des Bildungsbegriffs als „proportionierliche Bildung der Kräfte zu einem Ganzen" Relevanz in der kulturellen Bildungsarbeit hat;
- es daher selbstverständlich ist, dass die oftmals beschworene Ganzheitlichkeit, also die Integration von kognitiven und emotionalen, von sinnlichen und abstrakten, von individuumsbezogenen und sozialen Aspekten in der kulturellen Bildungsarbeit ein Grundprinzip darstellt; und.
- es schließlich selbstverständlich ist, dass Bildung als Selbstbildung, dass also die Subjektivität und Selbststeuerung der eigenen Entwicklung im Mittelpunkt kulturpädagogischer Arbeit steht.

Kulturelle Bildung und die Künste

Kulturelle Bildungsarbeit findet in allen Trägerstrukturen und Arbeitsfeldern der Jugendhilfe statt. Kulturpädagogische Methoden werden in Jugendverbänden, Freizeitstätten, aber auch in Erziehungseinrichtungen, in therapeutischen und Beratungskontexten angewandt. Diese weite Verbreitung – weit über den spezialisierten Trägerbereich hinaus, so wie er im Dachverband BKJ organisiert ist –, darf jedoch nicht darüber hinwegtäuschen, dass es nach wie vor gravierende Fundierungs- und Begründungsprobleme gibt. Schon der Begriff der „Kultur" lädt einiges an definitorischer Mühe auf. Zu erinnern ist an die 350 Kulturdefinitionen, die man bereits in den 50er-Jahren gefunden hat.[3] Ein Vorschlag, diese begriffliche Komplexität zu reduzieren, besteht darin, sich mit drei Kulturbegriffen zu begnügen (die allerdings alle auch benötigt werden):

---

3 Kroeber/Kluckhohn 1952. Für die aktuelle Diskussion siehe etwa Baecker 2000.

- den weiten ethnologischen Kulturbegriff, den man braucht, um die Lebenswelt der Kinder und Jugendlichen zu erfassen (Kultur als Lebensweise)
- den engen Kulturbegriff, um die spezifischen kulturpädagogischen Arbeitsformen zu charakterisieren (Kultur als Kunst)
- einen „emphatischen" Kulturbegriff, um die Ziele der pädagogischen Arbeit zu bestimmen (Kultur als Humanisierung)

Das „Kulturelle" ist auch insofern gerade für die „Kultur"-Arbeit relevant, als die Vielzahl an vorhandenen Jugendkulturen in ihrer symbolischen Präsentation von Moden und Stilen durchaus als ästhetisch-lebensbezogenes „Material" für eine „Kultivierung des Alltags" (s. Liebau) durch kulturelle Bildungsarbeit genutzt werden kann.

Eine zweite Bürde – zumindest in dem Bereich, in dem kulturelle Bildungsarbeit es mit den traditionellen Künsten zu tun hat – ist der (spezifisch deutsche) Umgang mit Kunst.

„Kunst" in unserem heutigen emphatischen Sinn geht begrifflich auf die klassische Philosophie seit Kant und soziologisch auf das 19. Jahrhundert zurück: Erst da entwickelt sich gesellschaftlich nennenswert der Künstler vom Handwerker zum Gebildeten, der sein Tun reflektiert, der die Autonomie von Kunst, wie sie Kant in seiner Ästhetik erdacht hat, zum Kern seines Selbstverständnisses macht – und der seine Werke nunmehr auf dem Markt verkaufen muss. Es entwickelt sich neben der Kunst der Kunstbetrieb, neben der Literatur der Literaturbetrieb (s. Nipperdey 1983 sowie Bürger 1978). In dem Maße, wie die Künste einer bürgerlichen Öffentlichkeit zugänglich werden, werden die Formen ihrer Produktion und Distribution den Marktgesetzen unterworfen. Die Autonomie-Annahme: so notwendig sie für die Entstehung eines professionellen Selbstbildes der Künstler war, so illusionär war sie in der Kunstpraxis.

Die Geschichte der Kunsttheorie war wiederum eine Geschichte des Scheiterns von Versuchen, ein „Wesen" von Kunst ausfindig zu machen, sie also auf einen substantialistischen Kunstbegriff zurückzuführen, der genau sagen kann, was „Kunst" ist und was „Kunst" nicht ist. Und diese Versuche waren auch oft genug ein Motor für die Kunstpraxis, die sich als ständiger Versuch interpretieren lässt, herkömmliche Kunstauffassungen zu sprengen.

Spätestens seit Duchamp sein auf dem Kopf stehendes Urinoir als Kunstwerk durchgesetzt hat, sind solche „Revolutionen" in der Kunstentwicklung schwer geworden.

Große Akzeptanz findet jedoch seither das Eingeständnis, dass „Kunst" ganz wesentlich das ist, was eine bestimmte soziale Umwelt dafür hält. Und dies ist sehr viel weniger beliebig, als es zunächst klingen mag, denn auch „Kunstwelten" haben ihre eisernen Regeln, Gesetze, Traditionen (s. Bourdieu 1999). Geöffnet ist jedoch mit einer solchen Sichtweise der Blick darauf, dass selbst im harten Kern von Kunsttheorien die Perspektive der sozialen Konstitution von Kunst als ihr immanenter Bestandteil mit berücksichtigt werden muss – trotz einer nie ermüdenden Autonomie-Rhetorik (so etwa Danto 1984).

In systematischer Hinsicht mag man nunmehr unterscheiden:

- die „Künste" und ein pädagogischer Umgang mit ihnen, auch als Mittelpunkt für das Selbstverständnis eines Teils der kulturellen Bildungsarbeit, der seine Identität aus einem Umgang mit Musik, Theater oder Tanz – und weniger aus einer Arbeit an der Bildung der Jugendlichen – bezieht;
- die Alltagsästhetik als Reiz- und Lebenswelt, die sensibel wahrzunehmen und aktiv zu bewältigen ist;
- und als mittlere Position eine kunstförmig orientierte Wahrnehmung, vielleicht als Integration der beiden genannten Positionen, die die Wahrnehmung von Kindern und Jugendlichen in künstlerischen Prozessen in den Mittelpunkt stellt, diese also an Gegenständen oder mit Methoden der „Künste" entwickelt.

Kunst im sozialen Gebrauch – oder der Verlust ihrer Unschuld

Der obige Hinweis auf die politische und Sozialgeschichte der Künste mag genügen, um ein vielleicht etwas einseitiges Bild einer über allen irdischen Dingen schwebenden Kunst zu korrigieren. Auszuhalten ist also genau diese Ambivalenz: der Bedarf an Zweckfreiheit, an Räumen des Möglichkeitsdenkens ohne sofortige Funktionalisierung zusammen mit der Hoffnung, im Kunstprozess – auch im pädagogisch angeleiteten künstlerischen Geschehen – einen solchen Freiraum jenseits der Zwecke, der Hektik, der Linearität „der" Gesellschaft gefunden zu haben; und gleichzeitig die Gefahr der Illusion einer solchen sozialen Oase.

Noch größer als die Gefahr dieser Illusion scheint die Nichtbeantwortung der Frage, wer überhaupt Zugang zu einer künstlerischenPraxis bekommt. Zu erinnern ist hier vor allem an Pierre Bourdieu,[4] dessen empirische Untersuchungen darüber, welche gesellschaftliche Gruppe sich mit welchen Künsten und Kunstpraxen beschäftigt, nach wie vor die zentrale Herausforderung für jene sein müssen, die an die emanzipatorischen Wirkungen eines Umgangs mit Künsten glauben.

---

4   Vor allem Bourdieu 1994, 159ff.: „Elemente zu einer soziologischen Theorie der Kunstwahrnehmung"

Bourdieus bis heute auch in deutschen Untersuchungen immer wieder bestätigtes Ergebnis lautet, dass sich soziale Klassen und Gruppen sehr deutlich darin unterscheiden, mit welchen Kunst-Produkten (im weitesten Sinn) sie sich befassen. Seine zentrale These lautet, dass gerade über die Art und Weise des persönlichen Kunstumgangs sich die Gesellschaft sozial und politisch genau so wiederherstellt, wie sie immer schon war. Also nicht Emanzipation, Autonomie und Souveränität, sondern ständige Wiederherstellung der ungerechten Verteilung von Entwicklungschancen und politischem Einfluss. Mögen die Pädagogen und Kunsttheoretiker daher glauben, was sie wollen: Hinter ihrem Rücken wirkt das „eherne" Gesetz von Bourdieu, dass alles beim Alten bleibt. Und gerade die „autonome Kunst" erweist sich hierbei als besonders wirkungsvolles Instrument der sozialen Strukturierung. Denn mögen im wohltemperierten Klavier von J. S. Bach, in der Avantgarde-Ausstellung moderner Kunst oder in der Modern-Dance-Choreographie in besonderer Weise verdichtete Erfahrungen und Entwicklungsmöglichkeiten für den Menschen verborgen sein: Sie finden trotzdem immer nur ihr ureigenstes Publikum, das diesen „feinen Unterschied" in seiner Kultiviertheit des Lebens goutiert – und sich dadurch von allen anderen gesellschaftlichen Gruppen absetzt.

Den demokratischen Kunstfreund, den Vertreter einer „Kultur für alle", den Kulturpädagogen mag dies schockieren – und trotzdem ist es so. Allerdings bleibt Hoffnung. Bourdieu ist in Anlehnung an den Kunsttheoretiker E. Panofsky von der höheren Qualität der etablierten „hochkulturellen" Codes (bei der Welterschließung, bei der Entwicklung von Bildung und Persönlichkeit) überzeugt (so etwa Bourdieu 1994). Und die kulturpädagogische Praxis zeigt: jedes ästhetische Material kann im Grundsatz auch jedem zugänglich gemacht werden. Allerdings: eine reine Angebotsorientierung, also eine bloße Bereitstellung von Mitwirkungsmöglichkeiten alleine reicht nicht aus, dass auch alle Bevölkerungsgruppen kommen. In dieser Situation kommt es vielmehr zu der bekannten sozialen Segmentierung, kommt es zu einer Bestätigung von Bourdieu. Wer an die allgemein bildenden Kräfte der Künste glaubt und wer zudem „Kultur für alle" als jugend- und kulturpolitisches Ziel für richtig hält, wird sich viele Gedanken darüber machen müssen, wie er andere als die „Bourdieuschen" Zielgrupen erreichen kann. Damit wird deutlich: das Konzept einer „kulturellen Bildung als Allgemeinbildung" gibt es nicht zum Nulltarif; es stellt vielmehr erhebliche Ansprüche, nimmt man Allgemeinbildung als Bildung für alle ernst.

Kunst in ihrem sozialen Gebrauch zu betrachten ist also mitnichten identisch mit ihrem versuchten Gebrauch als „Nachrichtenbulletin", als Mittel zur Herstellung von Klassenbewusstsein, als Instrument gegen Gewalt bei Kindern, hat also nichts mit den Anlässen der in unserem Trägerspektrum beliebten „Instrumentalisierungsdiskussion" zu tun. Eine Sensibilität für diese kultursoziologische Fragestellung geht sehr viel weiter: sie beginnt lange vor der künstlerischen Aktion, vor dem Tanz- oder Theaterstück: nämlich dort, wo es sich entscheidet, wer überhaupt zu dem Projekt, dem Kurs, der Aufführung kommt. Bourdieus „Gesetz" wirkt zudem sehr viel subtiler als eine bloße Orientierung des künstlerischen Inhalts auf je aktuelle gesellschaftliche Probleme, eben hinter dem Rücken des Beteiligten; und es wirkt langfristiger und anhaltender: als Strukturerhaltung auch jener gesellschaftlicher Verhältnisse, die gerade nicht in Einklang mit der eigenen emanzipatorischen Programmatik stehen. Die Diskussion über die Instrumentalisierung der Künste verstellt daher eher den Blick auf den sozialen Gebrauch oder Missbrauch der Künste, als dass sie in ihrem Rettungsversuch Erfolg haben könnte.

Wer Kinder und Jugendliche dabei beobachtet, wie sie gemeinsam ein Theaterstück oder Musical entwickeln, an einem Zirkusprojekt arbeiten, wie sie eine Raum- oder Spielplatzgestaltung vornehmen, wie sie in der Gruppe malen, musizieren, tanzen oder gemeinsam ein Computerspiel entwickeln, kann sich unmittelbar selber von der Richtigkeit dieser Thesen überzeugen[5]. Selbst das Problem, wie es mit der Frage der Herausforderung für die beteiligten Kinder und Jugendlichen steht, wie es mit „Leistung" und Anstrengungsbereitschaft steht, löst sich oft genug von selbst. Denn auch wenn in der pädagogischen Arbeit stets der *Prozess* im Mittelpunkt steht, soll häufig auch ein *Produkt* von der Gruppe erstellt werden, das einer gewissen Öffentlichkeit vorgestellt wird: Eine Ausstellung, ein Planungsergebnis, ein Tanz- oder Theaterstück. Das Erleben von Selbstwirksamkeit, die Kulturarbeit ermöglicht, geht einher mit Prozessen der Anerkennung durch andere – und dies heißt oft genug: öffentliche Präsentation mit all den Aufregungen und Anstrengungen, die dazu gehören.

Probleme und Perspektiven

Da Kulturelle Bildung als Form der Jugendarbeit sowohl im KJHG als auch in den Förderprogrammen auf Bundes-, Landes- und kommunaler Ebenen verankert ist (s. Bundesvereinigung Kulturelle Jugendbildung 1996), scheinen sich auf der allgemeinen Ebene der Konzeptdiskussion weniger Probleme im Hinblick auf die Themenstellung dieses Buches zu ergeben. Dies mag für viele Grundsatzfragen auch so gelten, doch ist die Praxis sehr viel weniger problemfrei und harmonisch, als man auf der Ebene der Konzeptentwicklung ver-

---

[5]   Es gibt zudem in den letzten Jahren ein verstärktes Interesse an der Evaluation der Bildungswirkungen der Kulturarbeit. Allerdings kommt der Forschungsprozess nur mühsam voran. Es gibt zwar im Kontext der Schule einzelne ambitionierte Forschungsprojekte, etwa zur Wirkung des Musikunterrichts (Bastian 2000), doch fehlen insgesamt – national und international – Wirkungsstudien. Ein Literaturbericht findet sich unter www.schluesselkompetenzen.bkj.de

muten könnte. Es soll daher am Beispiel von Arbeitsschwerpunkten in der kulturellen Bildungsarbeit in den letzten Jahren und an einzelnen Modellprojekten aufgezeigt werden, an welchen Stellen trotz günstiger Ausgangsbedingungen Diskussionsbedarf besteht und welche zukunftsorientierten Entwicklungsperspektiven zurzeit in Angriff genommen werden.

- Es ist zweifellos ein Spezifikum in der kulturellen Bildungsarbeit, dass sie einen Gegenstand oder Inhalt hat, an dem sie sich in der konkreten Praxis abarbeitet – also die künstlerische Form, die eben nicht nur Methode Form ist. Diese spezifische Form der Jugendarbeit macht attraktiv, dass sie an vorhandene Interessen und Bedürfnissen von Kindern und Jugendlichen anknüpfen kann. Dadurch ist dieses Arbeitsfeld auch für die erwachsenen Fachleute reizvoll, da diese in der Regel ihren Beruf auf Grund ebensolcher Interessen ergriffen haben und ihre berufliche Identität daraus entwickeln. Allerdings ergeben sich hieraus auch Spannungsverhältnisse, ergibt sich die Notwendigkeit, verschiedene Ziele ständig zu balancieren: die pädagogische und die künstlerisch-fachliche Dimension, die jugendkulturellen Ausdrucksformen und die Standards der Bezugsdisziplinen, die Verschiedenheit der (pädagogischen, ökonomischen, sozialen, ästhetischen) Qualifikationen (s. Bundesvereinigung Kulturelle Jugendbildung 1998).
- Es ist durchaus ein Erfolg, dass nunmehr „kulturelle Bildung" als Leitbegriff in der Bildungs-, Kultur- und Jugendpolitik akzeptiert wird. Das war nicht immer so. Heute ist dieser Begriff und seine inzwischen akzeptierte englische Übersetzung „cultural education" national und international in den genannten Politikfeldern weitgehend anerkannt. Damit ist eine wichtige Voraussetzung für eine integrierte Jugend-, Kultur- und Bildungspolitik geschaffen. Allerdings ergibt sich daraus das Problem, mit den z. T. sehr unterschiedlichen Sprachspielen in den jeweiligen Politikfeldern umgehen zu müssen. Es macht z. B. durchaus einen Unterschied, ob ich dasselbe Theaterprojekt mit Jugendlichen dem Jugend-, Kunst- oder Kultusministerium präsentiere, da sich deren Sprach-, Denk- und Bewertungsweisen z. T. gravierend unterscheiden.
- Ein großes Modellprojekt der BKJ beschäftigte sich in diesem Zusammenhang in den letzten Jahren mit dem „Lernziel Lebenskunst" (s. Bundesvereinigung Kulturelle Jugendbildung 2001, 2000, 1999). Lebenskunst meint hier das, was man gelegentlich auch „produktive Lebensgestaltung" oder „alltägliche Lebensführung" nennt. Es geht dabei um die Aufgabe, etwas präziser die These zu untersuchen, die die kulturelle Bildungsarbeit (wie auch andere Bereiche der Jugendarbeit) für sich proklamiert: Nämlich die Kinder und Jugendlichen in die Lage zu versetzen, Verantwortung für ihr eigenes Leben zu übernehmen. Die

Voraussetzungen der Kulturarbeit sind hierbei – wie oben skizziert – günstig. Denn Selbstwirksamkeit, Selbststeuerung, das Ansetzen an Stärken und nicht an Defiziten, der produktiv-gestalterische Charakter – all dies gehört zu den Grundprinzipien kulturpädagogischer Arbeit.[6] Doch präzise die Wirksamkeit kulturpädagogischer Praxis im Hinblick auf das weitreichende Ziel der Lebenskunst zu beschreiben, hat sich als schwieriges Problem erwiesen.

- Man kann dieses Problem in einer eher technischen Sprache durchaus als „Messproblem" bezeichnen. Dieses Messproblem wird insbesondere dann virulent, wenn man sich auf einschlägig besetzte Felder begibt.[7] So wird man nicht umhin kommen, die OECD ins Visier zu nehmen (s. Fuchs 2001). Denn bei der Suche nach den weltweit wirkungsvollsten bildungspolitischen Akteuren gerät diese Organisation zwangsläufig ins Blickfeld, selbst wenn sie bis zum 4.12.2001 (dem Datum der PISA-Präsentation) nur Fachleuten bekannt war. PISA zeigt – jenseits aller politischen und fachlichen Bewertungen – für die hier besprochene Frage ein zentrales Problem auf: Die quantitative empirische Methodologie, die die Breite des Untersuchungsansatzes von PISA erst möglich gemacht hat, korrespondiert mit der spezifischen Fragestellung von PISA: Es geht um Wissen und seine durchaus kreative Anwendung und damit lediglich um die kognitive Dimension der Persönlichkeit. Die „life skills" von PISA haben sehr wenig mit den „Daseinskompetenzen" zu tun, wie sie im Fünften Familienbericht des Bundes entwickelt worden sind. Der Jugendarbeit generell und speziell der kulturellen Bildungsarbeit geht es jedoch nur in Grenzen um pisa-relevantes Wissen. Jeder Versuch, andere pädagogische Felder als die „Hauptfächer", die hier untersucht wurden, unter der Perspektive eines weiten Bildungsbegriffs ins Gespräch zu bringen, wird sich mit dieser Messproblematik auseinander setzen müssen.[8] Man kann nun durchaus der Meinung sein, dass es für die Jugendarbeit nicht wünschenswert ist, überhaupt die Nähe der OECD anzustreben. Weiterführend derscheint aber die Auffassung, dass eine integrierte Bildungs-, Jugend- und Kulturpolitik ohne diesen mächtigsten „global player" nicht weit führen wird. Es gibt dabei im OECD-Kontext durchaus Diskurse, die anschlussfähig für unsere eigenen Konzeptdiskussionen sind:

  - In gesellschaftstheoretischer Sicht gibt es in der OECD eine Diskussion über das Konzept des „Sozialkapitals", eben weil man zu-

6 Komprimiert dargestellt bei Bockhorst 2001.
7 Rainer Treptow (2001) skizziert die sich hieraus ergebenden Problemlagen zutreffend.
8 Diese Diskussion wird z. Zt. im Rahmen des Modellpojekts „Schlüsselkompetenzen durch kulturelle Bildung" geführt. Siehe www.schluesselkomptenzen.bkj.de

nehmend einsieht, dass auch die Wirtschaft nur dann gedeihen kann, wenn die Gesellschaft eine gewisse soziale Qualität hat.

- Ein zweiter Schwerpunkt betrifft das Konzept der „Lernenden Region". Hier wird u. a. eine Vernetzung unterschiedlicher Bildungsorte angestrebt, in der Jugendarbeit eine Rolle spielen kann. Voraussetzung ist allerdings die Bereitschaft zur Zusammenarbeit mit andern gesellschaftlichen Bereichen, vor allem der Wirtschaft und der Arbeitsverwaltung.[9]

- Das Lernen außerhalb der Schule, also das non-formelle und informelle Lernen, scheint geradezu einen Siegeszug antreten zu wollen (s. Dohmen 2001). Hier gibt es die Gelegenheit, der eigenen Arbeit gesamtgesellschaftlich eine bessere Anerkennung zu verschaffen.

- Dies geschieht insbesondere durch Tendenzen, die inzwischen – zumindest international – auch in der Jugendpolitik angekommen sind: nämlich die Kompetenzen, die in der Jugendarbeit vermittelt werden, sichtbar zu machen und sogar zu „zertifizieren" (s. Breuning 2002). Dass es sich hierbei gerade nicht um ein Schulzeugnis klassischer Art handeln kann, sondern vielmehr jugendarbeitsspezifische (dialogische) Ansätze zu entwickeln sind, wie Kompetenzentwicklungen gemeinsam erfasst und beschrieben werden können, ist eine weitere Herausforderung für die Jugendarbeit (s. Fuchs 2002).

- Dies gilt insbesondere für eine Diskussion, die man in Deutschland schon fast zu den Akten gelegt hatte, weil sie nach 30 Jahren ausgelotet schien: die Frage nach Schlüsselkompetenzen. Eines der interessantesten Projekte der OECD beschäftigt sich – empirisch gehaltvoll und theoretisch ambitioniert – mit der „Description and Selection of Key-Competences" (DeSeCo) (Rychen/Salganik 2001). In diesem Kontext gibt es viele Anknüpfungspunkte für die Kulturelle Jugendbildung.

Literaturangaben

Bastian, H. G. (2000): Musik(erziehung) und ihre Wirkung. Eine Langzeitstudie an Berliner Grundschulen, Mainz usw.

Baecker, D. (2000): Wozu Kultur?, Berlin

Bloch, E. (1979/1947/1938): Das Prinzip Hoffnung. 3 Bde., Frankfurt/M.

Bockhorst, H.: Kulturelle Bildung: Schlüsselkompetenz für die Kunst des Lebens, in: Kulturpolitische Mitteilungen, Nr. 94/III/2001, Themenheft: Kulturelle Bildung, 47-51

---

9 Daher hat sich die Akademie Remscheid an dem Projekt „Lernende Region" von EU und BMBF beteiligt und entwickelt nun in den nächsten 5 Jahren im bergischen Städtedreieck Remscheid/Solingen/Wuppertal ein entsprechendes Vernetzungsmodell sehr verschiedener Bildungsträger.

Bollenbeck, G. (1994): Bildung und Kultur. Glanz und Elend eines deutschen Deutungsmusters, München

Bourdieu, P. (1994/1974): Zur Soziologie der symbolischen Formen, Frankfurt/M.

Bourdieu, P. (1994/1987): Sozialer Sinn. Kritik der theoretischen Vernunft, Frankfurt/M.

Bourdieu, P. (1999): Die Regeln der Kunst. Genese und Struktur des literarischen Feldes, Frankfurt/M.

Breuning, F. (2002): Sachstand zur internationalen Zertifizierungsdiskussion (Arbeitstitel), Remscheid, s. www.schluesselkompetenzen.bkj.de/Texte

Bürger, P. (Hrsg.) (1978): Seminar: Literatur- und Kunstsoziologie, Frankfurt/M.

Bundesvereinigung Kulturelle Jugendbildung (Hrsg.) (1998): Evaluation und Qualitätssicherung in der kulturellen Bildung, Remscheid

Bundesvereinigung Kulturelle Jugendbildung (Red.: I. Bielenberg, B. Prautzsch) (1996): Durchblick im Föderalismus, Remscheid

Danto, A. C. (1984): Die Verklärung des Gewöhnlichen. Eine Philosophie der Kunst, Frankfurt/M.

Dohmen, G. (2001): Informelles Lernen in Europa, Bonn: BMBF

Fuchs, M. (1994): Kultur lernen. Eine Einführung in die Allgemeine Kulturpädagogik. Schriftenreihe der Bundesvereinigung Kulturelle Jugendbildung (BKJ), Remscheid

Fuchs, M. (2000): Bildung, Kunst, Gesellschaft. Beiträge zur Theorie der kulturellen Bildung, Remscheid: BKJ

Fuchs, M. (2001): Kulturelle Kompetenzen für eine veränderte Arbeitswirklichkeit, Remscheid 2001, www.akademieremscheid.de/Publikationen

Fuchs, M. (2002): Bildungswirkungen in der Jugendkulturarbeit. Überlegungen zu ihrer Erfassung, Remscheid, www.schluesselkompetenzen.bkj.de/Texte

Holzkamp, K. (1983): Grundlegung der Psychologie, Frankfurt

Kleimann, B./Schmücker, R. (2001) (Hrsg.): Wozu Kunst? Die Frage nach ihrer Funktion, Damstadt

Kroeber, A. L./Kluckhohn, C. (eds.) (1952): Culture: A Critical Review of Concepts and Definitions, New York

Liebau, E. (1992): Kultivierung des Alltags, Weinheim/München

Nachtwey, R. (1987): Pflege, Wildwuchs, Bricolage. Ästhetisch-kulturelle Jugendarbeit, Opladen

Nipperdey, Th. (1983): Deutsche Geschichte. 1800-1866. Bürgerrecht und starker Staat, München

Rychen, D. R./Salganik, L. H. (2001): Defining and Selecting Key Competencies, Seattle etc.

Steenblock, V. (1999): Theorie der kulturellen Bildung. Zur Philosophie und Didaktik der Geisteswissenschaften, München

Treptow, R. (1993): Bewegung als Erlebnis und Gestaltung. Zum Wandel jugendlicher Selbstbehauptung und Prinzipien moderner Jugendkulturarbeit, Weinheim/München

Treptow, R. (2001): Kulturarbeit, Kulturpädagogik, kulturelle Bildung, in: Kulturpolitische Mitteilungen, Nr. 94, III, Themenheft: kulturelle Bildung

Zacharias, W. (2001): Kulturpädagogik. Kulturelle Jugendbildung. Eine Einführung, Leverkusen

Zum Verhältnis von Bildung und Bewältigung am Beispiel der Jugendberufshilfe in Ostdeutschland

Lothar Böhnisch

Die bisherige Entwicklung der Jugendberufshilfe in Deutschland ist von zwei Grundproblemen geprägt, welche sowohl ihre sozialpädagogischen und sozialpolitischen Entfaltungsmöglichkeiten blockieren als auch die arbeits- und berufsgesellschaftlichen Bewältigungs- und Bildungschancen ihrer Jugendlichen einengen. Sie muss sich an einem Indikationsbegriff psychosozialer Benachteiligung (entsprechend § 13 SGB VIII/KJHG und den personenbezogenen Förderkriterien des AFG) orientieren, der auf eine Klientel mit individuellen Defizitlagen verweist. Vor allem in Ostdeutschland sind aber viele Jugendlichen lehrstellen- und arbeitslos, nicht weil sie persönliche Defizite aufweisen, sondern weil nicht genügend Ausbildungsstellen und Arbeitsplätze vorhanden sind. In der ostdeutschen Jugendberufshilfe spiegelt sich also ein Dilemma, das sich zwar insgesamt – bundesweit und europäisch – schon abzeichnet, hier aber längst sichtbar ist: Die Jugendberufshilfe reicht von ihren Zielgruppen inzwischen in die Mitte der Gesellschaft hinein, bleibt aber in ihren sozialpolitischen Möglichkeiten und sozialpädagogischen Handlungsformen auf die sozialen Randzonen ausgerichtet. Sie bewegt sich damit – nach herkömmlicher bildungspolitischer Definition – nicht in der ‚Bildungszone‘, sondern in der ‚Bewältigungszone‘ der Gesellschaft. Dass die Einrichtungen der Jugendberufshilfe ‚Bildungsträger‘ heißen, änderte nichts an dieser qualitativen Zuschreibung. Die außerbetriebliche Bildungsarbeit wurde vielfach zum Zufluchtsort von Menschen, die im Restrukturierungsprozess nach der Wende aus unterschiedlichsten Gründen ihre vormalige Anstellung verloren hatten. Viele Mitarbeiter/inn/en waren zuvor im Erziehungswesen als Unterstufenlehrer, Pionierleiter usw. tätig gewesen. Sie empfanden ihre neue Stellung außerhalb des Regelsystems als persönliche Diskreditierung und die ihnen überantwortete Klientel teilweise auch als Zumutung. Dabei waren ihnen die Formen der Unterrichtung eher vertraut und umsetzbar als eine sozialpädagogische Orientierung, die auf Aushandlungs- und Verständigungsprozesse setzt. Zur Berufsbiographie der Mitarbeiter/inn/en in der Jugendberufshilfe liegen im Gegensatz zum Handlungsfeld Jugendarbeit (s. Böhnisch/Fritz/-Seifert 1997, Hahn 1997) keine systematischen empirischen Untersuchungen vor; die hier getroffenen Aussagen greifen auf Erfahrungen bei Fortbildungsveranstaltungen und Fachtagungen zurück. Wie noch zu zeigen ist, lernten es die Praxisträger und allen voran die fortschrittlichen rasch, die sozialpädagogische Orientierung als new speech in ihre Selbstdarstellungen zu integrieren, tun sich allerdings mit einer sozialpädagogisch orientierten Gestaltung ihres Projektalltags bis heute weitgehend schwer. Auch hierzu liegen aus dem engeren Bereich der Jugendberufshilfe nur wenige Ergebnisse vor (s. Löwe 1999). Man kann den hier behaupteten Tatbestand aber über zwei interpretative Kunstgriffe mit Indizien versehen: Einmal geben die geradezu gebetsmühlenartigen Ermahnungen zur sozialpädagogische Orientierung, die in keiner Handreichung ausgelassen sind, Hinweise darauf, dass hier ein erst noch herzustellender Zustand eingefordert wird (s. etwa die Publikationen des Bundesministerium für Bildung und Wissenschaft 1992-1998, aber auch die Durchführungsbestimmungen der Bundesanstalt für Arbeit 1996 a/b und 1998 zu den entsprechenden Maßnahmenbereichen der Jugendberufshilfe). Folgt man zum Zweiten dem regierungsamtlichen Lagebericht zur Benachteiligtenförderung in den neuen Bundesländern, so ist diesem zu entnehmen, dass der organisatorisch-konzeptionelle Ansatz der Jugendwerkhöfe, wenn auch mit unterschiedlicher Gewichtung und anderem pädagogischen Verständnis, wohl noch am ehesten mit dem Ansatz einer sozialpädagogisch orientierten Berufsausbildung vergleichbar sei (s. Bundesministerium für Bildung und Wissenschaft 1992 b, 316). Nun lässt sich allerdings aus Berichten über die dort und in der Heimerziehung generell anzutreffenden Handlungspraxen nicht gerade auf eine ausgeprägte sozialpädagogische Orientierung schließen (s. v. Wolffersdorff 1993 a/b, Roth 1994, Bundesministerium für Familie, Senioren, Frauen und Jugend 1995, Spohn 1996).

Die Pioniere aus dem Westen, die im Aufbauprozess als Instrukteure der ersten Stunde partnerschaftliche Hilfe zu leisten versuchten, führten im Aufbautornister ihnen bekannte Ablaufmuster mit, die sie auf die hiesigen Verhältnisse zu übertragen versuchten. Allerdings funktionierte weder die Verwaltung in der für sie gewohnten Weise, noch passten ihre Konzepte, da diese auf klassische Benachteiligtenarbeit hin und nicht als Ersatz eines Regelsystems nach dessen Auflösung angelegt waren. Insofern wurde die Nischenpädagogik der Jugendberufshilfe, wie sie sich im Westen zu Zeiten überschaubarer Berufsnot entwickelt hatte, bei ihrem Auftritt im Osten überfordert und ging in den Turbulenzen der Zeit schlicht unter. Bis heute verstehen sich die Praktiker der Jugendberufshilfe zu ganz überwiegenden Teilen als Ausführungsorgan der Arbeitsverwaltung ohne eigenen Gestaltungsanspruch. Die vielbeschworene konfliktuelle Kooperation (s. Evers/Olk 1996) zwischen Akteuren bei unterschiedlicher institutioneller Rückbindung und Interessenlage, durch welche die Intermediarität freier Träger überhaupt erst hergestellt und unterstrichen werden soll, bleibt die Ausnahme und ist allenfalls bei jenen wenigen Projekten anzutreffen, die sich neben dem Mainstreaming eine eigene Konzeptionalität bewahrt haben und vielfach als vorzeigbare Modellprojekte von Stiftungen oder dem Bundesjugendplan gefördert im lokalen Kontext eher einen Außenseiterstatus innehaben, aus dem heraus sie dann auf überregionalen Trägerkonferenzen einen Avantgardeanspruch zu begründen versuchen. Dabei wird gerne vergessen, dass sie gerade nicht für die typische Jugendberufshilfe-Ost stehen und sprechen.

Dies zeigt, dass die Jugendberufshilfe in den neuen Bundesländern ganz neue Hürden zu bewältigen hatte: Als gleichsam über Nacht auf den Ruinen der zusammenbrechenden Ausbildungs- und Arbeitswelt der DDR neu institutionalisierter und tatsächlicher Ausfallbürge eines Regelsystems hatte sie ein Ersatzangebot in quantitativ erheblichem Umfang bereitzustellen. Für diese Aufgabe existierten weder Erfahrungswerte (s. Bundesministerium für Bildung und Wissenschaft 1992 a, 324ff.), noch war die allgemeine Diskussion innerhalb der Jugendberufshilfe zur Bewältigung dieser Aufgabe hilfreich. Im Gegenteil: Ihre Themen erschienen *aus Ostperspektive* angesichts des hier herrschenden enormen Handlungsdrucks vielfach als exaltiert, teilweise unverständlich und insgesamt wenig anschlussfähig. Denn die Lage auf dem Ausbildungsstellenmarkt hatte sich zu Beginn der 90er-Jahre in den westlichen Bundesländern erheblich entspannt und man widmete sich weitgehend Spezialproblemen. So erwiesen sich etwa die Konzepte unter der Leitmaxime Verbundsysteme, die für die damalige Modellphase des Bundesjugendplans vorgegeben war, an der die Projekte aus den neuen Ländern erstmals partizipieren und auf gemeinsamen Treffen mit ihren Westkollegen diskutieren konnten, vor den situativen Gegebenheiten im Osten als völlig unpraktikabel. Dabei hatten und haben die Modellprojekte der arbeitsweltbezogenen Jugendsozialarbeit großen Einfluss auf die Fachdiskussion, nicht zuletzt deshalb, da sie von einem reflexionsfähigen Overhead der Begleitforschung und Evaluation flankiert werden. Wie aber sollten regionale Verbundstrukturen unter den Akteuren der Jugendberufshilfe im Osten aufgebaut werden können, wo doch die Wirtschaft am Boden lag, die Kommunalverwaltungen wie auch die Bildungsinstitutionen (wie etwa die Berufsschulen) ihre Energien auf die eigene Restrukturierung lenkten und so einer starken Binnenfixierung unterlagen? Auf der Grundlage einer wenig eigenständigen Profilbildung und bei der damals vorherrschenden Handlungsunsicherheit erscheint der Spielraum für Verbundkooperationen mit zweiten geschweige denn mit vielen Partnern mehr als unwahrscheinlich: Im gegenwärtigen Zustand gesellschaftlichen Umbruchs gestaltet sich die Kooperation zwischen Arbeitsämtern, Kammern, Gewerkschaften, Landes- und Schulbehörden, Kommunen, Berufsbildungsstätten, Betrieben, Berufsschulen, politischen Entscheidungsträgern etc. überaus schwierig. Hieraus ergeben sich mannigfache Behinderungen, Widerstände, Konkurrenzen und Informationsdefizite beim Neuaufbau des beruflichen Bildungssystems (s. Bundesministerium für Bildung und Wissenschaft 1992 a, 321).

Die Jugendberufshilfe-Ost war also zum Reagieren und gleichzeitigen

Experimentieren gezwungen. Denn die Jugendberufshilfe steht in den neuen Bundesländern bis heute aufgrund der (betrieblichen) Ausbildungsstellenknappheit und der Schärfe der Beschäftigungskrise in besonderer Weise vor der Verlegenheit, die an sie gestellten und mit der Bereitstellung von durchaus erheblichen Finanzmitteln für ihre Maßnahmen verbundenen Erwartungen hinsichtlich solider Übergangsquoten (zum ersten Arbeitsmarkt) nicht einzulösen zu können. Darum ist sie gerade hier auch in besonderer Weise herausgefordert, das ihr scheinbar in die Wiege gelegte, problemindividualisierende Grundverständnis ihrer Aufgabe zu überwinden und ihren bildungspolitischen Handlungsauftrag freizulegen. Als dessen Ausgangspunkt hat sie die biografischen Bewältigungsaufgaben der Jugendlichen zu sehen und eben gerade nicht (bzw. erst in zweiter Linie) eine Indienstnahme für einen zumindest für ihre originären Zielgruppen kaum aufnahmefähigen freien Arbeitsmarkt. In dieser Perspektive hat die Jugendberufshilfe einen gewichtigen Beitrag zur lebenslaufbezogenen Bildung der ihr anvertrauten jungen Menschen zu leisten, indem sie deren biographische Optionen fördert, was sie wiederum nur kann, wenn sie sich über ihre Projekte als Akteur sozialer Gestaltung erweist. Ihre dabei zu sammelnden Erfahrungen und praktizierten Handlungsansätze können durchaus eine stilbildende Bedeutung für das zukünftige Selbstverständnis der Jugendberufshilfe in der gesamten Bundesrepublik und darüber hinaus für andere europäische Länder insbesondere für die neuen Schwellenländer erlangen.

Vor diesem Hintergrund wird deutlich, dass die Jugendberufshilfe in Ostdeutschland einen Bezugsrahmen braucht, der die Funktion der sozialen Integration nicht primär an den funktionellen, sondern an den biografischen Erfolg bindet. Während die funktionelle Orientierung sich am einigermaßen gelingenden Abschluss von Maßnahmen und wenn Nachbetreuung möglich ist noch eine Zeit lang an der Arbeitsbewährung orientiert, fragt die biografische Perspektive nach dem Stellenwert, den der Aufenthalt der Jugendlichen in der Jugendberufshilfe für ihre weitere Biografie bedeuten könnte: Erhalten sie neben berufsfachlichen Fertigkeiten auch psychosoziale Bewältigungskompetenzen, die sich vielleicht später erst auszahlen? Mit der Fragilisierung der Berufswege schaffen viele Jugendliche heute den Einstieg in die Arbeitsgesellschaft oft erst zu einem späteren biografischen Zeitpunkt nach Umwegen und Neuanläufen (s. Lex 1997). Und so hat das traditionelle Sprichwort was Hänschen nicht lernt, lernt Hans nimmer mehr in der entstrukturierten Arbeits- und Berufsgesellschaft seine schicksalhafte Bedeutung verloren. Deshalb gehört es mehr denn je zum konzeptionellen Selbstverständnis der Jugendberufshilfe, eine Balance zwischen funktionaler Anpassungsperspektive und biografischer Orientierung zu suchen. Die biografische Perspektive wiederum lässt den Bildungsbezug der Jugendberufshilfe deutlicher und eigenständiger hervortreten, als dies in den funktionalen Konzepten vermittelt ist. Die Sozialisationsfunktion der Jugendberufshilfe lässt sich vor dem Umstand beschreiben, dass entwicklungstypische und statusbezogene Übergangsprobleme des Jugendalters gerade hier zusammenwirken, zumal sich die Adoleszenzproblematik angesichts der blockierten Zugänge zur Arbeitswelt bei diesen Jugendlichen noch weiter verlängert (s. Hurrelmann 1995). Es ist die Zeit der Verarbeitung der eben durchgestandenen pubertären Entwicklungsdynamik, der Ablösung vom Elternhaus, des Experimentierens mit sozialen Rollen und Normen, der Statuserprobung in der Gleichaltrigenkultur, der Suche nach *Identität* (wer bin ich in dieser neuen sozialen Welt?) und *Integrität* (bekomme ich das alles, was mit mir passiert und auf mich sozial zukommt, so auf die Reihe, dass ich biografisch handlungsfähig bleibe?). Die Jugendlichen befinden sich unterschiedlich je nach biografischem Hintergrund und geschlechtsdifferentem Bewältigungsverhalten in psychischen Zuständen der (parasozialen) Unwirklichkeit, in denen ihre Egozentrik (Narziss) auffällig ist, weil ihnen eben nichts anderes übrig bleibt, als sich in ihrer Selbstbehauptung an *sich selbst* zu orientieren, weil sich ihr leibseelischer Zustand und ihre sozialen Bindungen so nachhaltig, dramatisch und phasenweise unübersichtlich verändern. Kein Wunder, dass in dieser Zeit der Selbstwert fragil ist und Selbstwertbeschädigungen wie sie gerade auch mit einem Schulabbruch, mit der Verweigerung einer Lehrstelle, mit der zugemuteten Arbeitslosigkeit und der Zurückstufung in der Leistungsprognose einstellen sozial-emotional folgenreich sind, auch wenn sie in der Unbefangenheit des Jugendstatus aktuell immer wieder durch Cliquendynamik und Konsum kompensiert werden.

Die Jugendpsychiatrie (s. Erdheim 1988) und die Sozialpädagogik des Jugendalters (s. Böhnisch 2001) messen in dieser fragilen Übergangszeit der *Arbeit* einen zentralen Stellenwert zu. Jugendliche lösen sich aus dem intimen Herkunftsmilieu der Familie ab und werden über die Arbeit in das Realitätsprinzip der Gesellschaft eingeführt. Der Übergang vom Familien- zum Realitätsprinzip ist mit Sozialisationseffekten verbunden, die sich z. B. als soziale Rollenübernahme, Ausbildung sozialer Verantwortlichkeit, Selbstkontrolle und Entwicklung realistischer biografischer Optionen beschreiben lassen. Ist dieser Übergang in die Arbeitswelt gestört oder abgebrochen, werden auch diese Sozialisationseffekte beeinträchtigt. Die Konsumsozialisation, die ja auch Selbstständigkeit und Status vermittelt, kann dieses nicht kompensieren. Denn der Konsum ist parasozial, er folgt nur partiell dem Realitätsprinzip, er verstärkt eher die Wunschbilder der Jugendzeit (hohe Berufs- und Statusillussion) und er ist in sich grenzenlos (fordert immer neuen Verbrauch und kann somit keine Bezüge der Selbstkontrolle herstellen).

Die entsprechende These lautet also vor dem Hintergrund dieser Erkenntnisse: Die Jugendberufshilfe muss endlich auch auf ihr zweites Bein, ihre Funktion der *Bildung durch Arbeit* gestellt und auch in dieser zweiten Funktion öffentlich anerkannt werden. Diese These ist noch viel weitreichender, wenn wir folgerichtig angesichts der sozialisationsstrukturellen Notwendigkeit der Integration in die Arbeitswelt formulieren: Auch dann, wenn die Aussichten auf entsprechende und baldige Vermittlung in den ersten Arbeitsmarkt schwierig ist, müssen Gelegenheitsstrukturen geschaffen und gesichert werden, in denen Jugendliche in die Arbeitswelt eingeführt werden können und Sozialisation durch Arbeit ermöglicht werden kann. Die sozialisatorische Dimension der Jugendberufshilfe ist also mindestens ebenso wichtig wie die funktionelle Integration in die Berufswelt.

In dieser *Sozialisations- und Bildungsperspektive* der Jugendberufshilfe kommt es angesichts der jugendtypischen Entwicklungskonstellationen darauf an, Gelegenheits- und Anregungsstrukturen für Selbstwert- und Anerkennungserlebnisse zu schaffen. Wenn die Träger der Jugendberufshilfe durch den Druck der institutionellen Engführung vornehmlich auf die Vermittlungseffizienz von Maßnahmen festgelegt sind, müssen Kooperationen mit Projekten der offenen Jugendarbeit gesucht werden. Gerade die Jugendlichen in der Jugendberufshilfe brauchen außerhalb des Schul- und Berufsunterrichts (in dem sie ja nur partiell Selbstwertgewinn über Leistung erfahren können) sozialräumliche und soziokulturelle Möglichkeiten, in denen sie zeigen können, was in ihnen steckt, zu was sie fähig sind, auch wenn dies in den Maßnahmen selbst nicht zum Zuge kommt oder übergangen wird. Für die offene Jugendarbeit kann diese Verschränkung mit der Jugendberufshilfe insofern interessant sein, als sich in deren Räumen soziotechnische Möglichkeiten bieten, die sonst in den Jugendhäusern nicht machbar sind (z. B. Jugendwerkstätten). So ließe sich eine lokale Vernetzung von mobiler, offener Jugendarbeit und Jugendberufshilfe denken.

Nun muss man sich allerdings darüber im Klaren sein, dass eine sozialisatorische Ausrichtung der Jugendberufshilfe über die funktionale Integrationsperspektive hinaus nicht einfach an die Maßnahmen angehängt werden kann, sondern eine *strukturelle Neuorientierung* des Aufgabenverständnisses und seine Legitimation verlangt. Es geht also darum, ob die Maßnahmen der Jugendberufshilfe nur als sekundäre Integrationshilfen oder als Teil der Biografie des Jugendlichen, der in die Zukunft hineinreicht, verstanden werden. Anders formuliert: Wird die Maßnahme als in sich abgeschlossen betrachtet und werden die Jugendlichen dann in ein mehr oder minder ungewisses berufliches Schicksal entlassen eine Frage, die natürlich von der Bewältigungsperspektive her wichtig ist und bleibt, so ist man in erster Linie an der Sicherung des Übergangs orientiert, damit ein soziales Abgleiten verhindert und ein Minimum der Integration gewährleistet ist. Wenn es nur nach diesem Verständnis geht, wird in der Praxis oft zwanghaft versucht, den Jugendlichen möglichst viel an eingegrenztem und instrumentellem Berufswissen zu vermitteln, weil man sich dadurch bessere Vermittlungschancen erhofft und überdies der Zeitraum der Maßnahme als gegeben betrachtet wird. Versucht man aber darüber hinaus die biografische Perspektive zu realisieren, so geht man davon aus, dass sich das Schicksal der Jugendlichen nicht mit der

Maßnahme entscheidet, sondern vielleicht erst mit fünfundzwanzig oder dreißig Jahren, wo sie vielleicht ganz andere oder neue Zugänge zur Arbeitswelt haben, dann wird man einsehen, dass die funktionelle Ausrichtung von Maßnahmen zeitlich, sozialräumlich und soziokulturell erweitert werden muss, damit die Jugendlichen die Gelegenheit erhalten, biografische Bewältigungskompetenzen zu erwerben.

Die Jugendberufshilfe kann die im Zuge ihrer arbeitsmarktpolitischen Instrumentalisierung vergessene und zurückgedrängte Dimension lebenslaufbezogener Bildung wiedergewinnen, ohne ihren Beitrag zur Herstellung von Beschäftigungsfähigkeit (s. Europäische Kommission 1999) darüber zu vernachlässigen. Und dies kann sie, indem sie – ganz im Sinne ihrer doppelten Aufgabe von Sozialisation und Integration – ihrer arbeitsweltbezogenen und (scheinbar) prioritären Ausrichtung eben gerade dadurch gerecht zu werden versucht, dass sie sich für ihre Jugendlichen als eine nutzbare Gelegenheitsstruktur für produktive Umwege begreift. Diese Umwege sind insofern produktiv, als sie zur Herstellung der für Beschäftigungsfähigkeit zentralen Kompetenz, nämlich Selbstvertrauen und Handlungsfähigkeit, beitragen. In der Diskussion zum lebenslangen Lernen wird neuerdings gerade die Bedeutung des *lebensweiten Lernens* unterstrichen. In eben dieser Perspektive sind diese Umwege der Jugendberufshilfe zu begreifen, wie dies auch mit dem Konstrukt der sekundären Normalisierung umschrieben wurde (s. Böhnisch 1994). Wo die arbeitsgesellschaftliche Struktur erhebliche Deformationen und Integrationssperren aufweist, ist die Herstellung einer zweiten, sozialstaatlich transformierten Normalität von erheblicher Bedeutung für all jene, die existentiell darauf angewiesen sind. Dabei zeigt und das ostdeutsche Beispiel geradezu exemplarisch, dass dieses Problem der Herstellung einer sekundären Normalität nicht von den Jugendlichen und ihren individuellen Defiziten erzeugt wird – wie dies m KJHG und den Arbeitsförderungsrichtlinien unterstellt wird – sondern von einer Arbeitsgesellschaft, die Zugänge verweigert. Diese Entkoppelung von Bildung und Beschäftigung ist es, welche die herkömmlichen Normalitätsvorstellungen des institutionalisierten Bildungsbereiches sprengen und eine Umorientierung auf die biografische Bewältigungsdimension verlangen.

Bewältigung, Kompetenz und Bildung

Der hier eingeführte Bewältigungsbegriff bezieht sich auf das Streben des Individuums, in offenen Lebenssituationen *handlungsfähig* zu bleiben oder zu werden. Offene Lebenssituationen sind biografische Konstellationen, in denen die vorhandenen psychosozialen Ressourcen und sozialen Beziehungen nicht ausreichen, um ein identitätssicherndes personales Gleichgewicht zu erreichen. Solche offenen Situationen reichen von biografischen Übergängen bis hin zu kritischen Lebensereignissen. Die Individuen sind auf sich selbst zurückgeworfen, es kommt nun auf die „biografische Substanz" an, über die der Einzelne verfügt und darauf, das Streben nach Handlungsfähigkeit neue soziale Anschlüsse findet oder ob das Verhalten in antisoziale Tendenzen umschlägt. Das Bewältigungsverhalten folgt bestimmten Gesetzmäßigkeiten, die sich in den Antriebs- und Orientierungsdimensionen von Selbstwert, sozialer Anerkennung und sozialer Wirkung aufschließen lassen (s. dazu Böhnisch 2001). Im bewältigungsorientierten Streben nach Handlungsfähigkeit mobilisiert das Individuum selbsttätige Verarbeitungsleistungen in komplexen Anforderungssituationen. Entscheidend ist nun, wie diese Subjektleistungen von der sozialen Umwelt wahrgenommen und als Kompetenzen sozial weiter transformiert und im Kontext von Bildung anerkannt werden.

Am Beispiel des *lebenslangen Lernens* kann in diesem Sinne gezeigt werden, dass Bildungsprozesse immer auch Bewältigungsprozesse sind (s. dazu Böhnisch/Schröer 2001). Bei allen Abbrüchen, Übergängen, Umschulungen und Weiterqualifizierungen stellt sich für den Einzelnen das Integritätsproblem, die Frage also, wie mit der damit verbundenen Entwertung der bisherigen Biografie umgegangen und das bewältigungsorientierte Streben nach Handlungsfähigkeit in den Lernprozess integriert werden kann. Gerade die Sozialarbeiter/inn/en in den Jugendberufshilfen wissen, dass jemand, der seine Arbeit verloren oder am Übergang in die Berufswelt gescheitert ist, Selbstwert, Anerkennung und Wirkungsmöglichkeiten erfahren können muss, die sich auf ihn als Mensch mit multiplen Eigenkräften und –fähigkeiten beziehen, die aus ihm selbst kommen und so auch anerkannt werden. „Acting up" wird diese bewältigungsbezogene Bildungsorientierung in den englischen Beschäftigungsprojekten genannt. Die Jugendlichen sollen aus sich selbst heraus gebildet werden, die Jugendberufshilfe wird zu einem pädagogischen Experimentieren mit unterschiedlichen kulturellen, sozialen und qualifizierenden Angeboten, in denen die Pädagog/inn/en versuchen, an diesen – in biografischen Erkundungen und aktivierenden Beziehungen aufgeschlossenen – Eigenkräften der Jugendlichen „anzudocken" und nicht umgekehrt, wie das sonst in vorgegebenen Qualifikationskorsetten geschieht.

In der berufspädagogischen Diskussion hat diese Perspektive dieser Verbindung von Bewältigung und Bildung inzwischen im „Kompetenzdiskurs" Fuß gefasst. „Mit der Kompetenzdebatte ist die Persönlichkeit (‚Selbstorganisation') erneut in den Mittelpunkt gerückt worden. [...] Wenn man sich Aussagen zur Kompetenzentwicklung betrachtet, so wird zum einen die Selbstorganisationsfähigkeit des Menschen betont und das sich Kompetenzen nicht vermitteln lassen wie Qualifikationen, sondern dass sie [...] als subjektive Konstruktionsleistung des Lernenden aufzufassen sind (s. Vonken 2001, 416). Auch die Jugendhilfe, die mit ihrem Repertoire des Empowerment sich längst in diese Richtung bewegt, kann über diese Kompetenzbrücke nicht nur Anschluss an die neue, den gesamten Lebenszusammenhang und Lebensverlauf umschließende Bildungsdiskussion finden. Sie kann in diesem Kontext auch ihren eigenständigen Beitrag einbringen.

Literaturangaben

Angerhausen, S. u. a. (1998): Überholen ohne einzuholen. Freie Wohlfahrtspflege in Ostdeutschland, Opladen

Böhnisch, L. (1994): Gespaltene Normalität, Weinheim und München

Böhnisch, L. (2001): Sozialpädagogik der Lebensalter, Weinheim und München

Böhnisch, L./Fritz, K./Seifert, T. (1997): Die wissenschaftliche Begleitung. Aktionsprogramm gegen Aggression und Gewalt, Münster

Böhnisch, L./Arnold, H./W. Schröer (1999): Sozialpolitik – Eine sozialwissenschaftliche Einführung, Weinheim und München

Bundesanstalt für Arbeit (Hrsg.) (1996 a): Dienstblatt-Runderlaß 42/96. Berufsvorbereitende Bildungsmaßnahmen der Bundesanstalt für Arbeit

Bundesanstalt für Arbeit (Hrsg.) (1996 b): Dienstblatt-Runderlaß 44/96. Leistungen nach 40.c des AFG, Nürnberg

Bundesanstalt für Arbeit (Hrsg.) (1998): Arbeitshilfe für die fachliche Qualitätsbeurteilung bei der Vergabe von Maßnahmen in der Benachteiligtenförderung nach 240ff. SGB III, Nürnberg

Bundesministerium für Bildung und Wissenschaft (Hrsg.) (1992 a): Zielgruppe: Benachteiligte Jugendliche. Ausbildung für alle, Bonn

Bundesministerium für Bildung und Wissenschaft (Hrsg.) (1992 b): Sozialpädagogisch orientierte Berufsausbildung, Bonn

Bundesministerium für Bildung und Wissenschaft (Hrsg.) (1993): Förderkonzept für alle benachteiligte Mädchen und junge Frauen. Ausbildung für alle, Bonn

Bundesministerium für Bildung und Wissenschaft (Hrsg.) (1994): Beschäftigungschancen für benachteiligte Jugendliche. Ausbildung für alle, Bonn

Bundesministerium für Bildung, Wissenschaft, Forschung und Technologie (Hrsg.) (1995): Lernbeeinträchtigte und verhaltensauffällige Jugendliche in der Benachteiligtenförderung. Ausbildung für alle, Bonn

Bundesministerium für Bildung, Wissenschaft, Forschung und Technologie) (Hrsg.) (1998: Berufliche Qualifizierung benachteiligter Jugendlicher, Bonn

Bundesministerium für Familie, Senioren, Frauen und Jugend (Hrsg.) (1995): Beratung und Fortbildung beim Aufbau von Jugendhilfestrukturen in den neuen Bundesländern. Projektbericht Planungsgruppe PETRA, Bonn

Erdheim, M. (1988): Die Psychoanalyse und das Unbewusste, Frankfurt a. M.

Europäische Kommission (1999): Entschließung des Rates zu den beschäftigungspolitischen Leitlinien für 1999, Luxemburg

Evers, A./Olk, T. (1996): Wohlfahrtspluralismus Analytische und normativ-politische Dimensionen eines Leitbegriffs, in: Evers, A./Olk, T. (Hrsg.): Wohlfahrtspluralismus: Vom Wohlfahrtsstaat zur Wohlfahrtsgesellschaft

Hahn, M. (1997): Von Bildungseinrichtungen zu Jugendhilfeeinrichtungen – eine Untersuchung zur fachlichen, organisatorischen und förderpolitischen Transformation am Beispiel der Stationen junger Techniker. Unveröffentlichte Diplomarbeit, Technische Universität Dresden

Hurrelmann, K. (1995): Lebensphase Jugend, Weinheim und München

Lex, T. (1997): Berufswege Jugendlicher zwischen Integration und Ausgrenzung. Arbeitsweltbezogene Jugendsozialarbeit Band 3, Weinheim und München

Löwe, S. (1999): Handlungsformen sozialpädagogischer Arbeit in Beschäftigungsprojekten mit jungen Erwachsenen an der zweiten Schwelle – Eine qualitative Untersuchung in ausgewählten Projekten in Sachsen. Unveröffentlichte Diplomarbeit, Technische Universität Dresden

Roth, K. (1994): Entwicklung und Begleitung freier Träger in den östlichen Bundesländern, in: Jugendhilfe, Heft 4

Spohn, A. (1996): Erziehung im Jugendwerkhof am Beispiel Hennickendorf, in: Jahrbuch der Sozialen Arbeit 1997, Münster

Vonken, M. (2001): Von Bildung zu Kompetenz, in: Zeitschrift für Berufs- und Wirtschaftspädagogik 4, 503-522

Bildung in der Jugendhilfe

Anforderungen an einen neuen Geschlechtervertrag zur
Realisierung von Chancen- und Geschlechtergerechtigkeit

Maria-Eleonora Karsten

Geschlechtergerechtigkeit bleibt eine Aufgabe der Jugendhilfe für die Zukunft. Wird der Bildungsauftrag der Jugendhilfe neu formuliert und der Beitrag der Jugendhilfe zu Bildungsprozessen im lebenslangen Lernen, zur ge-
schlechter- und generationsgerechteren Gestaltung des Lebens, zu Partizipation und Engagement in der Wissens- und Informationsgesellschaft heute bestimmt, ist es notwendig, auch die sozialstaatliche Seite der Gewährleistung
und das Wächteramt in den Strukturmaximen der Jugendhilfe zu reformulie-
ren, wie sie auch im SGB VIII/Kinder- und Jugendhilfegesetz ihren Nieder-
schlag gefunden haben. Die Realisierung dieser professionellen Arbeitsprin-
zipien, also die Rechtsverwirklichung, insbesondere in der Perspektive auf
Gleichstellung, beinhaltete bereits die heute im Horizont des Bildungslern-
konzeptes neu pointierten Akzente, ohne dass diese verbreitet bewusst und
aktivierend das Handeln von Jugendhilfe, -politik und -praxis leiteten: Mäd-
chen- und Jungenarbeit entwickelten sich tendenziell als Spezialbereich der
Jugendarbeit, nicht jedoch als generelles Arbeitsprinzip.

Vorstellbar für die Entwicklung solcher neuen Definitionsverhältnisse in
der reflexiven Moderne auf sozialstaatlicher Seite sind neue Arbeitsbündnisse
in der Jugendhilfe: soziale Agenturen quer zu existierenden Organisationen,
die bewusst die Versäulung gegensteuernde geschlechter- und generationsge-
rechtere Gestaltung von Politik und Praxis verwirklichen.

Hier kann vor allem von der Politik und der Praxis des gender-
mainstreaming und dabei insbesondere der schwedischen Politik gelernt werden, dass positive Aktionen und deren Wirkungen dann positive Effekte für
mehr Geschlechtergerechtigkeit haben, wenn diese konsequent evaluiert und
kontrolliert werden. Dieses wäre auch in der Jugendhilfe zu verwirklichen.

Mit der Reformulierung und Etablierung eines solchen erweiterten zukunftsfähigen Bildungsbegriffes geht erneut die Forderung einher, die Jugendhilfe insgesamt deutlich stärker als bisher durch Forschung zu fundieren
und diese bewusst auf Chancen(un)gleichheiten hin zu fokussieren.

Für den Paradigmenwechsel des Bildungsverständnisses sind grundlegend, gendersensible Differenzierungen ebenso zu berücksichtigen, wie sozialräumliche Disparitäten, unterschiedliche Entwicklungsniveaus zwischen den

Jugendhilfestrukturen in Stadt und Land und unterschiedliche Intensitäten in der Zeitorganisation und damit der Zugänglichkeit und Erreichbarkeit der Dienstleistungen. Der alle Ebenen des Jugendhilfe-Systems erfassende Generationenwechsel erfordert außerdem Forschungen, die in Studiengängen und Berufsausbildungen rückgebunden sind, damit das, heute in Praxis, Lehre und Forschung erreichte Professionalisierungsniveau erhalten und auch und besonders in einer dezidierten Genderperspektive weiter ausgebaut wird.

Der Anspruch, den überkommenen Geschlechtervertrag neu zu definieren, bedarf also der Konkretisierung. Hierzu sind mindestens folgende Zusammenhänge für die Entwicklung eines zukunftsfähigen, gendersensiblen Bildungsverständnis der Kinder- und Jugendhilfe unverzichtbar:

- die angemessene Berücksichtigung, dass Kinder- und Jugendliche Mädchen und Jungen sind, die bis heute unter geschlechtsspezifischen Bedingungen aufwachsen, und dass diese in der Jugendhilfe und Schule mitproduziert werden, und
- die angemessene Berücksichtigung der Tatsache, dass es überwiegend Frauen sind, die als Mütter (durchschnittlich 80% aller Tätigkeiten im privaten Haushalt mit und ohne eigene Erwerbstätigkeit werden von Frauen erbracht) bzw. als Erzieherinnen (bis durchschnittlich 90%) im Bereich Kindertagesstätten und im Grundschulbereich als Lehrerinnen ganz wesentlich fachlich-professionell für die Kinderlebensgestaltung zuständig sind. Diese Anteile erhöhen sich noch, wenn weitere Jugendhilfeleistungen in Anspruch genommen werden.

Die Qualität der Kinderlebensgestaltung und die Qualität professioneller und privater Arbeit von Frauen, sowie der Lebensgestaltung von Frauen sind wechselseitig aufeinander verwiesen. Mithin hängt die Lebensqualität des Standortes Deutschland wesentlich von diesen personenbezogenen Dienstleistungen in Bildung, Erziehung und Betreuung durch Frauen ab. Ein Geschlechtervertrag, der diesen Fakten Rechnung trägt und die Entwicklung eines zukunftsfähigen Bildungsverständnisses sowie entsprechend fundierter Gleichstellungsstrategien grundlegend leitet, ist erforderlich.

Gender-mainstreaming in der Jugendhilfe als Beitrag zur Gleichstellung und Frauenpolitik

Nachdem gender-mainstreaming zum Grundbestandteil moderner partizipationsorientierter, geschlechtergerechterer Politik und Praxis wird, Potenziale und Ressourcen von Frauen für eine zukunftsfähige, nachhaltige Gesellschaftsentwicklung einzubeziehen – national und international in Ministerien mit Projekten zur Realisierung in den Bundes- und Landesbehörden in der Wirtschaft als Strategie des Managing-Diversity als Marketingstrategie (Nds. Min. 2000, Krell 1998), in der Wissenschaft als Strategie zur verbesserten Nutzung der Sichtweisen und in der Politik, insbesondere in den Bereichen Beschäftigungs- und Zeitpolitik – , ist es ein Gebot der Stunde, dieses auch für den Zusammenhang von Jugendhilfe und Arbeitsmarkt/Beschäftigung, Zeitpolitik und lebenslangem Lernen zu praktizieren.

Ein entsprechendes Arbeitsprogramm beinhaltet als wesentliche Aufgabe neues Wissen darüber zu bilden, wie die Gesellschaft Frauen und Männer 'macht', wie sie Mädchen und Jungen in der Jugendhilfe (auch in Bildungsprozessen) prägt und wie sie Frauen- und Männerberufe stiftet. Dieser Prozess ist in personenbezogenen Dienstleistungen besonders ausgeprägt: im Sozialen, im Erziehungs-, Bildungs- und Gesundheitswesen, also auch in der Jugendhilfe und in der Wissenschaft (s. Stiegler 2001).

Weder die Aufgabe der Gleichstellung noch das Ziel Geschlechtergerechtigkeit ist dabei grundlegend neu. Neu ist aber, dass der gesellschaftliche Wandel zur Wissens- und Dienstleistungsgesellschaft die Potenziale von Frauen zu einer wichtigen Ressource macht (Wissenschaftsrat 1998), die es zu nutzen gilt. Neu ist, dass die traditionellen Frauenberufe im Dienstleistungssektor als Garanten für Lebensqualität am Standort Deutschland ins Zentrum zukunftsfähiger, nachhaltiger Gesellschaftsentwürfe rücken.

Insbesondere beim Weiterdenken des neuen Bildungsverständnisses hinsichtlich des lebenslangen Lernens und der dafür zu entwickelnden Zeitpolitiken geht es um geschlechter-differenzierende Sichtweisen , weil das europäische Memorandum über lebenslanges Lernen sowohl die Gender-Frage durchgehend thematisiert, als auch den Zusammenhang von personenbezogenen Dienstleistungen, sozialen Lebens- und Arbeitsweisen von Frauen und Männern, ihre Lern- und Bildungschancen sowie deren Bedeutung für die Zukunft der europäischen Gesellschaften herausstellt. Die personenbezogenen Dienstleistungen als wesentliche Innovationsfelder, in denen sich die Lebensqualität der Zukunft bündelt, haben für die Verwirklichung von Bildung und Selbstbildung und damit für Chancen- und Geschlechtergerechtigkeit eine besondere Bedeutung.

Mit dem Konzept individualisierter Bildung und des lebenslangen Lernens und den hierfür zu erarbeitenden Zeitpolitiken besteht eine reale Chance, grundlegend neue, eben gendersensible Möglichkeiten des Ausgleichs für Frauen und Männer zu verwirklichen. Dieses allerdings nur, wenn in grundlagen- und handlungsorientierten Denkmodellen, politisch-programmatischen Schriften sowie in fachöffentlichen Diskussionen der Wille besteht, eine solche umfassende Sichtweise einzunehmen.

Um Frauen- und Gleichstellungspolitik in der Jugendhilfe zum praktischen Durchbruch zu verhelfen, geht es somit darum, historisch eingelebte soziale, kulturelle und individuelle Ungleichheiten qua Geschlecht umzubilden, und dieses heißt faktisch, zu einer neuen Machtverteilung zwischen Frauen und Männern zu gelangen – im öffentlichen und privaten Leben zugleich.

Eine solche soziale Neuordnung der Geschlechter erfordert somit, die Gesellschaft insgesamt neu zu denken und politisch zu gestalten. Dieses gilt dann für Männer und Frauen gleichermaßen, denn Neugestaltung macht dann vor keiner Denk- und Handlungskonvention halt.

Dass dieses im Bereich der (Frauen)Dienstleistungsberufe begonnen wird, ist nur konsequent, findet sich in ihnen doch jene Sozialstruktur sozialer Ungleichheit quasi beruflich, professionell und biographisch individuell gebündelt. So gesehen sind die sozialen Dienstleistungsberufe ein besonderes Exempel der Geschichte und ihre forschende Durchdringung verspricht Erkenntnisse, die zu ihrer Gleichstellung beitragen könn(t)en. Die Jugendhilfe hätte mit einer neuen Programmatik dabei die Chance, in ihrem Bildungsverständnis leitend zu sein.

Geschlechtergerechtigkeit in der Jugendhilfe heißt Mädchen- und auch Jungenarbeit weiter zu entwickeln

Wie ein solches Programm in der Jugendhilfe konkretisiert werden könnte, wurde auf der Basis der Evaluation des niedersächsischen „Mädchen-Modellprojektes" unter der Überschrift „Positionen – Potenziale – Perspektiven" (2000) zusammengefasst. Dieses stellt ein Beispiel der Entwicklung eines gendersensiblen Bildungsverständnisses in der Jugendhilfe dar.

Zu einer zukunftsfähigen Mädchenarbeit und Mädchenpolitik ist es notwendig, die Modernisierungsprozesse in der Gesellschaft in den Lebensrealitäten von Mädchen immer wieder neu zu betrachten, denn diese bilden die gesellschaftliche Grundlage für die Analyse gelingender Mädchenarbeit und Mädchenpolitik.

Notwendig ist dabei insbesondere eine verstärkte Bewusstseinsbildung und Sensibilisierung, in dem Fachwissen zur Geschlechterproblematik bearbeitet und Bewertungs- und Prüfverfahren installiert werden, um die Auswirkungen von Maßnahmen mit dem Ziel der Chancengleichheit, sowie soziale Sensibilität für die Situation von Mädchen und Jungen, Frauen und Männern zu fördern.

Wie es sich bei der Betrachtung von Mädchenarbeit und dem Modellprojekt "Mädchen in der Jugendarbeit" gezeigt hat, hat Mädchenarbeit nach wie vor keinen beständigen flächendeckenden Charakter. Es bedarf also einer weiteren kontinuierlichen Unterstützung der Arbeit von Pädagog/inn/en vor

Ort. Die Verpflichtung zum Gender Mainstreaming sollte auch in den Förderprogrammen und Richtlinien der Jugendhilfe und den angrenzenden Bereichen Ausdruck finden. Was das KJHG bisher nicht ausreichend durchsetzen konnte, hat nunmehr durch das Mainstreaming eine verbindliche Grundlage erfahren. Dieses muss dennoch und gerade immerwährend begleitet, kontrolliert und durch Aus-, Fort- und Weiterbildung unterstützt werden.

Die Gegebenheiten der Mädchenarbeit und die Lebenssituation von Mädchen sind regelmäßig zu erheben und als Wissen für den Ausbau und die Weiterentwicklung des Gender-Mainstreaming-Verfahrens zur Verfügung zu stellen.

Im Umkehrschluss kann es bei diesem Konzept nicht ausschließlich um eine Stärkung der Mädchen und jungen Frauen gehen, sondern ebenso um eine gleichberechtigte Teilhabe von reflektierter Jungenarbeit in der Jugendhilfelandschaft. Das Gender Mainstreaming-Verfahren umfasst geschlechtsbewusste Arbeit mit Mädchen und Jungen. Hierbei geht es gerade nicht um Koedukation im herkömmlichen Sinne. Denn diese vernachlässigt nachgewiesenermaßen den geschlechtsspezifischen Blick und die Sichtweisen von Mädchen und Frauen. Dieser Sachverhalt ist durch die Ergebnisse der Koedukationsforschung seit Jahren bekannt.

Für das Gebiet der Jugendhilfe gilt es zu beachten, dass nicht nur im Bereich der Jugendarbeit, sondern auch in bisher noch wenig beachteten Bereichen (u.a. Kindertagesstätten und Jugendsozialarbeit) geschlechtsbezogene Arbeit realisiert werden muss. In der Jugendhilfe muss zudem noch der Frage, mit welchem Angebot die Zielgruppen Mädchen und Jungen in besonderer Weise zu erreichen sind, nachgegangen werden. Die Bereitstellung einer Bandbreite von Angeboten im Bereich von geschlechtshomogenen als auch – heterogenen Aktivitäten für Mädchen scheint dabei sinnvoll.

Zusammenfassend wäre also festzuhalten, dass mit dem Verfahren des Gender Mainstreamings der Mädchenarbeit ein weiteres Instrument an die Hand gegeben wurde, um sich aktiv in gesellschaftliche Prozesse einzumischen.

Mädchenarbeit/Mädchenpolitik ist zukunftsweisend zu verstehen als "ganzheitliche Verknüpfungsdienstleistung"

Da die Bemühungen zur Verbesserung der Situation von Mädchen und jungen Frauen eine Berücksichtigung aller Lebenslagen erforderlich macht, die Jugendarbeit/Jugendhilfe aber nur einen Teilbereich erfassen kann, sind Kooperationen mit anderen Einrichtungen notwendig. Je nach Lebenslagen sollten verschiedene Kooperationen gebildet werden, z.B. Kooperationen zwischen

Jugendarbeit/Jugendhilfe und (Berufs)Schule, Kooperationen zu Fragen nach Berufsausbildung/Studium/ Beruf zwischen Jugendarbeit/ Jugendhilfe und Arbeitsamt und Kooperationen zwischen Justiz und Polizei zu Fragen der Gewalt an Mädchen und jungen Frauen. Zukünftig gilt es zu bedenken, dass Mädchenarbeit nicht nur im Sinne von Jugendarbeit aufgefasst und eingeordnet werden kann, sondern als Kontext- und Querschnittsaufgabe und damit als Verknüpfungsdienstleistung im gesamten Jugendhilfe/-politikbereich verstanden werden muss.

Im Rahmen der Qualitätsentwicklung (§ 78 a-g SGB VIII/KJHG) werden Jugendeinrichtungen verpflichtet, für sich und ihre Einrichtung ein Leitbild zu entwickeln, in dem sie ihre Arbeit vorstellen. Mädchenarbeit muss zukünftig darin verankert werden, was überprüfbar und evaluierbar sein muss. Erst wenn das Leitbild entsprechend realisiert wird, werden Ressourcen zur Verfügung gestellt, um diese Arbeit weiterhin auszugestalten (Karsten u.a. NRW 2001).

Bereiche wie Kultur, Gesundheit, Sport und Prävention müssen als Bestandteile der Mädchenarbeit (Jugendarbeit) aufgenommen werden, das heißt, es ist ein Verständnis von Mädchenarbeit/Mädchenpolitik als Netzwerkarbeit zu etablieren. Hierfür ist die finanzielle Absicherung der Mädchenarbeit/ Mädchenpolitik zu sichern und mit Kriterien für die Finanzierung in Kombination mit Qualitätsstandards zu entwickeln.

Hierzu gehört auch: Mädchenarbeit/ Mädchenpolitik ist im Zusammenhang mit "antisexistischer" Jungenarbeit zu denken. Der Bereich „Jungenarbeit" ist heute besonders schwierig zu entwickeln, da es derzeit wenige Männer gibt, die in diesem Bereich arbeiten und über Praxiserfahrungen verfügen. Um antisexistische oder reflektierende Jungenarbeit zu entwickeln und zu etablieren ist es notwendig, Bundes- und Landesmittel hierfür bereitzustellen, die genau die fehlenden Entwicklungen für eine geschlechtsbezogene Pädagogik voranbringen.

Das Thema „Mädchenarbeit und Mädchenpolitik" ist außerdem in der Regel kein genereller Bestandteil in Ausbildung oder Studium im sozialen Bereich. Es ist es daher notwendig, sich das erforderliche Wissen und die Handlungskompetenzen über Fort- und Weiterbildungen zu erwerben. Ferner ist die Auseinandersetzung mit Lebens- und Problemlagen von Mädchen und jungen Frauen eng mit der Reflexion der eigenen Rolle als Frau in der Gesellschaft verbunden. Hier Denkanstöße und Austauschmöglichkeiten anzubieten, ist eine zentrale Aufgabe von Fortbildungen. Multiplikatorinnen für die Mädchenarbeit auszubilden, ist besonders im Hinblick auf ein flächendeckendes Angebot für Mädchen erforderlich. Hoch-, Fachhoch- Fach- und Berufsschulen sollten vor diesem Hintergrund dazu verpflichtet werden, Frauen- und Mädchenarbeit als Teil im Lehrangebot festzuschreiben.

Wenn Chancengleichheit und Gleichstellung als Querschnittsaufgabe im Sinne des Gender Mainstreamings durchgesetzt werden sollen, werden qualifizierte gendersensible Fachkräfte in allen gesellschaftlichen Bereichen benötigt. Hierbei geht es besonders um das Aufzeigen struktureller Benachteiligungen, die ursächlich in den vielfältigen Lebensentwürfen von Frauen und Männern zu finden sind. Gender Mainstreaming bedeutet also Aus-, Fort- und Weiterbildung von (sozial)pädagogischen Fachkräften – aber eben nicht nur dieser, da die Aufgabe strategisch als horizontales Ziel festgeschrieben werden muss und somit auch alle anderen Aufgaben eines Landes oder einer Kommune berührt. Alle beteiligten Dienststellen haben sich an der Verwirklichung des Konzeptes zu beteiligen. Gendersensibilität muss somit desgleichen in Verwaltungen, Behörden, Ämtern und anderen gesellschaftlichen Bereichen erreicht werden.

Berichterstattung und Forschung

Die Bildung des notwendigem Zusammenhangswissens über Lebenslagen/ gesellschaftliche Situation von Kindern und Jugendlichen, hier insbesondere Mädchen/ jungen Frauen ist eine wesentliche Funktion der Berichterstattung. Dieser Anspruch an eine umfassende Dokumentation und Berichterstattung betrifft alle Bereiche der Jugendhilfe. Dieses im Rahmen der Mädchenarbeit zu praktizieren, ist sowohl im Interesse der Frauen, die in der Mädchenarbeit tätig sind, als auch im Interesse der Mädchen wie der Multiplikatorinnen. Denn dadurch wird ihre unterschiedliche Lebensqualität bilanziert und die Entwicklung von Angeboten erleichtert.

Durch die Bereiche: Berichterstattung und Forschung, werden Zusammenhänge zwischen Jugendhilfe/ Jugendarbeit und den verschiedenen Lebensgestaltungsformen von Mädchen sichtbar gemacht. Dadurch werden zukünftige Jugendhilfeentscheidungen, bezogen auf die Infrastrukturentwicklung der Jugendhilfe einerseits verhandelbar und planbar, andererseits politisch wie fachlich entscheidbar. Qualitätsentwicklung sowie Selbstevaluation sind in diesem Zusammenhang aktuelle und zentrale Verfahren (s. Karsten 2001).

Damit das Konstrukt des Gender Mainstreaming sich tatsächlich vorteilhaft auswirken kann und sich nicht ins Gegenteil verkehrt, in dem es zu einer Vernachlässigung und Verdrängung von Mädchen- und Fraueninteressen kommt, ist eine „ständige Überprüfung und Begleitung mit Methoden von Evaluation und Monitoring bis hin zur Prozessbeobachtung und -begleitung nötig" (s. Karsten/Kowalewski,/Hetzer/v. Riesen 2000, 117f.).

Fazit: Für die Verallgemeinerung eines solchen zukunftsfähigen, geschlechtergerechten Bildungsverständnisses der und in der Jugendhilfe sind folgende Bedingungen zu entwickeln:

- Die Bildungsvoraussetzungen der Akteurinnen: die professionellen Fachfrauen, die Mütter und die Ehrenamtlichen rsp. Laien in wechselnden Konstellationen in der Lebensgestaltung der Kinder und Jugendlichen, Mädchen und Jungen,
- die Begründung, Evaluation und Verallgemeinerung von qualifiziertem Wissen über Bildungschancen, Bildungsprozesse und Bildungszeiten im und für den laufenden Prozess der Umorientierung und Umwertung der Jugendhilfe als Dienstleistungs- und Bildungs- rsp. Selbstbildungsinstanz,
- die Einbeziehung von neuen Arrangements zwischen Jugendhilfe, Schule und im sozialen Lebensraum in ihrem Beitrag zur Gestaltung von Biographien, und schließlich
- die Realisierung eines solchen Programmes in der praktischen Jugendhilfe, aber auch in der Berufsausbildung, im Studium und der Weiterbildung für den sozialen Bereich.

Eine solche Perspektive weist deutlich über die Jugendhilfe hinaus. Ein, in solcher Weise, qualifiziertes, reflexives Bildungsprogramm kann aber in der Jugendhilfe begonnen werden und damit in weitere gleichstellungsförderliche Kooperationen in Praxis und Politik, Wissenschaft und Gesellschaft hineinwirken.

Literatur

Dierkes, M./Marz, L. (1998): Wissensmanagement und Zukunft. Orientierungsnote, Erwartungsfallen und ‚4-D' Strategie. Forschungsbericht des WZB. Bedarf im Kontext von Hilfe, Behandlung, beruflicher Qualifikation, Berlin

Europarat/Group of Specialists on Mainstreaming: Gender Mainstreaming. Conceptual framework, methodology and presentation of good practice. Final report of Activities of the Group of Specialists on Mainstreaming (EG-S-MS). Summary. EG (99) 3. Strasbourg, February 1999.

Karsten, M.-E. u.a. (2001): Zehn Punkte für Kinder und Jugendliche in NRW – Aktiv die Kindheit als Zukunftsressource gestalten. Studie im Auftrag der Fraktion Bündnis90/Die Grünen

Karsten, M.-E. (2001): Frauenberufe als Qualitätsgaranten – Personenbezogene Dienstleistungen sichern den Kern von Lebensqualität und Zukunftsfähigkeit in Deutschland, in: Stiegler „Zentrales Hearing zur Aufwertung von Frauenberufen, Stuttgart 2001

Karsten, M.-E. u.a. (2000): Entwicklung des Qualifikations- und Arbeitskräftebedarfs in den personenbezogenen Dienstleistungsberufen, Berlin

Karsten, M.-E. u.a. (2000): Positionen – Potenziale – Perspektiven, Lüneburg

Krell, G. (1998): Chancengleichheit durch Personalpolitik. Wiesbaden.

Niedersächsisches Ministerium für Frauen, Arbeit und Soziales 2000: Gender-Mainstreaming in Niedersachsen.

Rabe-Kleberg, U. (1993): Verantwortlichkeit und Macht. Ein Beitrag zum Verhältnis von Geschlecht und Beruf angesichts der Krise traditioneller Frauenberufe, Bielefeld

Schäfer, P. (2000): Europäische Integration und Soziale Arbeit, Frankfurt a. M.

Stiegler, B. (2001): Zentrales Hearing zur Aufwertung von Frauenberufen, Stuttgart

Erzieherische Hilfen als Bildungsleistungen

Josef Faltermeier

Bezugsrahmen

Die tief greifenden gesellschaftlichen Wandlungsprozesse der vergangenen Jahrzehnte haben erhebliche Veränderungen für Erwachsen-werden und Erwachsen-sein mit sich gebracht. Der Wandel von der Arbeits- zur Wissensgesellschaft verlangt jungen Menschen mehr denn je ab, sich eigenaktiv alle jene Fähigkeiten und Kompetenzen anzueignen, die ein Leben und Überleben in globalisierten, flexiblen, auf Mobilität setzenden Gesellschaften verlangen. Die Bedeutung von Bildung steigt angesichts der sprunghaft gestiegenen Informations-Erfordernisse und der Schnelllebigkeit von Wissensbeständen in der Wissensgesellschaft; Tatbestände, mit denen sich neue qualifikatorische Anforderungen an die Gesellschaftsmitglieder verbinden. Stichworte hierfür sind die Begriffe „Lebenslanges Lernen" und die neuerlichen Diskussionen um „Schlüsselqualifikationen", die es jungen Menschen in der wissensbasierten Gesellschaft erleichtern sollen, besser Fuß zu fassen[1].

Von der heutigen und der nachwachsenden Generation wird deshalb eine hohe Anpassungsbereitschaft an sich rasch verändernde gesellschaftliche Bedarfe vor allem in den Bereichen der Wirtschaft und des Arbeitsmarktes (s. Beck/Bonss 2001) und damit Flexibilität gerade mit Blick auf die Aneignung immer wieder neuen Wissens erwartet. Der Fähigkeit und Motivation zur Aneignung von Wissen und zum individuellen Wissensmanagement kommt damit eine zentrale Bedeutung zu (s. Mandl 2000). Zudem wachsen die Anforderungen an den Erwerb sozialer Kompetenzen zur Gestaltung der „Übergänge" und an die Bereitschaft zur Aushandlung sozialer Konflikte.

Vor diesem Hintergrund aktualisiert sich die Diskussion über den Bildungsauftrag der Jugendhilfe erneut. Junge Menschen sind heute, wollen sie den gewachsenen gesellschaftlichen Anforderungen gerecht werden, zunehmend mehr auf Bildungsangebote außerhalb der Familie angewiesen. Dies gilt

---

[1] Der Europäische Rat von Lissabon nennt u.a. folgende Basisqualifikationen: IT-Fertigkeiten, Fremdsprachen, soziale Fähigkeiten etc. (Arbeitsdokument der Kommissionsdienststellen „Memorandum über Lebenslanges Lernen, SEK (2000) 1832, S. 12

gleichermaßen für alle Kinder und Jugendliche. Gleichwohl sind gerade jene junge Menschen häufig genug „Individualisierungsverlierer", die durch die Jugendhilfe im Rahmen der „erzieherischen Hilfen" (§§ 27ff. SGB/VIII/Kinder- und Jugendhilfegesetz) betreut werden. Sie sind oft durch schwierige Lebens- und Entwicklungsbedingungen überfordert und das, was „Schlüsselqualifikationen" genannt wird, erreichen sie nur selten. In der Wissensgesellschaft vergrößert sich der Abstand zunehmend zwischen jenen, die qua Herkunft und sozialer Lage von den neuen Chancen profitieren können und jenen, die dem „unendlichen Fluss" von Informationen und Wissen nicht folgen können.

Die traditionellen, auf abstrakte Lerninhalte angelegten Bildungskonzepte der Schule führen häufig dazu, dass sich gerade sozial benachteiligte Kinder und Jugendliche in ihrem intellektuellen Leistungsvermögen nicht entfalten können. Zudem sind die bildungsbezogenen Rahmenbedingungen im sozialen Umfeld der jungen Menschen oftmals ungünstig. Dies ist Ausweis dafür, dass schulische und gesellschaftliche Chancen stark mit den sozialen Lebensverhältnissen korrespondieren.

Egal, wie und was man den neuen Anforderungen an junge Menschen abgewinnen kann, einer an sozialem Ausgleich und individuellem Wohlergehen interessierten Jugendhilfe kommt verstärkt die Aufgabe zu, in ihre Handlungsstrategien und Konzepte Momente aufzunehmen, die es ihren Adressaten erlaubt, sich selbstbewusst und ,gekonnt' den neuen Herausforderungen zu stellen. Will sie an einem solchen Anspruch nicht scheitern, wird sie gleichzeitig einen kritischen Blick auf eben jene Anforderungen werfen müssen, eine vermittelnde, intermediäre Rolle zwischen den jungen Menschen und der Gesellschaft einnehmen müssen und im Diskurs mit anderen gesellschaftlichen Bereichen (Schule, Wirtschaft, Wohnungswirtschaft, Politik etc.) dafür zu sorgen haben, dass der jüngeren Generation in ihrem Umfeld wie auch im gesamtgesellschaftlichen Kontext jene Rahmenbedingungen zur Verfügung gestellt werden, die zur Entfaltung ihrer kognitiven, emotionalen und sozialen Fähigkeiten von Nöten sind.

Die Jugendhilfe wird sich deshalb künftig in ihrer Funktion als „Anwalt" für junge Menschen und als „Mittler" zwischen den verschiedenen gesellschaftlichen Bereichen deutlicher zu positionieren haben. In Bezug auf ihre Arbeit mit sozialbenachteiligten Kinder und Jugendlichen wird sie konsequenter die Verwirklichung der gesellschaftlichen Teilhaberechte im Blick haben müssen. Sie muss sich nachdrücklich in den Diskurs über Schlüsselqualifikationen einschalten, muss sich in Abstimmung mit anderen gesellschaftlichen Bereichen wie Schule, Wirtschaft etc. positionieren und ihre versorgenden und nachsorgenden Konzepte durch das Hinzufügen gezielter bildungspädagogischer Ansätze erweitern, damit junge Menschen sich sozial, schulisch und beruflich entsprechend qualifizieren können. Dies ist Voraussetzung für gesellschaftliche Teilhabe. Der „Einmischungspolitik" in Schule, Wirtschaft etc. und der Entwicklung neuer Konzepte von Integration, Bildung und Fürsorge kommt damit eine vorrangige Bedeutung zu.

Bildung durch die Jugendhilfe

Die angedeuteten sozialen Umbrüche bis in grundlegende gesellschaftliche Bewusstseinsformen hinein sind es, die auch in der Jugendhilfe seit Jahren Reformbestrebungen ausgelöst haben: das Kinder- und Jugendhilfegesetz hat die Grundlagen für ein neues Fachlichkeitsprofil gelegt (Wiesner 2000, 3ff.). Lebensweltorientierung (s. 8. Jugendbericht, 1990, 198ff.; Thiersch, 1995, 37ff., Grunwald 1996) und Dienstleistungsbezug (s. 9. Jugendbericht 1994, 581ff., Flösser/Otto 1996) kennzeichnen Anpassungsprozesse in der Jugendhilfe an gesamtgesellschaftliche Veränderungen. Als Auftrag bleibt, über eine aktuelle Standortbeschreibung und unter expliziter Einbeziehung ihrer Bildungsleistungen zu einer sich in konkretes Alltagshandeln umsetzenden Neujustierung von Auftrag und Rolle in der modernen Gesellschaft zu kommen.

Für die Jugendhilfe, die sich primär an der Lebensführung junger Menschen und Familien ausrichtet und damit an der Vermittlung von Kompetenzen, die diese dazu befähigen sollen, gesellschaftliche Teilhabechancen wahrzunehmen und zu nutzen, bedeutet dies, dass sie sich darüber verständigen muss, was junge Menschen an Fähigkeiten für eine zufrieden stellende Lebensbewältigung und zur Nutzung ihrer Teilhabechancen brauchen, wie diese Schlüsselqualifikationen in den gesellschaftlichen Feldern von Jugendhilfe, Schule, Wirtschaft etc. vermittelt werden (sollen) und wie die Zugänge junger Menschen zu den gesellschaftlichen Bildungsressourcen zu sichern sind.

Hat sich bislang der Diskurs über die Bildungsfunktion der Jugendhilfe eher auf die Kindertagesstätten und die Jugendarbeit beschränkt, so gilt es nunmehr, vor dem Hintergrund eines erweiterten Bildungsbegriffs[2] den Bildungsanspruch auch und gerade in den sogenannten betreuungsintensiven Bereichen der erzieherischen Hilfen geltend zu machen. Neu zu begründen ist dieser deshalb vor allem dort, weil im bislang eher traditionell geprägten Bildungsverständnis die sozialpädagogische Arbeit mit Kindern und Jugendli-

---

2   Kommission der Europäischen Gemeinschaften: a.a.O.(Fußnote 1): Im Zuge der Formulierung eines erweiterten Bildungsbegriffs werden die kognitiv-allgemein bildenden Qualifikationen sehr eng verknüpft mit sozialen und emotionalen Lernpotenzialen: Die formale Lernebene und damit die kognitive Wissensvermittlung korrespondiert mit der auf die Aneignung von Kompetenzen zur unmittelbaren Lebensbewältigung angelegten non-formalen sowie mit der informellen Lernebene (peer-group).

chen und die Verbesserung deren Kompetenzen zur eigenständigen Lebensführung auch und gerade in kritischen Lebensphasen, die durch Heimerziehung, Jugendgerichtshilfe oder im Rahmen der Hilfen zur Erziehung insgesamt (§§ 27ff. SGB VIII/KJHG) aufgearbeitet und begleitet werden sollen, kaum verortet waren.

Man könnte einwenden, dass erfolgreiche Bildungsprozesse einen eher offenen, freiwilligen Rahmen voraussetzen, die Beziehungsverhältnisse zwischen Fachkräften und jungen Menschen im Bereich der erzieherischen Hilfen oftmals jedoch eher zwangskommunikativen Charakter haben. Dies lasse Bildungsprozesse nur begrenzt zu. Freiwilligkeit ist in diesem Zusammenhang ein eher missverständlicher Begriff. Er assoziiert zunächst, dass sich das Subjekt freiwillig, also offen solchen Unterstützungs- und Bildungsprozessen zuwendet. Missverständlich ist dies, weil dies voraussetzte, dass junge Menschen bereits über sozial ausgereifte Ordnungsmuster verfügen, die ihnen eine angemessene Abwägung über Sinnhaftigkeit und Erforderlichkeit solcher Unterstützungs- und Bildungsprozesse ermöglichten. Dies ist häufig nicht der Fall, ihnen fehlen vielfach solche Erfahrungen.

Aber auch Eltern stehen Bildungs- und Hilfeprogrammen, insbesondere in Krisensituationen, nicht selten skeptisch gegenüber. Ihre ablehnende Haltung wird dabei bestimmt von ihren Erfahrungen im Umgang mit sozialhelfenden Institutionen (s. Faltermeier 2000, 204ff.). Diese Eltern erleben staatliche Hilfe nicht als Bildung und Aufklärung und damit als eine Erweiterung ihres Handlungspotenzials, sondern eher als Abmahnung und Bestrafung. Hieran zeigen sich die „Schwachstellen" in der Rahmung mancher Hilfeprozesse, die nicht als lebensweltbezogene Unterstützung im Sinne einer „gelingenden Lebensführung" angelegt sind, sondern eher als eine durch außen verordnete Maßnahme.

Demzufolge verlangt Bildung durch die Jugendhilfe nach einem erweiterten konzeptionellen Rahmen, der die Ziele von Bildungs- und sozialhelfenden Unterstützungsprozessen eng verknüpft mit methodischen Konzepten, die den Verstehenszusammenhang solcher Hilfeprozesse auf Seiten der Kinder und Jugendlichen fördern. Merkmale solcher Art von Bildungs- und Hilfekonzepten sind insbesondere

- eine grundlegende Verständigung über die angestrebten (Lern-) Ziele: Hierunter sind zunächst die im Kontext der konkreten Alltagsbewältigung erforderlichen Fähigkeiten zu verstehen und die Lernschritte zu benennen, die zum Erwerb dieser Kompetenzen führen. Darüber hinaus müssen immer auch die schulischen/beruflichen Lernbedarfe im Blick sein: Das (Er-) Lernen von gesellschaftlichen Ordnungs- und Handlungsmustern (z.B. soziale Kompetenz) muss immer verknüpft sein mit dem Erlernen schulischer Wissensbedarfe (z.B. IT-Fähigkeiten, Fremdsprachen etc.).
- Die hierfür erforderlichen wissensbasierten Lerninhalte sind dahingehend

zu konkretisieren, dass der für den Erwerb sozialer und schulischer Kompetenzen notwendige Wissensbedarf erkennbar wird: So ist beispielsweise bei der Erreichung des Lernziels „Aneignung von Fähigkeiten zur Stressbewältigung" als soziale Kompetenz die Dimension „methodisches Handlungsrepertoire" eng verknüpft mit der damit in Zusammenhang stehenden Dimension „handlungsrelevante Informationsbedarfe" (Bedingungskontext von sozialen und personalen Dynamiken). Beide Ebenen sind bei der Ausdifferenzierung von Lernzielen und bei der Entwicklung von Hilfe- und Bildungsprozessen wichtig.

• Die Herstellung eines wissensbezogenen und lernmotivierenden Bildungsrahmens: Hierunter ist insbesondere die Entwicklung lernunterstützender Konzepte bzw. Curricula zu verstehen, die, ausgehend von den individuellen Ressourcen, die Neugier auf Wissenserweiterung stärken. Dies setzt voraus, dass sich die Fachkräfte der Sichtweise der Klienten über ihre Lebenssituation annähern, um hierüber zu gemeinsam abgestimmten Perspektiven zu kommen: Erst wenn junge Menschen mit der Wissenserweiterung auch eine konkrete Veränderung ihrer Alltagssituation verbinden, können sie Interesse und Motivation für Hilfe- und Bildungsprozesse entwickeln.

Die aktive Einbeziehung junger Menschen und ihrer Eltern in die Bildungs- und Unterstützungsprozesse und eine deutliche Ausrichtung der professionellen Hilfearrangements an den lebensweltlichen Kontextbedingungen ist ein zentrales Ziel der Jugendhilfe, die ihren intermediären Auftrag durch auf Erweiterung des Bewusstheitskontextes angelegte Bildungsprozesse wahrnimmt (s. auch Schefold, 1999, 277ff.). Wissen und Erleben sollen zur Reflexion und dadurch zur Erweiterung der Handlungsalternativen führen. Die Herstellung von Transparenz und Akzeptanz in Bezug auf die anvisierten Ziele und Bildungsinhalte ist deshalb unabdingbar: Kindern, Jugendlichen und Eltern muss ein biografischer und verstehender Zugang zu den ihnen zu vermittelnden Wissensbeständen ermöglicht werden.

In Bezug auf das Klientel in sogenannten betreuungsintensiven Bereichen der Jugendhilfe bedeutet dies eine deutliche Erweiterung vorhandener Arbeitskonzepte. Sie müssen sich künftig gleichermaßen auf die Bearbeitung von Problemen der Kinder und um die Vermittlung von Schlüsselqualifikationen bemühen, beides eingebettet in Anstrengungen um eine gezielte Verbesserung von Bildungsbedingungen in den Lebenswelten der Kinder und Jugendlichen. Ziel solcher Art organisierter Bildungsprozesse ist es, den jungen Menschen in deren biografischen Kontexten die Bedeutung des Zusammenhangs von Individuum und Gesellschaft nachvollziehbar zu vermitteln und hierüber die subjektive Überzeugung zu fördern, dass für eine sinnmachende und erfolgreiche Gestaltung des Alltagslebens Lernen und Bildung zentrale Voraussetzungen sind.

Neben der Aufarbeitung krisenhafter Lebensverhältnisse ist deshalb auch die Vermittlung von Fähigkeiten im Blick zu halten, die den Kinder und Jugendlichen später eine auf wirtschaftliche und soziale Existenzsicherung gerichtete Lebensführung ermöglicht. Die Voraussetzungen für die Teilnahme junger Menschen an den gesellschaftlichen Systemen wie Schule und Wirtschaft zu verbessern und Einfluss darauf zu nehmen, dass Ausgrenzung und damit Exklusion insbesondere auch von sozialbenachteiligten Kindern und Jugendlichen verhindert wird. Nur so können gesellschaftliche Teilhabe und die Zugänge zu den Bildungs- und Wissensressourcen der Gesellschaft gesichert werden.

Anforderungen an die Institution Jugendamt

Das Jugendamt als Träger von Bildungsleistungen braucht eine veränderte Struktur und Organisation. Dies vor allem deshalb, weil die Betonung des Bildungsauftrags eine Erweiterung des bisher überwiegenden Selbstverständnisses als Träger von „Versorgungs- und Nachsorgeleistungen" bedeutet. Sozialisation-, Bildungs- und Fürsorgeauftrag des Jugendamtes werden gleichgewichtig auf eine Ebene gestellt. Der „Bedeutungsgewinn" des Bereichs Bildung muss sich deshalb auch im administrativen Aufbau widerspiegeln, dies zunächst im Zuwachs von „Kernaufgaben", die den erweiterten Zuständigkeiten der Jugendhilfe und damit den Anforderungen der Gesellschaft an sie nachkommen. Als struktureller Rahmen wäre sicherzustellen,

- dass eine Koordinierung und Abstimmung zwischen den beteiligten Instanzen (Schule, Wirtschaft, Arbeitsmarkt etc.) im Hinblick auf die Vermittlung von Schlüsselqualifikationen stattfindet,
- dass die besonderen Problemlagen von Kindern und Jugendlichen vor Ort analysiert (Kinderarmut, Arbeitslosigkeit/Ausbildungslosigkeit, schulische Qualifikation etc.), gemeinsame und umfassende Konzepte entwickelt und Bedarfe an die Politik formuliert werden,
- dass Bildungsförderungsprogramme für Kinder und Familien – möglichst früh ansetzend – entwickelt werden, und
- dass die Bildungsbedingungen in den sozialen Milieus der Betroffenen gezielt verbessert werden (räumliche und pädagogische Ressourcen etc.).

Die Organisationsentwicklung der Jugendämter im Zuge der Neuen Steuerung vom Amt zum übergeordneten Fachbereich wird den neuen Herausforderungen dann gerecht, wenn es die die gesellschaftliche Situation von Kindern und Jugendlichen betreffenden Belange und Rahmenbedingungen organisatorisch und strukturell bündelt und zusammenführt. Vor allem ist die Verknüpfung von sozial- und bildungspädagogischen Konzepten bei der Bildung der Organisationseinheiten zu berücksichtigen, weil so eine Versäulung von bildungsbezogenen und „fürsorgeorientierten" Ansätzen vermieden wird.

Zusammenfassende Schlussbemerkungen

Die gesellschaftlichen Veränderungen (Wissensgesellschaft; demografischer Wandel; hohe Mobilitätsanforderungen des Wirtschafts- und Arbeitsmarktes etc.) verlangen von der Jugendhilfe eine stärkere Verschränkung von Bildung und Fürsorge. Deshalb muss sie sich überzeugend dafür einsetzen, dass soziale und sozioökonomische Hilfe- und Bildungsleistungen mit den schulischen und beruflichen Anpassungsleistungen verknüpft werden. Dabei muss Jugendhilfe ihre Zuständigkeit für alle Kinder und Jugendliche reklamieren. Sie hat ihre Aufmerksamkeit allerdings gerade auch auf jene zu richten, die durch das Hineingeboren werden oder Hineinwachsen in schwierige soziale Lebensverhältnisse benachteiligt sind.

Bildungsprozesse in der Jugendhilfe haben das Ziel, jungen Menschen die Aneignung von Strategien zur Lebensführung zu ermöglichen, um so gesellschaftliche Teilhabechancen nutzen zu können. Bildung als sozialpädagogisch gesteuerter Prozess zur Entwicklung der Persönlichkeit setzt einen spezifischen Rahmen voraus. Diesem liegen sozialpädagogische Ziele zu Grunde, die durch Impulse auf der Wissens- und Erfahrungsebene subjektbezogen gesteuert und evaluiert werden. Diesen Prozess ergänzt damit gewissermaßen gezielt die vielfältigen Bildungseffekte, die beispielsweise durch informelle Lernprozesse in Gang gesetzt werden.

Bildung ist seit jeher Auftrag der Jugendhilfe. Allerdings galt dies im bisherigen Verständnis eher für den Bereich der Kindertagesstätten, der Jugend(kultur)arbeit und der Familienbildung. Der erweiterte Bildungsbegriff bezieht sich jedoch nicht nur auf schul- und berufsrelevantes Verwertungswissen, sondern auch auf die Aneignung sozialer und reflexiver Kompetenzen. Insofern ist es folgerichtig, den Bildungsauftrag für alle Handlungsfelder der Jugendhilfe, also auch für die sozialpädagogischen Hilfen nach §§ 27ff. KJHG, zu reklamieren. Gerade in diesen Feldern geht es um die Vermittlung von Fähigkeiten, die unter Berücksichtigung des biografischen und sozialen Hintergrundes von Kindern und Jugendlichen zu einer erfolgreichen Lebensführung verhelfen sollen. Dabei ist die Verschränkung von sozialen mit schulischen und beruflichen Qualifaktionsmerkmalen unabdingbar. Erst hierdurch werden die Voraussetzungen und Bedingungen für Chancengleichheit und individueller Entwicklung geschaffen, dass sich die Individuen für Prozesse der Selbstaneignung und gesellschaftlicher Teilhabe öffnen können, gerade mit Blick auf Schwierigkeiten, die sie im besonderen Maße zu bewältigen haben.

Die einzelfallbezogene Bildungs- und Hilfeplanung hat sich deshalb auf die Vermittlung der erforderlichen Schlüsselqualifikationen zu konzentrieren. Dies bedeutet gleichsam, die Bildungsbedingungen im sozialen Umfeld von Kindern und Jugendlichen im Blick zu haben und durch die gezielte Beeinflussung der infrastrukturellen Rahmenbedingungen (niedrigschwellige Angebote der Familien-, Kinder –und Jugendbildung etc.) zu verbessern. Voraussetzung hierfür ist die verbindliche Zusammenarbeit vor allem mit der Institution Schule, wobei der Diskussion über die Ganztagesbetreuung – auch unter dem Aspekt von Chancengleichheit- eine besondere Bedeutung zukommt.

Jugendhilfe muss vor diesem Hintergrund auch ihre Organisationsstrukturen im Bereich der Steuerung überdenken. Insbesondere gilt es, ihre Zuständigkeit für alle Kinder und Jugendliche durch entsprechende Erweiterung ihrer „Kernaufgaben" organisatorisch zu berücksichtigen. Die Organisation Jugendamt ist deshalb so weiter zu entwickeln, dass alle wesentlichen Belange von Kindern und Jugendlichen ohne strukturelle und administrative Reibungsverluste auf der kommunalen Ebene „ganzheitlich" gesteuert und beeinflusst werden können. Eine Versäulung von „Bildung" und „Fürsorge" muss verhindert werden.

Jugendhilfe muss den Anspruch auf Förderung und Entwicklung existenzsichernder Fähigkeiten für junge Menschen einlösen. Erziehung, Bildung, Entfaltung der Persönlichkeit sind aus der subjektbezogenen Perspektive eine Trias, die sich gewissermaßen gegenseitig bedingen. Die Wahrnehmung des Sozialisations- und Bildungsauftrags durch die Jugendhilfe in der Gesellschaft der Gegenwart ist mehr denn je aktive Gesellschafts- und Sozialpolitik. Jugendhilfe ist Bildung und damit eine Investition in die Zukunft unserer Gesellschaft.

Literaturangaben

Beck, U./Bonss, W. (Hrsg.) (2002): Die Modernisierung der Moderne, Frankfurt/M
Bundesministerium für Jugend, Familie, Frauen und Gesundheit (Hrsg.) (1990): Achter Jugendbericht, Bonn
Bundesministerium für Familie, Senioren, Frauen und Jugend (Hrsg.) (1994): Neunter Jugendbericht, Bonn
Faltermeier, J. (2000): Verwirkte Elternschaft?, Münster/Wf.
Flösser, G./Otto, H.-U. (1996): Neue Steuerungsmodelle für die Jugendhilfe, Neuwied und Kriftel/Ts.
Grunwald, K. u.a. (Hrsg.) (1996): Alltag, Nicht-Alltägliches und die Lebenswelt, Weinheim und München
Kommission der Europäischen Gemeinschaften (2000): Memorandum über Lebenslanges Lernen, SEK 1832, Brüssel
Mandl, H./Reimann-Rothmeier, G. (2000): Individuelles Wissensmanagement, Bern

Schefold, W. (1999): Sozialstaatliche Hilfen als Verfahren. Pädagogisierung der Sozialpolitik-Politisierung Sozialer Arbeit, in: Fatke, Reinhard u.a.: Erziehung im Wandel. Zeitschrift für Pädagogik, 39. Beiheft, Weinheim und Basel, 277-290

Thiersch, H. (Hrsg.) (1995): Lebensweltorientierte Soziale Arbeit. 2. Auflage, Weinheim

Wiesner, Reinhard u.a. (2000): SGB VIII Kinder- und Jugendhilfe, 2. Auflage, München

„Europa wird sein, was es ist, wenn es ein Kontinent des Lernens sein wird. Der Zwang zum Lernen ist durch die Verschiedenheit unseres Erdteils gegeben." György Konrad: Der Dritte Blick.

Lernen in und für Europa

Manuela du Bois-Reymond

Mit diesem Essay erlaube ich mir einige gedankliche Freiheiten. Die Gedanken, die ich hier äußere, beruhen auf keiner auskristallisierten Theorie und Empirie – beide gibt es noch nicht. Es ist aber meine Überzeugung, dass wir als Kindheits- und Jugendforscher, ebenso wie als Lehrer, Sozialpädagogen und Jugendhelfer, in welchem europäischen Land auch immer, an einer solchen Theorie und Empirie arbeiten müssen, in denen es um den Zusammenhang zwischen neuem Lernen und einem neuen Europa geht.

Menschen leben heute nicht mehr in kulturell-national klar definierten Räumen. In den europäischen Gegenwartsgesellschaften vermischen sich zunehmend nationale und transnationale Lebenswelten. Die Existenzbedingungen von Kindern und Jugendlichen werden zwar immer noch weitgehend von ihren jeweiligen Heimatländern bestimmt, aber für ihren weiteren Lebensweg wird dies weniger der Fall sein als für frühere Generationen. Europa konstituiert sich als ein Wirtschafts- und Politikraum, der die Lebensverhältnisse und Lebensweisen seiner jungen Einwohner immer stärker beeinflussen wird.

Die Kategorien „Kind" und „Jugendlicher" sind historisch-pädagogisch und national-kulturell bestimmt – das französische, das bulgarische Kind heute oder vor hundert Jahren in seiner unverwechselbaren kulturellen Lebenswelt mit den dazugehörigen institutionellen Rahmungen. Mit wachsender ökonomisch-politischer Verflechtung werden diese Kategorien tendenziell ihrer Besonderheiten und Kontinuitäten entkleidet zugunsten eines transnationalen Kindheits- und Jugendbegriffs. Für die betroffenen Subjekte entstehen zunehmende Spannungen, weil die Entwicklungen in den verschiedenen europäischen Ländern und Regionen ungleichzeitig, aber eben in ein und derselben Gegenwart verlaufen.

Unter diesen Ungleichzeitigkeitsverhältnissen werden die nachwachsenden Generationen in allen europäischen Ländern sehr andere Erfahrungen machen als die älteren Generationen. Sie leben zwar in einem geographisch immer stärker vereinheitlichten Raum, eben in der Europäischen Union, die sich in wenigen Jahren über 25 Nationen erstrecken wird. Aber dieser Großraum gliedert sich in verschiedene historische Epochen, die man grob in eine vormoderne, eine moderne und eine spätmoderne Zeit einteilen kann. Das lässt sich etwa an rumänischen oder polnischen Lebensverhältnissen zeigen: Hier leben Kinder und ihre Familien oft noch in Verhältnissen, wie sie für agrarische Gemeinschaften mit Subsistenzwirtschaft typisch waren und sind. Gleichzeitig gehen sie aber in Schulen, wo sie sehr ähnliche Dinge lernen wie ihre westeuropäischen Altersgenossen. Und in der nächsten Stadt, die vom Dorf aus zu Fuß oder mit klapprigem Bus erreichbar ist, finden sie ein Internetcafé, in dem sie sich weit über die Grenzen ihrer Nahwelt hinaus an die „neue", die andere, die unbekannte spätmoderne Welt anbinden können. In westlichen Ländern erleben insbesondere Ausländerkinder derartige Diskrepanzen.

In diesen forcierten, gleichzeitig selektiven Modernisierungsprozessen spielt Lernen eine Schlüsselrolle. Die im Hier und Heute lebenden Kinder und Jugendlichen werden anderes und anders lernen als in den uns bisher bekannten und vertrauten Institutionen. Für Schule und Kinder- und Jugendhilfe gleichermaßen steht eine Ausdifferenzierung ihres sozialpädagogischen Verständnisses sowie ihres Angebots an. Sie werden in naher Zukunft noch stärker als bisher einer kulturell gemischten Klientel gegenüber stehen. Die Frage, die sich für Sozialpädagogen und Lehrpersonal in allen europäischen Ländern – wenn auch aus verschiedenen theoretisch-praktischen und kulturell-administrativen Positionen heraus – stellt, ist, ob sie dafür gerüstet sind, bzw. wie sie sich das nötige Rüstzeug aneignen können; und wollen sie es überhaupt?

Bis jetzt findet die Ausbildung von lehr- und sozialpädagogischen Berufen ausschließlich in nationalen Kontexten und gesteuert durch nationalstaatliche Bürokratien und Akkreditierungen statt. Das verstellt den anstehenden Professionals den Blick auf die neue Dimension ihrer jeweiligen Berufe: eine dem europäischen Einigungsprozess entsprechende, und vor allem im Interesse der Kinder und Jugendlichen vorantreibende, pädagogische Praxis zu schaffen. Eine derartige Professionalisierung erfordert eine erweiterte Ausbildung und Praxis auf europäischem Niveau. Hierfür gibt es noch wenige Beispiele, und wenn man sich die enormen Schwierigkeiten vor Augen führt, die die Realisierung eines solchen Projekts mit sich bringt, ist dies nicht erstaunlich. Und doch wird, sozusagen unterhalb der institutionalisierten Ebene, in vielen pädagogischen Teilbereichen mit neuen Lern- und Lehrformen experimentiert. Einige Beispiele, deren Heterogenität nur zeigt, wie weit wir noch von einer kohärenten europäischen pädagogischen Theorie und Praxis entfernt sind, sollen dies illustrieren:

Erstes Beispiel: Die Europäische Kommission und der Europarat trafen vor zwei Jahren (2000) eine Übereinkunft, um einen zweijährigen Weiterbildungskurs für Jugendarbeiter und Jugendpädagogen aus europäischen Ländern zu entwickeln (http://www.training-youth.net). Ein solcher Kurs soll sie dazu befähigen, ihre Berufspraxis um Fragestellungen und Inhalte zu erweitern, die für sie selbst und für die Jugendlichen, mit denen sie in ihren jeweiligen Heimatländern arbeiten, konkreter machen, welche Chancen, aber auch welche Probleme und Risiken „das neue Europa" mit sich mitbringt, ganz besonders, wenn es um den Übergang von Jugendlichen ins Arbeitsleben geht: „A representative 15-year-old in an OECD country can today expect to hold a job for 6.5 years, to be unemployed for one year and to be out of the labour force for 1.5 years in the 15 years up to and including the age of 29." (http://www.oecd.org./els/education1/eag/hl.htm).

Ein solcher Kurs ist nicht gerade weltbewegend, nur eine verschwindende Anzahl von Berufspädagogen in allen europäischen Ländern wird ihn belegen. Aber auf längere Sicht wird es unabdingbar werden, eine europäische Perspektive in die Ausbildungsgänge von Berufspädagogen einzuarbeiten. Davon werden hunderttausende von Studenten und Dozenten betroffen sein, und neue Berufe und Berufsbilder werden entstehen.

Zweites Beispiel: Seit mehreren Jahren ist das „European Schoolnet" im Aufbau (http://www.en.eun.org). In diesem von engagierten europäischen Lehrern und Schülern getragenen Netzwerk von inzwischen beinah 900 Schulen entstehen in einer Art produktivem und von keiner staatlichen nationalen Bürokratie steuerbarem und gestörtem Chaos hunderte von transnationalen Projekten, in denen sich Schüler und Lehrer untereinander vernetzen. Einige Beispiele:

„Das Bild der Anderen" – für 6-18jährige; es handelt sich um ein Email-Projekt in deutscher Sprache für Anfänger, die deutsch als erste oder zweite Fremdsprache lernen wollen. Die Schülerkorrespondenz wird von einer engen Kooperation der beteiligten Lehrer unterstützt;

„Buch der Freundschaft" – für 10jährige; in englischer und bulgarischer Sprache. Teenager aus beiden Nationen knüpfen über Internet Beziehungen untereinander an und tauschen sich über ihre Lebenswelten aus;

„eWizard" – für 10-19jährige; in englisch und anderen Sprachen: „The eWizard project is a cross curriculum role play on-line project. Participants have been from Bulgaria, Italy, Romania and Sweden. Students create their own "homeland" and creatures (based on) their own folk tales and mythology." Der so kreierte Stoff wird in mehreren Unterrichtsfächern benutzt: ICT, Englischunterricht, Sozialkunde u.a.

Judaism in Europe: „...describe Judaism as a European form of living rationally as well as emotionally."

Was an diesen und vielen anderen Projekten innerhalb des „European Schoolnet" beeindruckt, ist nicht so sehr ihre Originalität: derartige Thematiken haben progressive und innovative Lehrer und Schüler schon immer bearbeitet, insbesondere die Freinet-Pädagogik hat die Potenzen von Schüleraustauschprojekten lange vor dem „e-Zeitalter" erkannt (s. etwa Jörg 1994). Das Besondere ist vielmehr, dass diese „going Europe" Aktivitäten jetzt aus ihrem Nischendasein herausstreben und sich zum ersten Mal in der Geschichte die

Chance auftut, die erneuernden Ideen progressiver Pädagogiken auf breiter Front in Praxis umzusetzen.

Mein drittes Beispiel stammt aus einer Studie der World Health Organisation (s. HBSC International Report 2000). In dieser Studie werden Übersichten aus über 20 europäischen und außereuropäischen Ländern über Meinungen und Wohlbefinden von Jugendlichen gegeben. Nicht dass derartige Grobdaten aus pädagogisch-hermeneutischer Sicht genug Tiefenschärfe und Aussagekraft hätten, um interessante Einsichten in die so verschiedenen Lebenswelten von Kindern und Jugendlichen zu gewinnen. Aber in Ermanglung einer fundierten europäischen interkulturellen Kinder- und Jugendforschung (s. Bynner/Chisholm 1998, du Bois-Reymond 2002 a) im Druck) gibt die Studie Hinweise auf neue Forschungsfragen und -felder für das, was ich in anderm Zusammenhang „Lernfeld Europa" nenne (s. du Bois-Reymond b im Druck).

In der WHO Studie wurden 11-15jährige nach Schule, Elternhaus und Peer-Beziehungen befragt. Während die Kinder und Jugendlichen der vertretenen Länder – von Schweden bis Litauen, von Tschechien bis Wales – sich in ihrer Haltung gegenüber ihrer eigenen Generation, ihren Peers, stark ähneln, divergieren sie desto stärker in ihrer Meinung über die Schule; deutsche Schüler beurteilen sie z.B. viel positiver als ungarische oder norwegische Schüler. Ob man daraus schließen kann, dass „der jugendkulturelle europäische Vereinigungsprozess" bereits weiter fortgeschritten ist als der pädagogisch-institutionelle, lasse ich als eine polemische Frage hier stehen – eine Frage allerdings, die ernsthafter Forschungsarbeit bedürfte. Und dass z B. keine direkte Korrelation besteht zwischen den Schulbeliebtheitswerten und den Werten über Partizipationsmöglichkeiten in der Schule, sollte Pädagogen zum Nachdenken anregen, ebenso wie das Ergebnis, dass die Schüler der meisten Länder auf die Frage, ob ihre Lehrer an ihnen persönlich interessiert seien, sehr zurückhaltend antworten. Auch die Frage an Jugendliche, ob sie finden, dass ihre Eltern sie unter einen zu starken Schulleistungsdruck setzen, ergibt bedenkenswerte Diskrepanzen zwischen den Ländern (s. S. 46ff. des erwähnten Reports). In allen Fällen ließen sich weiterführende Forschungsprogramme entwickeln, und vergleicht man die Forschungslage mit der von vor 20 Jahren, so sind Fortschritte in der Kooperation europäischer Teams durchaus erkennbar.

Es ist überdeutlich, dass Kinder und Jugendliche in Europa länder- und kulturspezifische Lebenslagen mit entsprechend verschiedenen Lebenschancen und -risiken haben (s. EGRIS 2001; Berger & Konietzka 2001; Youth Research in Europa 2001). Aber über alle Unterschiede und Ungleichzeitigkeiten hinweg produziert der europäische Vereinigungsprozess verbindliche Standards, an denen sich die Mitgliedstaaten orientieren und die Eintrittsländer orientieren lernen müssen. In der europäischen Bildungsdiskussion spielen hierbei zwei Leitideen eine Rolle für Überlegungen zu einer Erneuerung von Lernen und pädagogischen Institutionen: lebenslanges Lernen und Partizipation. Diese „Big Two" werden allerdings in einschlägigen europäischen Dokumenten über Gebühr strapaziert, um eine pädagogische Wirklichkeit zu beschwören, von der europäische Lernende und Lehrende noch sehr weit entfernt sind – wenn sie sich denn überhaupt auf einem überschaubaren Weg dorthin befinden.

Lebenslanges Lernen zielt auf die Notwendigkeit von Wissensgesellschaften und solchen, die sich an diesen Standards messen lassen müssen, lernfähige und lernmotivierte Subjekte zur Verfügung zu haben (s. Alheit u.a. 2001; Memorandum Europäische Kommission 2000). Das stellt neue Anforderungen an das Organisieren und Durchführen von Lernvorgängen. Es geht um eine neue Rahmung von Lernen, um andere Lehr-Lernformen und um neue Curricula; dies alles auch im Hinblick auf ein erweitertes Verständnis von Professionalisierungsprozessen.

Der Kern all dieser anvisierten Umwertungen bestehender pädagogischer Praxen liegt in einem Mischungsverhältnis von drei grundlegenden Lernmodi, die sich in den letzten 200 Jahren mit je verschiedenem Tempo, aber ziemlich ähnlichem Resultat in den meisten europäischen Gesellschaften immer weiter entmischt haben:

- Formales Lernen;
- Non-formales Lernen;
- Informelles Lernen.

Mit dem Entstehen nationaler Volksschulen und im Laufe des letzten, des 20. Jahrhunderts, dem Übergang zu einem Bildungsangebot für die Massen, hat formales Lernen die Oberhand gewonnen; formale Qualifikationen bestimmten fortan die Lebenschancen von Kindern und Jugendlichen; außerschulisches Lernen und *learning by doing* verloren an Einfluss. Indem ich eine höchst komplexe Entwicklung derart verkürzt zusammenfasse, geht dabei zugegebenermaßen auch eine Unterscheidung zwischen „Bildung" und „Qualifikation" verloren, wie sie insbesondere für die deutsche Diskussion wesentlich ist; in anderen Ländern ist dies weniger der Fall: die englischen bzw. niederländischen Begriffe *education* oder *onderwijs/opleiding* etwa ziehen einen weniger tiefen Graben zwischen beiden. Wiederum auch hier ein Bedarf an vergleichenden (wissenssoziologischen) Studien!

Non-formales Lernen betrifft organisierte außerschulische Lernveranstaltungen, insbesondere in der freien Jugendarbeit, aber auch Vereinssport und andere strukturierte Aktivitäten fallen hierunter. In Neuauflagen kompensatorischer Erziehungsprogramme, wie sie in den 60er Jahren und anschließenden Jahrzehnten in den Vereinigten Staaten und Westeuropa entwickelt wurden, um das Versprechen auf Chancengleichheit im Bildungswesen einzulösen, manifestiert sich nun ein weiterer Versuch, die unproduktive Kluft zwischen inner- und außerschulischem Lernen zu überbrücken, die vor allem bildungsbenachteiligten Kindern Lern- und Lebenschancen verstellt. In Konzepten von *community school*, Schulsozialarbeit oder z.B. der niederländischen Variante der *brede school* (breite Schule) leben pädagogische Ideale einer Verbindung von formalem und non-formalem Lernen wieder auf. Heute wie damals ist der Erfolg dieser Konzepte allerdings mehr als unsicher.

Den Grund hierfür sehe ich, hierin Teilen der Reformpädagogik, der kritischen Pädagogik (in den VS *radical education*) und der Entschulungsbewegung verbunden, in einer Überbürokratisierung selbst und gerade derartiger Konzepte. Denn das, was in einem solchen Verbund von formalem und non-formalem Lernen die Subjekte – Kinder und Jugendliche und erwachsene Bezugspersonen aus verschiedenen Lebensbereichen und Professionen – autonom und spontan machen und entwickeln würden, gerade dieses so entscheidende Neue, wird ihnen von den staatlichen Stellen und z.t. auch von Vertretern von Berufsstandsbewahrern nicht zugestanden. Nein, da müssen die Experimente geregelt, kontrolliert und evaluiert werden. Die kontroversiellen Diskussionen über (Teil-)Privatisierungen pädagogischer Einrichtungen – von der Kita über die Schule bis zu Universitätsgründungen – zeigen das Dilemma, (k)einen Weg zu finden zwischen ,Entregelung' und der Gefahr, dass ein (zu) freies Bildungswesen soziale Segregation befördert (s. z.B. Weiß 2000).

Mit dem Problem, wie zu erneuernden Lehr-Lernformen zu kommen sei, haben europäische Länder und Staaten auf verschiedene Weisen zu tun: Die osteuropäischen Länder hatten bereits vor der Wende entwickelte Lernanstalten, mit einem hohen Grad formaler Lernleistungen (s. Wallace & Kovatcheva 1998). An diesen Anstalten hat sich nach der Wende zwar ideologisch viel (oder wenig – je nach Land) geändert, nicht aber am formalen Lerncharakter selbst. Demgegenüber hat die außerschulische Jugendarbeit in diesen Ländern viel heftigere Einbrüche erlebt: einerseits Erneuerungen im Sinne einer „Entorthodoxierung", zugleich aber auch Kahlschlag durch Abbau und Sparmaßnahmen. Von kreativen Verbindungen zwischen formalem und non-formalem Lernen ist in diesen Ländern weniger zu erkennen als in westlichen. Allerdings darf hier die Arbeit von YNGO's (Youth Nongovernmental Organisations) nicht vergessen oder unterschätzt werden (s. White Paper on Youth Policy 2001). Übrigens klafft auch hier eine gewaltige Forschungslücke: Wo sind die Studien, die die sozialpädagogische Arbeit und deren Einwirkungen auf das Leben der betroffenen Kinder und Jugendlichen (und ihrer Eltern) in europäisch-interkultureller Perspektive beschreiben und kritisch würdigen? Allerdings ist unübersehbar, dass das sozialwissenschaftliche Interesse an ehrenamtlicher Arbeit und „Bürgerengagement" (s. Heinze & Olk 2001) wächst.

Am ungeklärtesten in der Debatte um neue Lernformen ist die Stellung von informellem Lernen; es befindet sich sozusagen in schärfster Opposition zu formalem Lernen. Während allerorten ein komplementäres Verhältnis zwischen formalem und non-formalem Lernen propagiert wird – so auch auf der Tagung des Bundesjugendkuratoriums, über die der vorliegende Band referiert –, sind die Positionen über das Verhältnis von informellem zu non-formalem und formalem Lernen viel weniger klar. Verwiesen wird in diesem Zusammenhang gern auf die Lernleistungen, die in Peergruppen erbracht werden (s. hierzu mehrere Beiträge in Merkens & Zinnecker 2001, und Krappmann in diesem Band). Aber damit ist wenig über einen möglichen Beitrag von informellem Lernen zu formellem Lernen gesagt. Das ist erklärbar, denn informelle Lernleistungen sind am wenigsten von allen planbar, messbar und evaluierbar; sie sind am nächsten am Lernsubjekt, sie sind, wenn man will, die intimsten Lernformen und widersetzen sich am heftigsten Institutionalisierungen – wie also können sie greifbar gemacht werden?

In der europäischen Diskussion tauchen informelle Lernleistungen als ein hoffnungsvoller Weg zu einer Ausschöpfung von unbenutztem *human capital* auf: Es gehen in formalen Lehr-Lernveranstaltungen zu viele schöpferische Energien und informell erworbene Fähigkeiten verloren. Diese „*unframed*" Qualifikationen gilt es zu würdigen und zu zertifizieren (s. Memorandum on lifelong learning 2000; Björnävold 2001). Warum sollte man einer Gruppe Jugendlicher, die sich durch Eigenlernen ästhetische Qualifikationen erworben haben, diese nicht mit einem Zertifikat anerkennen und ihnen auf diese Weise einen gewissen Tauschwert auf dem Arbeitsmarkt zufügen? Warum sollte ein arbeitsloser Feinmechaniker mit pädagogischem Eros nicht Berufsschullehrer sein? Etc.

Obgleich wir alle als Vertreter von pädagogischen Berufen und jugendpolitischen Positionen noch sehr weit von einer fundierten Konzeption und Praxis einer Vermischung obiger drei Lernmodi entfernt sind, so ist doch zu beobachten, dass die Dominanz formaler gegenüber non- und informeller Lernmodi in den letzten etwa zwei Jahrzehnten abnimmt. Und ich frage mich, ob diese Schwächung – und damit Chance für eine Erneuerung von Lernen – etwas mit dem europäischen Vereinigungsprozess und seinen ungleichzeitigen Entwicklungen zu tun hat? – Wiederum eine Frage, auf die pädagogische und soziologische Kindheits- und Jugendforschung eingehen sollte.

Über das Konzept „Partizipation" will ich hier kurz sein: Wenn neues Lernen im Gegensatz zum traditionellen Schullernen subjektbezogen verläuft, wenn also die Subjekte (nicht nur die jungen, sondern alle Gesellschaftsmitglieder, das ist ja im lebenslangen Lernen impliziert) intrinsisch motiviert lernen, dann haben sie teil an ihren eigenen Lernprozessen, sie steuern sie eigenverantwortlich und bestimmen damit ihre eigene Subjektwerdung. Über diese Möglichkeiten der Menschwerdung durch Bildung hat insbesondere die deutsche Pädagogik ausgiebig philosophiert (s. auch den Beitrag von Liebau in diesem Band). Man muss hier kritisch anmerken, dass in den einschlägigen Eurodokumenten über den Begriff der Partizipation zumeist in einer flachen rhetorischen Weise deliberiert wird. Erst und nur im Zusammenhang mit empirischen Daten über soziale Ausschließungsprozesse und konkreten kinder-, familien- und jugendpolitischen Maßnahmen lässt sich der Illusionsbzw. Ernstcharakter von Partizipation beurteilen.

Ich schließe mit dem beunruhigenden Gedanken, dass die hier anvisierten neuen Lernaufgaben für Kinder, Jugendliche und ihre Pädagogen, sowie Forscher und Sozialpolitiker, vor dem Hintergrund geleistet werden müssen, dass das Schicksal der europäischen Bildungs- und Arbeitsgesellschaften sehr ungewiss ist.

Literaturangaben

Alheit, P./Beck, J./Kammler, E./Taylor, R. and H. Salling Olesen (Eds.) (2000): Lifelong Learning Inside and Outside Schools. Contributions to the Second European Conference on Lifelong Learning, Bremen 25-27 February 1999, Collected Papers, Roskilde University, Universität Bremen, Leeds University

Berger, P.A./Konietzka, D. (Hrsg.) (2001): Die Erwerbsgesellschaft. Neue Ungleichheiten und Unsicherheiten, Opladen

Björnåvold, J. (2001): Ermittlung, Bewertung und Anerkennung nicht formal erworbener Kompetenzen in Europa, CEDEFOP Europäisches Zentrum für die Beförderung der Berufsbildung

du Bois-Reymond, M. (2002 a im Druck): Kindheit und Jugend in Europa in kulturvergleichender Perspektive, in: H.-H. Krüger & C. Grunert (Hrsg.): Handbuch der Kindheits- und Jugendforschung, Opladen

du Bois-Reymond, M. (2002 b im Druck): Lernfeld Europa: Chancen für Schüler und Lehrer im 21. Jahrhundert, in: U. Bracht & D. Keiner (Hrsg.): Jahrbuch für Pädagogik, Frankfurt a.M.

Bynner, J./Chisholm, L. (1998): Comparative Youth Transition Research: Methods, Meanings and Research Relations, *European Sociological Review 14 (2), 131-150*

EGRIS (2001): Misleading Trajectories: Transition Dilemmas of Young Adults in Europe, *Journal of Youth Studies* 4 (1), 101-119.

Health and Behaviour among Young People – HBSC International Report (2000). Editors: C. Currie, K. Hurrelmann, W. Settertobulte, R. Smith, J. Todd, Regional Office for Europe, Copenhagen.

Heinze, R.G./ Olk, Th. (Hrsg.) (2001): Bürgerengagement in Deutschland, Opladen

Jörg, H. (1994): Die Freinet-Pädagogik und ihr internationaler Einflußbereich, in: H. Röhrs & V. Lenhart (Hrsg.): Die Reformpädagogik auf den Kontinenten. Ein Handbuch, Frankfurt a.M., 259-280

Memorandum on Lifelong Learning (2000): Commission of the European Communities, Brussels.

Merkens, H./Zinnecker, J. (Hrsg.) (2001): Jahrbuch Jugendforschung, Opladen

Wallace, C./Kovatscheva, S. (1998): Youth in Society. The Construction and Deconstruction of Youth in East and West Europe, London

Weiß, M. (2000): Mehr Effizienz im Schulbereich und dezentrale Ressourcenverantwortung und Wettbewerbssteuerung?, in: H.-H. Krüger & H. Wenzel (Hrsg.): Schule zwischen Effektivität und sozialer Verantwortung, Opladen

White Paper on Youth Policy (2001): Contribution of Civil Society Organisations to the European Commission"s Consultation, Hearing at the European Economic and Social Committee 20 February 2001, Brussels

Youth Research in Europe: the Next Generation (2001). Council of Europe Publishing, Strasbourg

Zukunftsfähigkeit sichern! – Für ein neues Verhältnis von Bildung und Jugendhilfe

Eine Streitschrift des Bundesjugendkuratoriums

Bildung steht gegenwärtig im Zentrum gesellschaftlicher Auseinandersetzungen. Ein vielfältiger Bildungsdiskurs bewegt die Gemüter in Deutschland. International vergleichende Leistungsstudien (z.B. „TIMSS"; „PISA") bescheinigen deutschen Schülern aller Schulstufen fehlende Kompetenzen und verweisen sie auf hintere Plätze. Arbeitgeberverbände beklagen einen gravierenden Leistungsverfall bei Lehrlingen und Auszubildenden, besonders im Rechnen, im sprachlichen Ausdrucksvermögen und in der Rechtschreibung. Viele Eltern und der musisch-kulturelle Bereich kritisieren, dass die persönlichkeitsformenden, kreativen und künstlerischen Elemente von Bildung viel zu kurz kommen und immer nachrangiger eingestuft werden. Vielfältiger Reformbedarf des Bildungswesens wird angemeldet. Versuche zu Innovation und Veränderung sind gefordert. Mit Europa verbinden sich neue Aufgaben der Öffnung und Weiterentwicklung der Bildungslandschaft. Sie liegen vor allem in erweiterten Lern- und Studienmöglichkeiten, in neuen Freizügigkeiten des Lernens und der Ausbildung, in gegenseitigem interkulturellem Austausch und in Kooperation.

Diese Impulse spiegeln sich in verschiedenen Verlautbarungen von Gremien wider, etwa in dem Beschluss der Jugendministerkonferenz zum Thema „Jugendhilfe in der Wissensgesellschaft"[1] oder in den Empfehlungen des von Bund und Ländern vor zwei Jahren eingesetzten Forum Bildung[2]. Im Ergebnis der Debatte zeichnet sich ein – jedenfalls verbaler – Konsens ab, dass Bildung nicht nur als der entscheidende „Rohstoff" und die grundlegende Bedingung für individuellen Lebenserfolg einerseits, ökonomische Zukunft, Wettbewerbsfähigkeit und gesellschaftlichen Wohlstand andererseits gesehen wird, sondern auch als die unerlässliche Grundlage und lebenslanges Erfordernis der Lebensführung und Lebensbewältigung der Menschen. Wer die

---

1   Jugendministerkonferenz: Jugendhilfe in der Wissensgesellschaft. In: FORUM Jugendhilfe 3/2001, 18-27
2   Arbeitsstab Forum Bildung (Hrsg.): Empfehlungen des Forums Bildung (Ergebnisband I), 2001

Befunde und Ergebnisse der PISA-Studie[3] liest, kann diesen Zusammenhang zwischen sozialen Ressourcen und Bildung auch dort deutlich wiederfinden.

Die aktuelle Verständigung über Notwendigkeit und Inhalte von Bildung ist aus der Sicht des Bundesjugendkuratoriums und der Kinder- und Jugendpolitik grundsätzlich zu begrüßen. Sie bedeutet nämlich eine Anerkennung der zentralen Bedeutung von Bildung für die Zukunft der nachfolgenden Generation.[4] Dennoch weist die öffentliche Diskussion aber auch Gefahren und Aspekte auf, die Widerspruch herausfordern.

- Problematisch ist, dass in vielen Diskussionen Bildungsprozesse vordergründig unter dem Gesichtspunkt ihrer Zweckmäßigkeit und Verwertbarkeit konzipiert, bewertet und durchgeführt werden. Deutlich wird dies vor allem in der einseitigen Betonung der notwendigen Qualifikationserfordernisse der Arbeitskräfte in einer sich globalisierenden Wirtschaft. Deutlich wird dies aber auch in einem verkürzten Verständnis der sog. Wissensgesellschaft, das Bildungsprozesse auf Informationsmanagement reduziert.
- Bildungsprozesse werden immer noch nahezu ausschließlich an der Schule, der Hochschule und am beruflichen Ausbildungssystem fest gemacht. Übersehen werden so die notwendige Vielfalt einer Bildungslandschaft und die Vielgestaltigkeit von Bildungsprozessen.
- So sehr – drittens – Bildung und Bildungsleistungen erweiterte Optionen und verbesserte Chancen versprechen, so thematisieren sie aber auch wachsende Herausforderungen, Verunsicherung und Leistungsdruck vor allem für jene, die – aus welchen Gründen auch immer – in der Konkurrenz um Qualifikationen und Kompetenzen nicht mithalten können.
- Der europäische bzw. internationale Bildungsdiskurs bringt Tendenzen und Prozesse von schematischer Angleichung, Bürokratisierung, Nivellierung, Standardisierung und Ökonomisierung mit sich.

Vor diesem Hintergrund müssen sich Kinder- und Jugendhilfe (im folgenden kurz: Jugendhilfe) und Jugendpolitik dazu aufgerufen sehen, sich aktiv in den aktuellen Bildungsdiskurs einzubringen:

- Zunächst muss Jugendhilfe in weiten Bereichen ihr Selbstverständnis im Rahmen der Bildungsaufgaben der Gegenwart grundsätzlich überdenken

---

3   OECD (Hrsg.): Programme for International Student Assessment. Schülerleistungen im internationalen Vergleich. http://www.mpib-berlin.mpg.de/pisa
4   In einer Stellungnahme des Bundesjugendkuratoriums heißt es in diesem Zusammenhang: „Bildung entscheidet mehr und anders als früher über Lebenszugänge und Teilhabechancen und ist der Schlüssel einer zukunftsoffenen, sozialen und ökonomisch erfolgreichen Entwicklung von Gesellschaft und Individuen." (Bundesjugendkuratorium (Hg.) (2000), Gegen den irrationalen Umgang der Gesellschaft mit der nachwachsenden Generation, in: Frankfurter Rundschau vom 28. August 2000, 8)

sowie ihre Maßnahmen, Konzepte und Angebotsstrukturen kritisch überprüfen und weiterentwickeln, damit sie den jungen Menschen und ihren
Familien in ihren Bildungsbedürfnissen gerecht werden.

- Jugendpolitik muss dann in der öffentlichen Debatte reklamieren, dass
  Jugendhilfe einen unverwechselbaren und unverzichtbaren Beitrag zur
  Bildungslandschaft erbringt. Sie muss die Kooperation der einzelnen
  Bildungsträger zur Weiterentwicklung von umfassenden Bildungsgelegenheiten anmahnen.
- Schließlich müssen Jugendhilfe und Jugendpolitik im Rahmen von an-
  waltschaftlicher Interessenvertretung dafür Sorge tragen, dass Benachteiligungen erkannt und abgebaut werden, damit Bildung der Selbst-
  entfaltung des Individuums und der Humanisierung und Demokratisierung der Gesellschaft dient.

Die vorliegende Streitschrift des Bundesjugendkuratoriums will unterstreichen, warum Bildung notwendige Voraussetzung für Lebenskompetenz und
Zukunftsfähigkeit von jungen Menschen ist. Sie will begründen, warum sowohl Gesellschaft wie Kinder und Jugendliche Bildung brauchen. Sie will
deutlich machen, von welchem Bildungsverständnis dabei auszugehen und
wie Bildung im Bereich von Jugendhilfe weiter zu entwickeln ist.

Gesellschaft braucht Bildung

Seit gut 30 Jahren ist ein sich beschleunigender Wandel unserer Gesellschaft
zu beobachten, der sich in unterschiedlichen Bereichen mit unterschiedlicher
Geschwindigkeit aber auch mit unterschiedlichem Beharrungsvermögen vollzieht. Aktuelle politische und gesellschaftliche Diskurse über ein „Bündnis
für Arbeit", über die Verselbständigung der Finanzmärkte, über bezahlbare
Renten, Gerechtigkeit zwischen den Generationen, die Weiterentwicklung der
Erwerbsarbeit und die Neugestaltung des Geschlechterverhältnisses stellen
zentrale Aspekte eines tiefgreifenden Umbruchs in der Lebens- und Arbeitswelt dar. Obwohl die Sozialwissenschaften davon ausgehen, dass wir mit unseren heutigen Forschungsmethoden und -instrumenten nur schwer erfassen
können, was sich alles wie verändern wird, können wir auf Grund der bislang
vorliegenden Erkenntnisse doch annehmen, dass die Gesellschaft der Zukunft

- eine *Wissensgesellschaft* sein wird, in der Intelligenz, Neugier, Lernen
  wollen und können, Problemlösen und Kreativität eine wichtige Rolle
  spielen;
- eine *Risikogesellschaft* sein wird, in der die Biografie flexibel gehalten
  und trotzdem Identität gewahrt werden muss, in der der Umgang mit Un-

gewissheit ertragen werden muss, und in der Menschen ohne kollektive Selbstorganisation und individuelle Verantwortlichkeit scheitern können;

- eine *Arbeitsgesellschaft* bleiben wird, der die Arbeit nicht ausgegangen ist, in der aber immer höhere Anforderungen an die Menschen gestellt werden, dabei zu sein;
- eine *demokratische Gesellschaft* bleiben muss, in der die Menschen an politischen Diskursen teilnehmen und frei ihre Meinung vertreten können, öffentliche Belange zu ihren Angelegenheiten machen, der Versuchung von Fundamentalismen und Extremen widerstehen und bei allen Meinungsverschiedenheiten Mehrheitsentscheidungen respektieren;
- als *Zivilgesellschaft* gestärkt werden soll, mit vielfältigen Formen der Partizipation, Solidarität, sozialen Netzen und Kooperation der Bürger, egal welchen Geschlechts, welcher Herkunft, welchen Berufs und welchen Alters;
- eine Einwanderungsgesellschaft bleiben wird, in der Menschen verschiedener Herkunft, Religion, Kultur und Tradition integriert werden müssen, vorhandene Konflikte und Vorurteile überwunden und Formen des miteinander Lebens und Arbeitens entwickelt werden müssen, die es allen erlauben, ihre jeweilige Kultur zu pflegen, aber auch sich wechselseitig zu bereichern!

Alle diese Gesellschaftsmodelle und Trends verlangen von den Bürgerinnen und Bürgern komplexe Kompetenzen der individuellen Lebensführung und des sozialen Zusammenlebens. Sie setzen Bildung und Gebildetsein voraus. Gleichgültig nach welchem der genannten Modelle Zukunft gedacht wird, in allen wird klar und deutlich: für die Sicherung ihres Bestandes wie für ihre Perspektiven ist Gesellschaft auf Bildung angewiesen. Von Bildung als *gesellschaftlicher Bildung* hängen entscheidend der Bestand demokratischer Kultur, die Tragfähigkeit des sozialen Zusammenhalts und der gesellschaftlichen Solidarität, die Akzeptanz der zentralen Werte und Regeln der Zivilisation unserer Gesellschaft ab. Nicht allein „Wissen", sondern „Bildung" in einem umfassenden Sinn sichert den Standort Deutschland und die Zukunft unserer Gesellschaft, die ihren Mitgliedern Teilhabe und Selbstbestimmung zugleich sichert.

Kinder und Jugendliche brauchen Bildung

In einer Gesellschaft, in der die institutionellen „Geländer der Lebensführung" immer weniger verlässlich biografische Planungen stützen können und Verläufe in mögliche Zukünfte tendenziell unkalkulierbar werden, wird Bildung auch für die *alltägliche Lebensbewältigung* der Kinder und Jugendlichen zur entscheidenden und unverzichtbaren Ressource.

Seit den sechziger Jahren wurde die Erhöhung der Bildungsbeteiligung als Voraussetzung für gelingende Zukunft herausgestellt. Durch Verlängerung der Bildungszeit und Erhöhung des formalen Bildungsniveaus sollte die Gleichheit der Lebenschancen hergestellt werden. Lange Zeit orientierten sich Politik, Schule und Jugendhilfe an einem „bildungsoptimistischen Jugendkonzept": Wer seine Jugendzeit nutzt, lernt und sich vorbereitet, wer in der Gegenwart zugunsten von Bildung auf Konsum und Zerstreuung verzichtet, der wird dafür in der Zukunft durch bessere berufliche und soziale Chancen „belohnt" werden.

Dieses Konzept hat sich insofern verändert, als formale Bildungsabschlüsse zwar nach wie vor wichtig sind, sie allein und für sich genommen jedoch keinen erfolgreichen beruflichen Werdegang mehr garantieren. Es wird immer deutlicher, dass für eine gelingende Biographie zunehmend personale Fähigkeiten von Bedeutung sind. Hinzu kommt: Bildung bedeutet nicht mehr allein „Vorbereitung auf die Zukunft", sondern wird zu einer Ressource gegenwärtiger Orientierung angesichts von Unübersichtlichkeit, schließt Optionen für gegenwärtige Entscheidungen im Horizont der Ungewissheit auf, hilft trotz gegenstehender Schwierigkeiten die eigenen biografischen Ziele festzuhalten und sie dennoch flexibel an die Situation und erreichbaren Möglichkeiten anzupassen. Bildung erfährt also eine Bedeutungserweiterung: Sie wird zur wichtigsten Ressource der Bewältigung der Gegenwart *und* der Gestaltung der Zukunft.

Damit zeichnet sich mit Blick auf das Bildungsverständnis ein neues Verhältnis von Gegenwart und Zukunft ab. Bildung kann nicht mehr ausschließlich von der Zukunft her geplant werden. Immer mehr geht es darum, durch Bildung Selbstkompetenz für die alltägliche Lebensbewältigung auch schon in der Gegenwart zu erwerben. Der „Schonraum" Kindheit und Jugend zerbröckelt, der „Ernst des Lebens", die gesellschaftlichen Großprobleme reichen mit ihren Folgen längst in den Alltag junger Menschen hinein. „Die gesellschaftliche Krise hat die Jugendphase erreicht", lautet ein einvernehmliches Ergebnis der neuesten Jugendforschung[5] Bildung ist deshalb viel mehr als Ausbildung und Qualifikationserwerb. Sie ist Voraussetzung dafür, sich in einer komplizierten Welt zu verorten und zu behaupten. Moderne Pädagogik spricht mit Bezug auf Bildung deshalb nicht nur von Qualifikation, sondern immer mehr von Lebenskompetenz. Zugang auch zu den Ressourcen und Gelegenheiten solcher personbezogenen Bildungsprozesse zu erhalten, entscheidet über die eigenen biographischen Möglichkeiten und den weiteren Lebensverlauf. Weil aber die Ressourcen und Möglichkeiten in unserer Gesellschaft unterschiedlich zugänglich sind, hat sich das Thema „Bildung und

---

5   z.B. 12. Shell Jugendstudie 1997

soziale Ungleichheit" keineswegs erledigt. Die Fragen stellen sich hier vielmehr noch drängender als je zuvor.

Für ein angemessenes Bildungsverständnis

Bildung heißt immer: „sich bilden". Bildung ist stets ein Prozess des sich bildenden Subjektes, zielt immer auf Selbstbildung ab. Bildung ist mehr als ein Katalog akkumulierten Wissens, ein Kanon von Inhalten, über den man verfügen muss, um – wie gerne behauptet – als gebildeter Mensch zu gelten. Bildung ist kein Gut und keine Ware. Bildung meint auch Wissenserwerb, geht aber darin nicht auf. Sie ist zu verstehen als Befähigung zu eigenbestimmter Lebensführung, als Empowerment, als Aneignung von Selbstbildungsmöglichkeiten.

Im Kinder- und Jugendalter ist Bildung als „eigen-sinniger" Prozess des Subjektes von grundlegender Bedeutung für deren Entwicklung und Hineinwachsen in Kultur und Gesellschaft. Sie ist hier zu verstehen

- als *Anregung aller Kräfte*: Es geht um Anregung, nicht um Zwang oder Vorschrift. Alle Kräfte müssen in diesen Bildungsprozess einbezogen werden, nicht nur die kognitiven, sondern auch die sozialen, emotionalen und ästhetischen.
- als *Aneignung der Welt*: Aneignung ist ein aktiver, subjektiver Prozess, bei dem das Fremde in Eigenes verwandelt wird. Sie meint nicht ein von außen Hineinstopfen vorbestimmter „Bildungsinhalte". Bildung kann nicht erzeugt oder gar erzwungen, sondern nur angeregt und ermöglicht werden.
- als *Entfaltung der* Persönlichkeit: Es geht um einen Prozess, bei dem eigene Potenziale entwickelt werden und sich Individualität herausbildet. Bildung ist ein Entfaltungsprozess des Subjekts in Auseinandersetzung mit inneren und äußeren Anregungen und die Befreiung von inneren und äußeren Zwängen. Hier wurzelt die emanzipatorische Tradition von Bildung.

Im internationalen Diskurs wird in diesem Zusammenhang das Zusammenwirken von formellen, nicht-formellen und informellen Bildungsorten und Lernsituationen thematisiert:

- Unter *formeller Bildung* wird das gesamte hierarchisch strukturierte und zeitlich aufeinander aufbauende Schul-, Ausbildungs- und Hochschulsystem gefasst, mit weitgehend verpflichtendem Charakter und unvermeidlichen Leistungszertifikaten.

164

- Unter *nicht-formeller Bildung* ist jede Form organisierter Bildung und Erziehung zu verstehen, die generell freiwilliger Natur ist und Angebotscharakter hat.
- Unter *informeller Bildung* werden ungeplante und nicht-intendierte Bildungsprozesse *verstanden*, die sich im Alltag von Familie, Nachbarschaft, Arbeit und Freizeit ergeben, aber auch fehlen können. Sie sind zugleich unverzichtbare Voraussetzung und „Grundton", auf dem formelle und nicht-formelle Bildungsprozesse aufbauen.

Erst das Zusammenspiel dieser drei Formen ergibt Bildung im umfassenden Sinn. Deshalb müssen sie strukturell und funktional aufeinander bezogen werden. Sowohl Jugendhilfe wie Schule (und alle anderen Bildungsbereiche) müssen ihre Bildungsangebote in der wechselseitigen Durchdringung dieser Ebenen begreifen und Räume für die prinzipielle Vielgestaltigkeit von Bildungsgelegenheiten offen halten.

Dieses Verständnis von Bildung ist zugleich entlastend und herausfordernd. Entlastend, weil es nachvollziehbar macht, dass der Bildungsprozess von Kindern und Jugendlichen nicht *nur* von vorstrukturierten und geplanten Angeboten abhängig ist. Herausfordernd, weil es deutlich macht, dass alle drei Formen gesellschaftlich anerkannt und wertgeschätzt werden müssen. *Bildungspolitik greift zu kurz, wenn sie nur in formelle Bildung investiert und die anderen Bereiche übergeht.* Die Verpflichtung gegenüber der nachwachsenden Generation und die Sorge um die Zukunftsfähigkeit der Gesellschaft erfordern demnach eine entsprechende Umsteuerung des Bildungsdiskurses. Dies verlangt nicht zuletzt auch neue Kooperationsformen zwischen den bislang gegeneinander abgeschotteten Bildungsinstitutionen wie Familie, Jugendhilfe und Schule.

Für ein neues Verhältnis von Bildung und Jugendhilfe

Die Kinder- und Jugendhilfe muss in diesem Zusammenhang ihr Verhältnis zur Bildung auf zwei Ebenen neu bestimmen.

Nach innen bedarf es der Verständigung über einen Begriff von Bildung,

- mit dessen Hilfe die Jugendhilfe ihre bisherigen Konzepte kritisch überprüfen kann,
- der sie dazu anleitet, sich in Theorie und Praxis angesichts neuer Herausforderungen weiter zu entwickeln, und
- der es ihr ermöglicht, Zuständigkeiten und Ressourcen zu reklamieren.

Nach außen geht es für die Jugendpolitik darum,

- Bildung als Querschnittsaufgabe zu verdeutlichen,
- die Mitwirkungsmöglichkeiten der Jugendpolitik am Bildungsdiskurs einzufordern, und
- die damit verbundenen Kooperationsnotwendigkeiten anzumahnen.

Hierzu sind Jugendhilfe und Jugendpolitik – auch nach dem Gesetz – angehalten, weil sie die Interessen junger Menschen und ihrer Familien zur Wahrung ihrer Chancen und zur Verhinderung bzw. zum Abbau von Benachteiligungen zu vertreten haben.

Bildungspotentiale der Jugendhilfe aufdecken

Traditionell hat man in der Jugendhilfe „bildungsnahe" und „bildungsferne" Arbeitsfelder unterschieden. So galten etwa der Kindergarten, die Jugendbildungsarbeit oder der Bereich der kulturellen Jugendbildung als „der" Beitrag der Jugendhilfe zur Bildungslandschaft. Heimerziehung, Beratung oder Familienhilfe dagegen fühlten sich eher Konzepten von „Hilfe" oder „Therapie" verpflichtet.

Diese Aufspaltung verfehlt die gegenwärtigen Herausforderungen. Wenn gilt, dass Bildung sich an allen Orten und durch vielfältige Erfahrungen ereignet – insbesondere durch Begegnung mit Menschen und in Gruppen –, müssen alle Einrichtungen, Aktivitäten und Handlungsfelder der Jugendhilfe ihre direkten oder indirekten, bewusst geplanten oder impliziten Bildungspotentiale reflektieren und entwickeln. Auf ein solches umfassendes Bildungsverständnis zielt bereits die grundlegende Norm des Kinder- und Jugendhilferechts (§ 1 SGB VIII/KJHG), nämlich das Recht junger Menschen auf Förderung ihrer Entwicklung und Erziehung zu eigenverantwortlichen und gemeinschaftsfähigen Persönlichkeiten.

Das durch Alltagsnähe, flexible Lernformen und erfahrungsfördernde Felder gegebene Zusammenspiel von formellen, nicht-formellen und informellen Bildungsmöglichkeiten, wie es z.B. für die Jugendarbeit, die kulturelle Jugendbildung, die Hort- und Kindergartenpädagogik typisch ist, bietet grundsätzlich die Chance zu einem hohen Maß an Selbstbestimmung, zu vielfältigen Gelegenheiten der Aneignung kognitiver und sozialer, ästhetischer und moralischer Kompetenzen. Es kann autonomes und gleichzeitig verantwortungsbewusstes Denken und Handeln unterstützen und Handlungsfähigkeiten fördern, deren Eckpfeiler Verantwortung gegenüber den Mitmenschen und Verantwortung gegenüber sich selbst sind.

Im Bereich der Hilfen zur Erziehung, der Jugendsozialarbeit oder der Jugendstraffälligenhilfe werden junge Menschen erreicht, deren Lebenskompetenz – aus welchen Gründen auch immer – beeinträchtigt und deren Zugang zu Bildungsgelegenheiten erschwert oder verstellt ist. Die Bildungsleistung der Jugendhilfe besteht in diesen Arbeitsfeldern darin, dass sie gemeinsam mit Kindern, Jugendlichen und ihren Familien deren Strategien der Lebensführung und Lebensbewältigung reflektiert und nach neuen Ansatzpunkten für einen „gelingenden Alltag" sucht. Dies stellt bereits einen Bildungsprozess eigener Art dar. Er zielt zudem darauf ab, jungen Menschen zu ermöglichen, an Bildungsprozessen (wieder) teilzuhaben.

Bildungspotentiale der Jugendhilfe nutzen

Ihre Aufgaben kann die Jugendhilfe also – entgegen vielfacher Selbst- (und Fremd-) Wahrnehmung – dann einlösen, wenn sie diese spezifischen Möglichkeiten erkennt und entschieden nutzt. Dies soll exemplarisch an Beispielen verdeutlicht werden.

- Die *Familie* ist ein wichtiger Ort von informeller Bildung. Die Realität der Spätmoderne mit ihren biografischen Unwägbarkeiten und Entscheidungszwängen spiegelt sich auch in der Familie wider. Deshalb ist es notwendig, dass die heranwachsende Generation Gelegenheiten und Unterstützung findet, nach tragfähigen Lebensmustern zu suchen. Dies kann oft auch Auseinandersetzungen und Konflikte in der Familie hervorrufen. Das Chaos des Familienalltages mit den aufeinander prallenden Erwartungen, den notwendigen Kompromissen und den Frustrationen, aber auch mit Grunderfahrungen von Intimität, von Solidarität und Verbundenheit bildet und befähigt eher zur Daseinsbewältigung, als dass sie diese etwa zerstört. Damit die Familie ihren unverzichtbaren Beitrag zur gesellschaftlichen Bildung erbringen kann, bedarf es mehr als Appelle an die elterliche Verantwortung. In viel höherem Maße als bisher ist Familie durch eine soziale Versorgungsstruktur zu unterstützen, die sowohl Kinderbetreuung und Erziehungs-/Bildungsberatung als auch finanzielles Auskommen sicherstellt. Für ersteres kann die Jugendhilfe eine maßgebliche Rolle spielen, und zwar von der Familienbildung bis zur Kindertagesstätte, von der Beratung in Erziehungsfragen bis zum Hilfeplan, von der Sozialpädagogischen Familienhilfe bis zur Übernahme von Betreuung im Rahmen des Umgangsrechts. Bei alledem geht es um die Gewährung eines hinreichenden Rahmens, nicht um die Verfolgung eines Ideals von „heiler Familie".
- Zunehmend werden auch *andere Bildungsorte und -zeiten* wiederentdeckt, an denen sich Kinder und Jugendliche bilden, ohne dass diese Prozesse von Erwachsenen vorstrukturiert, begleitet oder gar benotet werden. Es sind dies Zeiten und Orte vor und nach dem schulischen Un-

terricht, aber auch in den „Zeitporen" dazwischen und jenseits des Geschehens im Unterricht. Hier handelt es sich vor allem um Gruppenprozesse zwischen Kindern und Jugendlichen, den „peers", in denen Normen und Strategien des Zusammenlebens ausprobiert, Konkurrenz und Streit, Solidarität und Kooperation, Integration und Ausgrenzung erfahren werden. Kinder- und Jugendforscher haben die „Kids" als erstaunlich kompetent in diesen gegenseitig vernetzten Bildungsprozessen beschrieben, als Ko-Produzenten gemeinsamer Weltaneignung. Für diese Bildungsprozesse Räume und Ressourcen zur Verfügung zu stellen, ist eine zentrale Aufgabe für alle Bildungsinstitutionen – auch für die Handlungsfelder der Jugendhilfe, von der Jugendarbeit bis zu den Hilfen zur Erziehung. Dies setzt voraus, Zeiten und Räume nicht völlig durch Angebote auszuplanen und durch Programme zu strukturieren, sondern für die eigenbestimmten Bildungsprozesse von Kindern und Jugendlichen offen zu halten, die Bildungsmöglichkeiten, die in ihnen stecken, zugänglich zu machen und somit die in ihnen zu findenden Aneignungsmöglichkeiten zu qualifizieren. Mit den Trägern und Geldgebern ist ein Verständnis von Qualität auszuhandeln, das sich nicht im Äußerlichen und vordergründig Zählbaren (wie Teilnehmerdoppelstunden, Nutzerfrequenzen usw.) erschöpft.

• *Kinderkrippe und Kindergarten* gelten noch heute keineswegs unumstritten als Bildungsinstitutionen, obwohl wir wissen, dass wesentliche Entwicklungen des Gehirns in den ersten Lebensjahren abhängig von Bildungsmöglichkeiten stattfinden. Sie sind Einrichtungen, die ihre Ziele und ihre Praxis hauptsächlich an unverzichtbaren und später nicht mehr nachzuholenden kindlichen Bildungsprozessen zu orientieren haben. Demgegenüber sehen viele in ihnen immer noch vorrangig sozialpolitische Einrichtungen, Angebote für berufstätige Eltern, die Eltern entlastende Infrastruktur, eben Tagesbetreuungseinrichtungen.

Dabei hat der Kindergarten Bedingungen, die für kindliche Bildungsprozesse durchaus förderlich sein könnten. So werden Bildungsprozesse der Kinder nicht zum Anlass für Leistungsbewertung oder Selektion genommen. Es gibt Zeit für Fehler und Wiederholung. Bildungsprozesse und -inhalte werden nicht katalogisiert, standardisiert und zensiert. Kinder sind – zumindest bis zum Alter von sechs Jahren – begeistert Lernende, sie mogeln nicht, sie sagen sich nichts vor. Sie sind an den Sachen interessiert und nicht an Noten.

Im Vergleich mit anderen europäischen Ländern ist der deutsche Kindergarten das Schlusslicht, was die für seinen Bildungsauftrag wesentlichen Ressourcen angeht. Das betrifft ganz allgemein die Investitionen in diesen Bereich, die eine vergleichsweise geringe Wertschätzung durch die Gesellschaft widerspiegeln. Das betrifft auch die Beziehung von Wissenschaft und Praxis, die oft von wissenschaftlichen Diskursen abgeschnitten ist und umgekehrt. Und schließlich ist ein strukturell zu niedriges, wissenschaftsfernes Ausbildungsniveau für Erzieherinnen und Erzieher sowie eine schlechte Bezahlung festzustellen, also fehlende Attraktivität und Entwicklungsmöglichkeiten im Beruf.

Der aktuell nicht zuletzt mit Verweis auf die PISA-Studie wachsende gesellschaftliche Erwartungsdruck auf die Bildungs-Fähigkeit des Kindergartens wäre eine Chance für Veränderung. Sie würde allerdings verfehlt, wollte man den Kindergarten zu einer Vor-Schule machen, deren Auftrag im wesentlichen darin bestünde, für eine bessere „Schulfähigkeit" der Kinder zu sorgen. Die Chancen des Kindergartens zur Entfaltung elementarer Lebenskompetenz, aber auch zur Entwicklung unverzichtbarer Fähigkeiten im Bereich von Sozial- und Sprachverhalten, zur Entwicklung kognitiver wie sozial-moralischer Bildung können nur dann zum Zuge kommen, wenn die genannten besonderen Strukturen und Bedingungen nicht verschult, sondern gestärkt und ausgebaut werden. Dies erfordert deutliche Verbesserungen in der Qualität der alltäglichen Kindergartenarbeit und als dringlichste Voraussetzung dafür wesentlich verbesserte Chancen des Personals in seiner beruflichen Bildung und Entwicklung.

- Es ist davon auszugehen, dass die Ergebnisse der PISA-Studie auch Tendenzen befördern, eine flächendeckende Versorgung mit Ganztagsschulen voranzubringen. Dies wird zu einer verstärkten Konkurrenz zwischen schulischen und *sozialpädagogischen Angeboten für Schulkinder am Nachmittag* führen. Ohne dass zum jetzigen Zeitpunkt bereits eine Entscheidung über die Verortung ganztägiger Bildungsangebote getroffen werden kann, ist festzuhalten, dass sich der in Frage kommende Bereich – unabhängig davon, ob es sich um Jugendhilfe oder Schule handelt – vorrangig an den Bildungspotentialen und -interessen von Kindern und Jugendlichen orientieren muss. Jugendhilfe und Schule verfügen traditionellerweise über unterschiedliche Möglichkeiten. In Bezug auf die neuen Herausforderungen müssen die jeweils spezifischen Begrenzungen kritisch beleuchtet und gegebenenfalls überwunden werden.
- Das Spezifische der *verbandlichen Jugendarbeit* ergibt sich einerseits aus ihrer besonderen sozialen Form, der sozialen „Gruppe". Gruppe meint einen überschaubaren Raum mit einer gewissen Kontinuität und einem bestimmten Profil und inhaltlichen Angeboten (Veranstaltungen, Aktivitäten, Festen, Projekten). Praxiserfahrungen und Studien machen aber auch deutlich, dass aus der Sicht der Jugendlichen die Gruppe ein Bildungsort mit vielfältigen Bedeutungen ist: Sie muss offen gehalten werden für unterschiedliche Funktionen wie etwa Gleichaltrigengeselligkeit, Treffpunkt- und Rückzugsmöglichkeiten usw. Jugendliche müssen die Gruppe als einen möglichst offenen Sozialraum nutzen können, der nicht

völlig verplant und pädagogisch organisiert sein, sondern informellen, selbst organisierten Aktivitäten Raum bieten muss.

Jugendverbandsgruppen sind andererseits vernetzt mit dem überregionalen Zusammenhang des "Verbands", als Interessenvertretung und Netzwerk. Vernetzt sind im Verband zunächst die verschiedenen Verbandsgruppen, jedoch nicht nur diese, sondern auch Informationen, arbeitsteilige Schwerpunkte, Ressourcen, Zugangsmöglichkeiten usw. So wird die Organisation des Verbandes zu einem bildsamen "Anregungszusammenhang". Die verbandliche Jugendarbeit muss ermutigt werden, noch stärker als bisher Räume für informelle Bildungsprozesse zu öffnen. Die überregionalen Begegnungs- und Kooperationsmöglichkeiten des (Gesamt-) Verbands werden für Jugendliche bisher zu wenig genutzt.

- Im Bereich der *Hilfen zur Erziehung* muss die Bildungshaltigkeit der entsprechenden Angebote und Leistungen vielfach erst noch „entdeckt" und die Chancen eines umfassenden Bildungsansatzes für die Praxis erst entfaltet und reflektiert werden. Hilfreich hierfür könnte ein verpflichtendes Konzept von Bildungsberatung und Biographieentwicklung für alle Hilfen zur Erziehung sein, das die gesetzlichen Vorschriften zu einem individuellen Hilfeplan (§ 36 SGB VIII/KJHG) ergänzt. Ferner müssen die Eltern aktiv in die Lebensentwicklung ihrer Kinder einbezogen und offensiv Handlungsalternativen in der alltäglichen Lebenslage, d.h. in Schule, Ausbildungsstätten und gegenüber Behörden gesucht werden.

- Eine besondere Aufgabe im Rahmen des Bildungsauftrages kommt der Förderung benachteiligter Jugendlicher in der Phase des Übergangs von der Schule in den Beruf zu. Hier leistet die *Jugendberufshilfe* einen zentralen Beitrag. Es reicht jedoch nicht aus, die Hilfen auf die Zeit nach der Schule zu konzentrieren. Vielmehr sind präventive schulbezogene Ansätze zur Überwindung von Schulmüdigkeit bedeutsam. Im Sinne des Bildungsverständnisses, das sowohl die Vermittlung sozialer Kompetenzen als auch beruflicher Qualifikationen berücksichtigt, können Angebote der Schulsozialarbeit und der Jugendsozialarbeit auf der Grundlage eines Zusammenwirkens von Jugendhilfe und Schule die Zerstückelung von Lernprozessen aufhalten und ganzheitliche Bildungsprozesse organisieren.

In allen Handlungsfeldern steht die Jugendhilfe vor den Herausforderungen der *Europäisierung* und *Internationalisierung* unserer Gesellschaft. Ein für europäische und internationale Entwicklungen sensibles, mit Zuwanderung und ethnisch-kultureller Heterogenität konfrontiertes Bildungssystem muss interkulturelle Bildung (von jungen Menschen, Fachkräften, Institutionen) ermöglichen, um kulturübergreifende Kompetenzen auszubilden und um den Bestand einer offenen Gesellschaft zu gewährleisten. Interkulturalität muss an den Lebenslagen von deutschen wie nichtdeutschen jungen Menschen ansetzen und setzt voraus, dass sie verlässliche Möglichkeiten des Erwachsenwerdens vorfinden. Sie verlangt aber auch erweiterte und offene Erfahrungs- und Konfrontationsmöglichkeiten, die Neugier und Akzeptanz wecken, Kommunikationskompetenzen und Frustrationstoleranz stärken sowie Konfliktfähigkeit und Perspektivenübernahme üben.

Weiterhin bedeutet das hier zugrunde gelegte Bildungsverständnis, dass *außergewöhnliche Anstrengungen der in der Jugendhilfe Tätigen* erforderlich sind. Dabei geht es darum zu überprüfen, ob und inwieweit die Angebote der Jugendhilfe in ihren jeweiligen Handlungsfeldern von Kindern und Jugendlichen sowie ihren Familien als Ressource der Lebensführung genutzt werden können, und ob die erforderlichen institutionellen Strukturen und professionellen Kompetenzen bereits verwirklicht sind, oder wo diese Bedingungen einer Veränderung bedürfen. So braucht die Durchsetzung eines angemessenen Bildungsverständnisses in allen Arbeitsfeldern der Jugendhilfe nicht zuletzt sozialpolitisch engagierte, theoretisch interessierte sowie innovative Fach- und Führungskräfte. Es bedarf aufgeschlossener, kreativer und streitbarer Personen, denen es ein mentales Vergnügen bereitet, überkommene Routinen des Berufsalltages in Frage zu stellen, Menschen also, die mit Leidenschaft Neues wagen.

Wenn Jugendhilfe sich konsequent weiter entwickelt, indem sie ihre bisherige Praxis als Bildungspraxis selbstkritisch reflektiert, wird sie junge Menschen in ihrer Handlungskompetenz stärken, sie in ihrer Suche nach Lebensorientierung unterstützen, und entscheidend dazu beitragen, dass Kinder, Jugendliche und Familien Fähigkeiten ausbilden, den Alltag auch in kritischen Lebenssituationen und belasteten Lebenslagen zu bewältigen.

Kooperation suchen

Bildung ist als *Querschnittsaufgabe* zu verstehen, die nur durch intensive und reflektierte Kooperation der verschiedenen Bildungsorte bzw. der formellen, nicht-formellen und informellen Bildungsgelegenheiten zu bewältigen ist. Orte für eine so zu beschreibende Kooperation könnten auf der Ebene von Kommunen, Ländern und Bund soziale *Bildungsforen* sein. Darin müssten sich Jugendhilfe wie Schulen, Hochschulen wie Familien- und Elternorganisationen, Schülervertretungen wie Berufsschulen, Volkshochschulen wie Arbeitsämter, Gesundheitsinstitutionen wie Tarifpartner begegnen.

Das Wesen einer solchen Kooperation besteht darin, dass sich die verschiedenen Akteure darüber verständigen, welche gemeinsamen Ziele bestehen, durch welche Teilziele das Leitziel erreicht werden kann, welcher Träger oder Bereich sie anbietet, und wie die einzelnen Arbeitsergebnisse für alle transparent, nachvollziehbar und bewertbar gemacht werden. In einem solchen Verbund verliert jeder Akteur die alleinige Definitionsmacht. Ein solcher „Runder Tisch der Bildung" erbrächte die Möglichkeit, Gleichgewichte und *komplementären* Ausgleich zwischen Interessenträgern, Anforderungsbereichen und Anbietern zu erarbeiten und zu reflektieren. Er gäbe Anstoß, die jeweils entwickelten spezifischen Fachstandards zu ergänzen, zu überarbeiten oder auszumustern, wenn sie im Gesamtkontext nicht kommunikationsfähig und vermittelbar sind. Aus selektiver Zuständigkeit und segmentierter Problemerfassung der Institutionen könnte so eine dringend benötigte Querschnittskompetenz wachsen, die aufseiten der „Bildungsnachfrager" aus Leistungsbeziehern Teilhaber werden lässt, aus Förderbescheiden Vereinbarungen macht, aus Maßnahmepaketen maßgeschneiderte Empowermentstrategien, aus Parallelfinanzierungen Zielbudgets und aus erzieherischen Hilfen Partizipationsstrategien.

Dies bedeutet für die Jugendhilfe u.a., die von ihr gewährleisteten und begleiteten Bildungsprozesse zu konzipieren, durchzuführen und verständlich darzustellen, sich von der eigenen institutionellen Versäulung von Bildungsprozessen zu verabschieden und sich zugleich auf die Fachstandards anderer Bildungsträger einzulassen.

In diesem Zusammenhang muss sich Jugendhilfe auch gegenüber Schule neu positionieren. Auf der einen Seite kann die Jugendhilfe nur begrüßen, wenn sich die Schule als zentrale Bildungsinstitution vom Lernort zum Lebensort von Kindern und Jugendlichen weiterentwickelt. Auf der anderen Seite ersetzt dies weder ihre Aufgabe, Kinder und Jugendliche bei der Bewältigung etwaiger Schwierigkeiten mit der Schule kompensatorisch zu unterstützen. Insoweit ist darauf zu verweisen, dass die – je nach Berechnung – 10 bis 20 % „Versager" des Bildungssystems allesamt aktuelle oder potentielle „Klient/inn/en der Jugendhilfe sind. Noch kann – auch bei der Einführung einer flächendeckenden Ganztagsschule – auf die allgemeinen komplementären Bildungsleistungen der Jugendhilfe nicht verzichtet werden.

Das gleiche gilt für eine berufliche Bildung, die nicht mehr in der Vermittlung von „Qualifikation" sondern von „Kompetenz" ihren Kernaufgabe sieht, also in der Stärkung von Fähigkeiten und Fertigkeiten des Subjekts. Sie rückt damit zwar näher an die Jugendhilfe und ihr Bildungsverständnis heran, kann dadurch aber nicht den „unverwechselbaren" Beitrag der Jugendhilfe in der Bildungslandschaft erübrigen.

Eine neues Angebot der Jugendhilfe könnte die quartiersbezogene Beratungsarbeit als gesellschaftliche Bildung sein, die auf bestehende Netzwerke in Familie, Quartier, Gemeinwesen, Schule und soziale Infrastruktur zurück greift. Dabei geht es etwa um Identifikation von Berührungspunkten und gegenseitigen Angewiesenheiten aller Bereiche von Bildung sowie um Nutzung und Entwicklung von Synergien im Gemeinwesen.

Anwaltschaftlich handeln

Anwalt zu sein heißt, sich für die Verbesserung der Rahmenbedingungen für das Aufwachsen junger Menschen insgesamt stark zu machen, also auch in scheinbar jugendhilfefernen Politikfeldern. Bildung als allgemeine und notwendige Ressource von Lebens- und Zukunftsbewältigung wirft die Frage auf, ob sie für alle Gesellschaftsmitglieder, insbesondere für Kinder und Jugendliche zugänglich, erreichbar und lebensweltbezogen organisiert ist. Deshalb müssen die Mauern zwischen den einzelnen Bildungsprovinzen fallen und die zuvor beschriebene Kooperation von Bildungsträgern sichergestellt werden.

Sich in die dafür erforderlichen Prozesse einzuschalten, hat der Gesetzgeber der Jugendhilfe aufgetragen. Sie soll nämlich sowohl dazu beitragen, positive Lebensbedingungen für junge Menschen und ihre Familien sowie eine kinder- und familienfreundliche Umwelt zu erhalten oder zu schaffen (Anwaltsfunktion gemäß § 1 Abs. 3 Nr. 4 SGB VIII/KJHG), als auch mit anderen öffentlichen Einrichtungen, deren Tätigkeit sich auf die Lebenssituation junger Menschen und ihrer Familien auswirkt, zusammenarbeiten (Kooperationsverpflichtung gemäß § 81 SGB VIII/KJHG). Entsprechend müssen auch in anderen Bereichen rechtliche Verpflichtungen geschaffen werden, wie in den Schulverwaltungsgesetzen für die Schule bzw. in den einschlägigen gesetzlichen Vorschriften des öffentlichen Gesundheitsdienstes für den Gesundheitssektor.

Wahrnehmung der Interessen von Kindern und Jugendlichen heißt für die Jugendhilfe aber auch, dass sie zum politischen Handeln fähig sein muss. Hier bedarf es einer Intensivierung der Jugendpolitik auf allen parlamentarischen Ebenen in Bund, Ländern und Gemeinden.

Bonn/Berlin, den 08. Dezember 2001

Anhang

Bundesjugendkuratorium: Thesen „Gegen den irrationalen Umgang der Gesellschaft mit der nachwachsenden Generation"

Vorbemerkungen

Das Bundesjugendkuratorium (BJK) ist das gesetzlich verankerte Sachverständigengremium zur Beratung der Bundesregierung in grundsätzlichen Fragen der Jugendhilfe und Jugendpolitik.

Im Folgenden nimmt das Bundesjugendkuratorium aufgrund aktueller gesellschaftlicher und politischer Debatten zum Thema Generationenverhältnis Stellung. Dabei geht es um mehr als die aktuelle Weiterentwicklung der sozialen Sicherungssysteme im Sinne einer gerechten Verteilung des Aufkommens und der Lasten zwischen den und innerhalb der Generationen. Im Mittelpunkt steht vielmehr die darüber hinausgehende Frage nach der Zukunftsfähigkeit zentraler gesellschaftlicher Mechanismen zur Integration und den damit verbundenen Möglichkeiten und Grenzen für die nachwachsende Generation. In der gesellschaftspolitischen Debatte um einen notwendigen Erneuerungsbedarf von Lebensbereichen und Institutionen zeigt sich immer wieder ein irrationaler Umgang der Gesellschaft mit der nachwachsenden Generation.

Mit den folgenden Thesen will das Bundesjugendkuratorium einen Anstoß zu einer notwendigen programmatischen Debatte geben. Es wird in einem zweiten Schritt die vorgelegten Thesen näher begründen und Vorschläge zur Umsetzung und Ausgestaltung der darin enthaltenen Vorschläge machen.

Einleitung

Trotz aller Beteuerungen, die Jugend sei die Zukunft der Gesellschaft, und unbeschadet der Ergebnisse neuerer Untersuchungen, „die" Jugend schaue positiv/er in die Welt : Das *strukturelle Verhältnis zwischen den Generationen* in der Bundesrepublik ist prekär. Unklarheiten im Aufzeigen von Per-

175

spektiven und Vernachlässigung innovativer Voraussetzungen in den zentralen Bereichen Arbeit, Bildung und Erziehung prägen die gesellschaftliche Realität. Was fehlt, ist der Aufbruch der Gesellschaft im Spiegelbild ihrer nachwachsenden Generation, konsequent und umfassend.

Statt dessen wird die nachwachsende Generation in ihrer Chancenstruktur zunehmend gespalten. Wenn aber Förderungsmöglichkeiten mangelhaft sind, bleiben Potenziale ungenutzt, werden junge Menschen vielfach um eine für sie entscheidende zweite Chance gebracht. Der Druck auf die Eltern, ihren Kindern eine Perspektive zu gewährleisten, nimmt zu, kann aber von den Beteiligten immer häufiger nur noch mit Hilfe externer Beratung und Unterstützung gesteuert werden, die wiederum selbst tendenziell unzureichender wird.

Wesentliche Bestimmungsfaktoren für die nachwachsende Generation sind, dass mittlerweile ca. 30 % aus Familien mit Migrationshintergrund kommen, dass die Zahl der Alleinerziehenden weiter zunimmt, dass gegenwärtig von einer Infantilisierung der Armut gesprochen werden muss, dass die gesundheitliche Verfassung und Versorgung von Kindern und Jugendlichen sich im Schnitt tendenziell verschlechtert, dass die Hauptschule und vergleichbare Abschlüsse im „toten Winkel" liegen und dass Ratlosigkeit gegenüber einer Bereitschaft zu Gewalt und Rechtsradikalismus besteht.

Zudem wird immer deutlicher, dass der sogenannte Generationenvertrag wesentlich auch ein überkommener *Geschlechtervertrag* gewesen ist, der sich heute nicht mehr aufrechterhalten lässt. Beruhte bislang die traditionelle Ordnung auf der Zuständigkeit der Frauen für das Gelingen der Prozesse des Aufwachsens der Kinder und Jugendlichen und auf ihrer Bereitschaft, diese Aufgabe unter Verzicht oder Beschränkung ihrer eigenen Berufs- und Lebenschancen zu übernehmen, so kann bei der zukünftigen Gestaltung des gesellschaftlichen Verhältnisses der Generationen auf eine solche Konstellation der Geschlechter nicht länger gesetzt werden.

Gesellschaft und Politik der Bundesrepublik verhalten sich im Umgang mit der nachwachsenden Generation auffällig irrational, indem sie einerseits öffentlich gerne die Einsicht in den singulären Status von Kindern und Jugendlichen als den Trägern von Zukunft proklamieren. Andererseits gefährden sie aber die für eigenes Überleben erforderliche Übergabe und Übernahme der Verantwortung durch die nachwachsende Generation (*„Generationentransfer"*), indem sie angemessene Übergangsprozesse verfehlen oder widersprüchlich begleiten. Dabei geht es nämlich nicht mehr vorrangig um Beziehungsfragen und nur sekundär –so wichtig sie bezüglich ihrer Auswirkungen für den Einzelnen sind –um Verteilungsfragen im Rahmen der Lasten und des Aufkommens im Zusammenhang mit den sozialen Sicherungssystemen („Kampf der Generationen"), sondern um strukturelle Probleme der Teilhabe an und Übergabe von gesellschaftlicher Verantwortung.

Im folgenden werden daher einige Grundpositionen zum Generationenverhältnis/Generationentransfer formuliert, die aus Sicht des Bundesjugendkuratoriums bei den erforderlichen Auseinandersetzungen zu berücksichtigen sind. Dabei wird in Erweiterung der Begrifflichkeit der jüngsten Grundgesetzänderung, wonach der Staat in Verantwortung für die „künftigen Generationen" die natürlichen Lebensgrundlagen zu schützen habe (Artikel 20 a), von der *nachwachsenden/nachrückenden* Generation gesprochen, um die bereits vorhandenen Kinder und Jugendlichen einzubeziehen. Im übrigen folgen die Thesen jeweils dem Muster, erstens den Bedarf der Gesellschaft (1), zweitens die seiner Befriedigung entgegenstehenden („irrationalen") Barrieren (2) und drittens Lösungsansätze (3) zu skizzieren.

Zukunft als Ressource

(1) Eine auf ihre menschenwürdige Weiterentwicklung angelegte Gesellschaft hat im eigenen Interesse mit Blick auf die nachwachsende Generation sorgsam mit ihren materiellen und immateriellen Gütern umzugehen. Diese Erkenntnis hat u.a. in der genannten Ergänzung des Grundgesetzes sowie der „Konferenz von Rio" und den nachfolgenden Aktivitäten (Agenda 21) zu ersten vorläufigen Festschreibungen geführt.

(2) Auf der einen Seite haben die vergangenen Entwicklungen Bedingungen des Aufwachsens auf einem bisher nicht bekanntem Niveau geschaffen. Auf der anderen Seite verbrauchen Gesellschaft und Politik gleichwohl immer noch in einem viel zu großem Maß Zukunft, bevor die nachwachsende Generation sie überhaupt einfordern kann. Besondere Verführungen und Herausforderungen sind in dem Umstand begründet, dass viele Strukturentscheidungen immer größere sächliche und zeitliche Reichweiten haben und –über Wahlperioden hinaus –bereits heute Optionen für gesellschaftlich verfügbare Ressourcen von morgen und übermorgen definieren. Wenn dadurch Entfaltungsmöglichkeiten für Einzelne oder Gruppen radikal beschränkt werden oder einfach verschwinden, kann der Tendenz nach von einem *Zukunftsdiebstahl* zu Lasten der nachwachsenden Generation gesprochen werden. Die vordergründigen Versprechungen im Umgang mit den Folgewirkungen von Entscheidungen für die nachwachsende Generation –z.B. durch den inflationären Gebrauch des Begriffs der „Nachhaltigkeit" bis zur Gerinnung als leere Worthülse –macht deutlich, wie wenig die Gesellschaft auf zukünftige Bedürfnisse der jungen Menschen hin orientiert ist. So wird die selektive Wahrnehmung der nachwachsenden Generation, etwa bezüglich ihrer Kaufkraft oder „nur" als Garant des gesellschaftlichen Status quo

für die herrschende/n Generation/en, dem genannten Bedarf in keiner Weise gerecht.

(3) Demgegenüber müssen Entscheidungen prinzipiell so gestaltet sein, dass Optionen und Teilhabechancen der nachwachsenden Generation nicht bereits heute für morgen verschlossen werden. Das betrifft die Bereiche Umwelt und soziale Sicherung genauso wie Bildung und Förderung von Erziehung in Familien und durch gesellschaftliche Institutionen. In diesem Zusammenhang hält es das Bundesjugendkuratorium für notwendig, dass alle –gegebenenfalls noch zu schaffenden –*relevanten gesetzlichen Vorgaben* auf den Ebenen von Gemeinden, Ländern und Bund Regelungen enthalten, dass Auswirkungen auf die nachwachsende Generation geprüft und die getroffenen Abwägungen nachvollziehbar festgehalten werden müssen.

Arbeit

(1) Für eine rationale Weiterentwicklung der Gesellschaft muss die gesellschaftliche Teilhabe durch eigene Arbeit für die nachwachsende Generation gesichert werden. Angesichts vielfältiger Diskussionen um neue Möglichkeiten der Sinngebung ist festzuhalten, dass es auch in Zukunft darauf ankommen muss, der nachwachsenden Generation Optionen zu geben, durch eigene Arbeit am gesellschaftlichen Reichtum teilzuhaben. Nur so kann sich das Ideal eines selbstbewussten, starken und solidarischen Individuums realisieren, das für eine rationale Weiterentwicklung der Gesellschaft unverzichtbar ist.

(2) Demgegenüber gefährdet die heutige Form des Wirtschaftens vielfach die Grundlagen für das morgige Arbeiten der nachwachsenden Generation. Es ist dysfunktional, wenn es allein um eine wachstumsorientierte Politik bzw. um die Erhöhung der Nachfrage geht. Auch ist nicht ausreichend, allein für die heute aktive Generation Beschäftigung zu sichern, wenn die fehlende Integration junger Menschen in den Ausbildungs- oder Arbeitsmarkt zu erheblichen Verwerfungen führt. Ihr Abschieben in gesellschaftliche Nischen im Falle einer fehlenden Einbindung in den Wertschöpfungsprozess ist, auch in Verbindung mit einer staatlichen Alimentation, keine Alternative.

(3) Bereits heute wird darüber entschieden, ob die nachwachsende Generation morgen dazu in der Lage sein wird, sich den erforderlichen Spielraum zur Schaffung ihrer eigenen Perspektiven zu sichern, sich auf zukünftige gesellschaftliche Aufgaben vorzubereiten und morgen unseren Wohlstand zu haben. Dazu ist es notwendig, dass sie eine lebenswerte Umwelt und ausreichend Ressourcen vorfindet, um für sich eine funktionierende Arbeitsgesellschaft gestalten zu können. Angesichts des Ressourcenverbrauchs herkömmlicher Produktionsweisen muss eine Wachstumspolitik eng mit einer effektiveren und effizienteren Nutzung von Ressourcen verknüpft werden. Die dafür erforderlichen strukturellen Veränderungen müssen ferner durch Veränderungen des individuellen Konsumverhaltens ergänzt werden. Schließlich gilt es, *Arbeit im Kontext gesellschaftlicher Flexibilisierung* neu zu definieren, vorhandene Formen sinnvoll zu strukturieren und intelligent zu verteilen. Dabei erscheint die Orientierung auf Lebensarbeitszeiten, die Einbindung von Bildungs-, Familien- und Erholungsphasen und eine angemessene Berücksichtigung von Phasen des gesellschaftlichen Engagements am ehesten geeignet, die Spannung zwischen den Herausforderungen neuer Formen des Zusammenlebens sowie den Ansprüchen der Beschäftigten und Arbeitgeber zu lösen. Als Fortschritt ist gesellschaftliche Flexibilisierung aber nur dann zu werten, wenn sie mit einer *Erweiterung der Souveränität individueller Biografiegestaltung* einhergeht.

Bildung

(1) Bildung entscheidet über Lebenszugänge und Teilhabechancen. Sie ist der Schlüssel einer zukunftsoffenen, sozialen und ökonomisch erfolgreichen Entwicklung von Gesellschaft und Individuum.

(2) Die Bildungssysteme in Deutschland sind weitgehend auf traditionelle Institutionen fixiert und auf den Erwerb von festgefügten Bildungsabschlüssen in definierten Lebensphasen ausgerichtet:

• Schule zeigt erhebliche Schwierigkeiten, ihre Schüler/innen individuell zu fördern; sie kann sich nur unzureichend auf die tatsächlichen Lebenslagen des Kindes und des Jugendlichen einstellen und nur zögerlich auf die immer neuen Anforderungen der Gesellschaft und auf ihren strukturellen Wandel angemessen reagieren. Die gesellschaftlich gewünschte Integration wird im Ergebnis häufig zu einem Faktor der Selektion mit gravierenden Folgen für das so ausgegrenzte Individuum.

- Das System der beruflichen Bildung bezieht sich noch zu oft auf überkommene Berufbilder und Berufsabschlüsse und reagiert auf den gesellschaftlichen Bedarf mit jahrelanger Verspätung und einer unübersichtlichen Erweiterung von Berufsbildern.
- Sowohl in der Platzierung in und durch Bildungseinrichtungen (Kindergärten, gegliedertes Schulsystem, Abschlüsse) als auch im Übergang in eine berufliche Ausbildung und eine Berufstätigkeit sind Kinder bzw. Jugendliche mit Migrationshintergrund deutlich schlechter gestellt als deutsche, und zwar mit gravierenden Folgen für ihre berufliche und soziale Teilhabe.

(3) Demgegenüber sind Erziehungs- und Bildungsauftrag strikt miteinander zu verbinden. Zudem müssen Bildungskarrieren als ein von Lebensphasen unabhängiger Prozess begriffen werden. Es ist daher erforderlich, das Konzept eines institutionell entgrenzten *„Sozialen Bildungsforums"* zu entwickeln und umzusetzen, welches verschiedene Bausteine mit jeweils alters- und anforderungsspezifischen Elementen kombiniert und ein neues Verhältnis von *formellem und informellem Lernen* ermöglicht. Auf diesem Hintergrund können

- die Kindergärten die Betreuungs-, Erziehungs- und Bildungsaspekte ihres Förderungskonzeptes verbessern,
- die Schulen ihrem Anspruch auf Wissensvermittlung und ihrem Erziehungsauftrag umfassender Rechnung tragen,
- die Institutionen der Kinder- und Jugendhilfe sowie der Familienhilfe auf die Standards von Bildungsprozessen und Sozialerziehung verpflichtet und
- Berufsgrundbildungsmodelle mit additionalen Qualifikationen geschaffen werden, die das traditionelle Berufsbildungswesen qualitativ weiterentwickeln.

Übergreifend dazu müssen die veränderten Bildungs- und Erziehungseinrichtungen insbesondere der *ethnischen und sozialen Heterogenität* von Familien gerecht werden und den Kindern und Jugendlichen, gerade auch in ihrer Rolle als Jungen und Mädchen, Entwicklungs- und Bildungschancen bieten. Ferner sind Eltern durch eine *Bildungsberatung* in der Wahrnehmung ihrer Erziehungsverantwortung zu stärken.

Jugend(hilfe)politik

(1) In gesellschaftlichen Gestaltungsprozessen müssen die Konsequenzen für die nachwachsenden Generationen und das Einbeziehen des Potenzials junger Menschen eine maßgebliche Rolle spielen. Dafür sind ein offensives Verständnis von sozialer Infrastrukturpolitik notwendig und neue Impulse, um angemessene Gestaltungs- und Partizipationsprozesse zu ermöglichen. Das ist auch Aufgabe der Jugend(hilfe)politik.

(2) Demgegenüber wird gegenwärtig in der Jugend(hilfe)politik viel zu wenig eine zukunftsorientierte Folgenabschätzung der situativen, organisatorischen und strukturellen Gegebenheiten für die nachwachsende Generation betrieben. Statt dessen legitimieren häufig folgenlose Erklärungen und Sonntagsreden die unbedingte Notwendigkeit der gesellschaftlichen Beteiligung von Kindern und Jugendlichen an sie betreffenden Entscheidungen.

(3) Jugend(hilfe)politik muss zum einen über ihre Rolle als außerschulische Erziehungs- und Bildungsinstanz hinaus konkrete Strategien entwickeln, wie sie zur Verbesserung der Ressourcen der alltäglichen Lebensbewältigung auch und gerade für Kinder und Jugendliche sowie deren Familien beitragen kann. Zum anderen muss sie sich dafür einsetzen, Jugend als gleichberechtigten Teil in soziale Gestaltungsprozesse zu integrieren und in ihren Partizipationsmöglichkeiten Modelle für ihre Zukunft zu finden. Entsprechend sind junge Menschen zu befähigen, ihre Selbstbestimmungsrechte und Mitwirkungsmöglichkeiten in Schule, Beruf, Freizeit, außerschulischen Sozialisationsfeldern und im Rahmen der Infrastrukturpolitik zu erkennen und wahrzunehmen. Dazu müssen auch die bisher ausgeschlossenen ethnischen Gruppen, entweder authentisch durch die Kinder und Jugendlichen selbst, oder durch die ethnischen Communities oder ihre Verbände, vertreten sein.

Das Einbeziehen der Interessen der nachwachsenden Generation sowie das Hinführen zu Autonomie und Eigenverantwortlichkeit für die Lebensführung sind aber nur zu realisieren, wenn sie auf der Grundlage *gesellschaftlich zugestandener subjektiver Rechtspositionen* erfolgen. Sie müssen hinsichtlich verbindlicher Verpflichtungen für die Erwachsenen-Gesellschaft und hinsichtlich sozialer, auf die nachwachsende Generation gemünzter Rechte weiterverfolgt werden. Eine entsprechende *Änderung des Artikel 6 Grundgesetz* hat die dort festgelegten Elternrechte durch die Regelung der Rechte der Kinder („Kinder haben das Recht auf Förderung der Entwicklung ihrer Persönlichkeit") zu ergänzen, auch in Konsequenz aus der Ratifizierung des UN-Übereinkommens über die Rechte des Kindes (UN-Kinderrechts-Konvention) durch Deutschland.

Familie

(1) Gesellschaft ist in Zukunft existenziell immer stärker darauf angewiesen, dass Familien in ihren verschiedenen Formen ihren Anteil am Gelingen des Aufwachsens der nachwachsenden Generation leisten und leisten können. Dabei kann davon ausgegangen werden, dass es vor allem die emotionalen wie die kognitiven Potenziale der Subjekte sind, die die Gestaltung des individuellen Lebenslaufs unter heute ungewissen Bedingungen ermöglichen und zur aktiven Teilhabe an hoch komplexen Kontexten befähigen (vgl. Fünfter Familienbericht).

(2) Demgegenüber werden die Verantwortung und das Engagement der meisten Familien, ihren Kindern möglichst gute Chancen zum Start in die zukünftige Gesellschaft zu bieten, gesellschaftlich kaum honoriert, weder materiell noch sozial. Zudem sind viele Familien überfordert, ihren Nachwuchs psychisch, physisch, kulturell und oft auch materiell für die Zukunftsaufgaben auszustatten. Gegen bessere Einsicht werden Kinder und ihre Zukunft zur Privatsache der Eltern erklärt, manches Mal gar zum persönlichen Luxus. Gleichzeitig ergibt sich das Paradoxon, dass die Bedeutung der Familien als Fixpunkt in einer mobilen Welt zu wachsen scheint.

(3) Die Familien brauchen soziale und pädagogische Kompetenzen oder entsprechende Qualitäten, um ihre Verantwortung für die Zukunft ihrer Kinder im täglichen Leben realisieren zu können. Diese Fähigkeiten, wie auch Motivation und Engagement, in Abwägung mit eigenen, erwachsenen Bedürfnissen einzusetzen, sind nach Bildung und Milieu höchst unterschiedlich verteilt. Eltern werden in einer gesellschaftlich zugeschriebenen Selbstverständlichkeit zu Verbündeten ihrer Kinder im Kampf um individuelle Zukunftschancen und damit

zu sozialen Akteuren im Generationenverhältnis, ohne im notwendigen Ausmaß Unterstützung zu erhalten.

Es ist daher von entscheidender Bedeutung, „in welcher Weise private und öffentliche Verantwortung für das Leben und die Entwicklung der Kinder aufeinander bezogen sind. Betreuende und erziehende Einrichtungen ergänzen und erweitern nicht nur die Leistungen der Eltern, sondern übernehmen einen Teil der Aufgaben, den unter modernen Lebensverhältnissen Eltern nicht mehr in angemessener Weise ausfüllen können. Sie werden im besten Sinne dieses Begriffs zu Bildungseinrichtungen" (Zehnter Jugendbericht).

Bundesjugendkuratorium: Kurzdarstellung

1961 hatte der Bundesgesetzgeber – in Anknüpfung an das 1950 eingerichtete Kuratorium für Jugendfragen – mit der Novellierung des Jugendwohlfahrtsgesetzes (JWG) beschlossen, dass „die Bundesregierung in grundsätzlichen Fragen der Jugendhilfe von einem Sachverständigengremium (Bundesjugendkuratorium) beraten wird."

Diese Vorgabe hat das Kinder- und Jugendhilfegesetz von 1990 ohne Einschränkungen beibehalten (§ 83 Abs.2 SGB VIII/KJHG). Seit 1969 besteht eine bis heute unveränderte Verwaltungsvorschrift, die Einzelheiten regelt.

In den 70er-Jahren bildeten die Erörterungen im Bundesjugendkuratorium die Grundlage für das wegweisende Konzept der „Offensiven Jugendhilfe" (Bundesministerium für Jugend, Familie und Gesundheit 1974). Später gab es Symposien, z.B. zu den Themen „Geschlossene Unterbringung" und „Terrorismus", die in der Fachöffentlichkeit auf große Resonanz stießen (BJK 1979). In den neunziger Jahren verabschiedete das BJK auf Nachfrage der damaligen Bundesjugendministerin eine wegweisende Stellungnahme zur Weiterentwicklung des Bundesjugendplans/Kinder- und Jugendplans des Bundes (BJK 1993). Im Jahre 1999 veröffentlichte das Deutsche Jugendinstitut die Ergebnisse eines Hearings des BJK unter dem Titel „Der Mythos der Monsterkids – strafunmündige ‚Mehrfach- und Intensivtäter'" (DJI 1999).

Im Rahmen der Neuberufung für die laufende Legislaturperiode hat die Bundesjugendministerin wichtige Weichen gestellt: das BJK erhielt die Aufgabe, Vorschläge für eine inhaltliche und strukturelle Weiterentwicklung des Bundesjugendkuratoriums zu erarbeiten, die inzwischen in den Entwurf einer neue Verwaltungsvorschrift gemündet sind. Dazu wurden 16 Sachverständige zunächst auf anderthalb Jahre (Beginn: Januar 2000) berufen und für zwei Jahre (Beginn: Dezember 1999) erstmals eine eigenständige Geschäftsstelle finanziert. Die Berufung der Sachverständigen und die Arbeit der Geschäftsstelle sind mittlerweile bis zum Ende der Legislaturperiode (Oktober 2002) verlängert worden.

Ziele des Bundesjugendkuratoriums sind, als unabhängiges Sachverständigengremium

184

- in allen Kinder und Jugendliche betreffenden Belangen Einschätzungen, Stellungnahmen, Empfehlungen zum Handeln der Bundesregierung zu erstellen, bei Bedarf ressortübergreifend bzw. Schnittstellen mit anderen Politikbereichen thematisierend,
- – durch eine – mit der Bundesregierung abgestimmte – Herstellung von Öffentlichkeit die Wirksamkeit der Beratungsergebnisse des BJK mit Blick auf politische Entscheidungsprozesse zu erhöhen, und
- die europäische Perspektive von Kinder und Jugend(hilfe)politik einzubeziehen,

Das Bundesjugendkuratorium hat sich in der bisherigen Amtsperiode zum KJP (Bundesjugendkuratorium 2000 a), in Form von Thesen „Gegen den irrationalen Umgang der Gesellschaft mit der nachwachsenden Generation" (BJK 2000 b)[1], zur direkten Beteiligung von Kindern und Jugendlichen (Bundesjugendkuratorium 2001) und zuletzt mit seiner Streitschrift „Zukunftsfähigkeit sichern! Für ein neues Verhältnis von Bildung und Jugendhilfe" (Bundesministerium für Familie, Senioren, Frauen und Jugend/-Bundesjugendkuratorium 2001)[2] zu Wort gemeldet. Es hat sich ferner u.a. mit den Themen „Rechtextremismus", „KJHG-Änderungsbedarf" und „Eckwerten einer europäischen Kinder- und Jugendpolitik" befasst.

Mitglieder

Ingrid Mielenz, Nürnberg (Vorsitzende)
Heribert Mörsberger, Berlin (Stellvertreter)
Prof. Dr. Richard Münchmeier, Berlin (Stellvertreter)

Dr. Hans-Henning Becker-Birck, Berlin
Frieder Böttger, Rhöndorf
Prof. Dr. Ursula Boos-Nünning, Essen
Hartmut Brocke, Berlin
Prof. Dr. Max Fuchs, Remscheid
Gaby Hagmans, Düsseldorf
Prof. Dr. Hans-Uwe Otto, Bielefeld
Prof. Dr. Ursula Rabe-Kleberg, Halle/Saale
Klaus Schäfer, Düsseldorf
Dr. Doris Scheele, Oranienburg
Michael Vollert, Berlin
Gretel Wildt, Stuttgart

---

1 Abdruck in diesem Band, 175ff.
2 Abdruck in diesem Band, 159ff.

Geschäftsstelle

Sven Borsche (Sekretär und Leiter der Geschäftsstelle), Dr. Klaus Roggenthin (wissenschaftlicher Referent), Helga Masuhr (Sachbearbeiterin)

Bundesjugendkuratorium
- Geschäftsstelle -
Kennedyallee 105-107
53175 Bonn
Telefon: 0228/377184-1
Fax: 0228/377184-2
Email: info.bjk@t-online.de

Literaturangaben

Bundesministerium für Familie, Senioren, Frauen und Jugend (1974) (Hrsg.) : Mehr Chancen für die Jugend – zu Inhalt und Begriff einer offensiven Jugendhilfe, Stuttgart, Berlin, Köln und Mainz

Bundesministerium für Familie, Senioren, Frauen und Jugend/Bundesjugendkuratorium (2001): Zukunftsfähigkeit sichern! Für ein neues Verhältnis von Bildung und Jugendhilfe, Großbeeren

Bundesjugendkuratorium (1979): Jugend und Terrorismus, München

Bundesjugendkuratorium (1993): Bundesjugendplan: Zuständigkeit und Interesse des Bundes, Bonn

Bundesjugendkuratorium (2000 a): Neufassung der Richtlinien für den Kinder- und Jugendplan des Bundes, Bonn

Bundesjugendkuratorium (2000 b): Gegen den irrationalen Umgang mit den Jugendlichen, in: Frankfurter Rundschau, Bonn

Bundesjugendkuratorium (2001): Direkte Beteiligung von Kindern und Jugendlichen, Bonn

Deutsches Jugendinstitut e. V. (1999): Der Mythos der Monsterkids. Strafunmündige „Mehrfach- und Intensivtäter", Augsburg

Autorinnen und Autoren

Böhnisch, Lothar, Prof. Dr., TU Dresden, Erziehungswissenschaftliche Fakultät

du Bois-Reymond, Manuela, Prof. Dr., Lehrstuhl für Jugendpolitik an der Rijksuniversiteit Leiden

Faltermeier, Josef, Dr. phil., Deutscher Verein für öffentliche und private Fürsorge, Frankfurt/M, Leiter des Arbeitsfeldes II Familie und Generationen,

Fuchs, Max, Prof. Dr., Akademie Remscheid für musische Bildung und Medienerziehung, Direktor

Karsten, Maria-Eleonora, Prof. Dr., Universität Lüneburg, Institut für Sozialpädagogik

Kessl, Fabian, M.A., Universität Bielefeld, Fakultät für Pädagogik, AG 8: Sozialarbeit/Sozialpädagogik, wissenschaftlicher Mitarbeiter

Krappman, Lothar, Prof. Dr., Max-Planck-Institut für Bildungsforschung, Berlin

Liebau, Eckart, Prof. Dr., Universität Erlangen, Philosophische Fakultät

Liegle, Ludwig, Prof. Dr., Universität Tübingen, Institut für Erziehungswissenschaften Tübingen, Abt. Allgemeine Pädagogik

Münchmeier, Richard Prof. Dr., Freie Universität Berlin, Institut für Sozialpädagogik

Otto, Hans-Uwe, Prof. Dr. Dr. h.c., Universität Bielefeld, Fakultät für Pädagogik, AG 8: Sozialarbeit/Sozialpädagogik

Scherr, Albert, Prof. Dr., Fachhochschule Darmstadt, FB Sozialpädagogik

Thiersch, Hans, Prof. Dr., Universität Tübingen, Institut für Erziehungswissenschaft I, Abteilung Sozialpädagogik

Treptow, Rainer, Prof. Dr., Universität Jena, Institut für Erziehungswissenschaft

Woog, Astrid, Dr., Universität Tübingen, Institut für Erziehungswissenschaft, Lehrbeauftragte

If you have any concerns about our products,
you can contact us on
ProductSafety@springernature.com

In case Publisher is established outside the EU,
the EU authorized representative is:
Springer Nature Customer Service Center GmbH
Europaplatz 3, 69115 Heidelberg, Germany

Printed by Libri Plureos GmbH
in Hamburg, Germany